Eignungstest
Polizei und Zoll

Prüfung 1

1

Sprachbeherrschung

POL 1P (A4) – P1

Kurt Guth / Marcus Mery
Der Eignungstest / Einstellungstest
zur Ausbildung bei der Polizei
Mit den Prüfungsfragen sicher
durch den Einstellungstest

Ausgabe 2016

4. Auflage

Herausgeber: Ausbildungspark Verlag,
Gültekin & Mery GbR, Offenbach, 2016

Das Autorenteam dankt Andreas Mohr
für die Unterstützung.

Umschlaggestaltung: SB Design, bitpublishing

Bildnachweis: Archiv des Verlages
Illustrationen: bitpublishing
Grafiken: bitpublishing, SB Design
Lektorat: Virginia Kretzer

Beiwerk:

Eignungstest
Polizei und Zoll
Prüfung 1

Bibliografische Information der Deutschen Nationalbibliothek –
Die Deutsche Nationalbibliothek verzeichnet diese Publikation in der Deutschen Nationalbibliografie; detaillierte bibliografische Daten sind im Internet über http://dnb.dnb.de abrufbar.

Gedruckt auf chlorfrei gebleichtem Papier

© 2016 Ausbildungspark Verlag
Bettinastraße 69, 63067 Offenbach
Printed in Germany

Satz: bitpublishing, Schwalbach
Druck: Druckerei Sulzmann, Obertshausen ⊘
        Ausbildungspark Verlag, Offenbach ○

ISBN 978-3-941356-25-2

1081 – AP POL 1 – 7f26

Prüfung 1
Sprachbeherrschung

Prüfungsfragen zum Eignungstest zur Ausbildung
bei Polizei und Zoll

Bearbeitungszeit: 5,5 Stunden

Hilfsmittel: Bleistift, Radiergummi, Schmierpapier, Taschenrechner

Alle Lösungen mit Bearbeitungstipps und Kommentaren
finden Sie im mitgelieferten Begleitbuch.

Wichtige Hinweise zur richtigen Bearbeitung des Eignungstests

Dieser Test beinhaltet mehrere Aufgabengebiete. Für die Einführung durch den Prüfer, die Bearbeitung und eine kurze Pause benötigen Sie ca. 5½ Stunden.

Die Aufgabenbereiche sind i. d. R. so aufgebaut, dass innerhalb eines Aufgabenbereiches die einfachen Fragen am Anfang stehen und die schwereren Fragen am Ende.

Sie haben für jedes Aufgabengebiet eine feste Zeitvorgabe zur Bearbeitung. Die entsprechenden Zeitvorgaben werden Ihnen in den einzelnen Abschnitten mitgeteilt. Der Prüfer wird Sie durch die Prüfung führen, Ihnen die Zeiten vorgeben und Ihnen ein Zeichen geben, wenn Sie zum nächsten Aufgabengebiet weiterblättern sollen.

Wenn Sie die Aufgaben vor Ablauf der vorgegebenen Zeit gelöst haben, dann dürfen Sie innerhalb einer Aufgabengruppe zurückblättern, um ihre Lösungen noch einmal zu überprüfen. Beachten Sie bitte, dass das Umblättern zu einer anderen Aufgabengruppe streng untersagt ist!

Markieren Sie bitte bei jeder Aufgabe einen Lösungsbuchstaben mit Bleistift. Beachten Sie, dass innerhalb einer Aufgabe nur ein Lösungsvorschlag richtig ist. Markieren Sie daher bei jeder Aufgabe nur einen Lösungsvorschlag, ansonsten wird die Antwort als falsch gewertet.

Hierzu ein Beispiel:

Aufgabe

1.   Wie viel ergibt 4×3?
  - A. 12
  - B. 17
  - C. 19
  - D. 10
  - E. Keine Antwort ist richtig.

Antwort

 12

Für den Fall, dass Sie eine Antwort versehentlich falsch markiert haben, radieren Sie Ihre Antwort bitte vorsichtig aus und tragen einen neuen Kreis ein.

Sie erhalten zu jedem Aufgabengebiet einen Bearbeitungshinweis. Lesen Sie diese Hinweise bitte gründlich durch, da Sie wichtige Informationen für die Bearbeitung der Aufgaben erhalten. Nutzen Sie außer Bleistift, Radiergummi, Notizpapier und Taschenrechner keine weiteren Hilfsmittel.

Bearbeiten Sie die Fragen schnell und sorgfältig. Halten Sie sich nicht mit Aufgaben auf, die Ihnen schwer fallen. Berücksichtigen sie, dass dieser Test so zusammengestellt ist, dass kaum jemand in der angesetzten Bearbeitungszeit alle Aufgaben richtig lösen kann.

Behalten Sie daher die Ruhe, wenn Sie die eine oder andere Aufgabe aus zeitlichen Gründen nicht lösen können.

Sprachbeherrschung

Aufsatz mit Stichpunkten   *Aufgabenerklärung*

Bei dieser Aufsatz-Variante konstruieren Sie einen Text um vorgegebene Begriffe herum.

Zu Beginn erhalten Sie 10 Wörter, die das Gerüst Ihres Aufsatzes bilden. Sämtliche Begriffe müssen zwingend im Text vorkommen, und zwar buchstabengetreu: Aus einem „Raub" darf kein „rauben" oder „Räuber" werden, aus einer „Handtasche" keine „Handtaschen" usw. Pro Satz dürfen Sie außerdem höchstens eines der angegebenen Wörter unterbringen. Die Reihenfolge spielt keine Rolle.

Ein Richtwert zum Umfang: Insgesamt sollte Ihr Aufsatz ca. 200–250 Wörter lang sein. Zählen Sie aber erst nach, wenn Sie mit dem Schreiben fertig sind. Ein Gefühl für die Textlänge zu entwickeln, gehört zu den Zielen dieser Übung.

Zum Schreiben des Aufsatzes haben Sie **45 Minuten** Zeit.

Vorgegebene Begriffe:

¬ Hauptverkehrszeit

¬ Notruf

¬ Straßenbahn

¬ Wasser

¬ Handtasche

¬ Raub

¬ Apotheke

¬ Fenster

¬ Kreuzung

¬ Messer

Erläuterung:

Ihr Einfallsreichtum wird hier nicht bewertet. Schreiben Sie daher nicht zu abwegig, verlieren Sie sich nicht in fantastischen Szenarien, sondern bleiben Sie nüchtern und sachlich. Es geht nur um eines: einen sinnvollen Text zu produzieren, der den genannten Regeln entspricht, flüssig formuliert und – wichtig! – grammatisch einwandfrei ist. Helfen kann es, wenn Sie zunächst eine grobe Gliederung auf Schmierpapier erstellen und die Begriffe dabei provisorisch vorsortieren.

Aufsatz mit Stichpunkten

1.   Bitte verfassen Sie nun Ihren Aufsatz.

Sprachbeherrschung

Diktat   *Bearbeitungszeit 30 Minuten*

Um das Diktat zu üben, lassen Sie sich diesen Text bitte vorlesen. Werten Sie das Diktat dann im Vergleich mit der Vorlage sorgfältig aus und vergessen Sie dabei nicht die Zeichensetzung. Sie sollten zum Bestehen des Tests nicht mehr als 15 Fehler begehen – je weniger Fehler Sie machen, desto besser ist das für Ihr Gesamtergebnis.

Massenkarambolage auf der Autobahn

Auf der A66 bei Frankfurt ereignete sich vergangenen Sonntag ein skurriler Unfall, eine Vielzahl von Verkehrsteilnehmern samt Vehikel waren verwickelt. Der Unfall ereignete sich praktisch vor Publikum. Passanten, die das Szenario beobachteten, gaben das Folgende zu Protokoll:

Nach einem Regenschauer geriet ein Audi samt Pferdetransporter auf dem Weg in Richtung Wiesbaden auf der nassen Fahrbahn ins Schleudern. Als der Fahrer das Fahrzeug allmählich wieder unter Kontrolle hatte, am Seitenstreifen anhielt und nach dem Pferd sehen wollte, drehte das Pferd endgültig durch, sprang aus dem Anhänger und verschwand galoppierend in ein nahe liegendes Waldstück. Da das Tier über die Fahrbahn lief, wurden andere Autofahrer irritiert. So verlor nämlich eine 36-Jährige die Kontrolle über ihren Passat, geriet ins Schleudern, prallte gegen die Außenschutzplanke und blieb entgegen der Fahrtrichtung auf der Fahrbahn stehen. Die Frau gab nach der Befragung durch die Polizisten an, sie habe gedacht, eine Halluzination zu erleben, da sie in ebendem Moment, als das Pferd erschien, an ein Pferdekarussell gedacht hatte. Ein Golf-Fahrer reagierte zu spät, sein Fahrzeug prallte in den Passat und der offensichtlich nicht angeschnallte Fahrer wurde aus dem Fahrzeug geschleudert. Er musste ins Krankenhaus gebracht und in der Chirurgie noch am selben Abend operiert werden; der Betroffene ist mittlerweile außer Lebensgefahr.

Getreu dem Prinzip einer Kettenreaktion entstand nun ein regelrechtes Chaos. Ein Lkw, der Jalousien und Ventilatoren transportierte, musste aufgrund der Verkehrsbehinderung scharf bremsen; hierbei verlor er einen Großteil der Waren. Ein weiterer Lkw, der Pkws transportierte, war ebenso verwickelt; durch den Auffahrunfall wurde die Hydraulik des Transporters zerstört, die Pkws rutschten von der Ladefläche auf die Fahrbahn, weitere Pkws fuhren auf. Als die Polizeibeamten vor Ort erschienen, mussten sie sich ihren Weg durch das Labyrinth aus Lkws, Pkws, Ventilatoren, Jalousien und anderen Gegenständen bahnen.

Bedeutendster Unfallteilnehmer war der Fußballspieler Sebastian Kehl, der auf dem Weg von einem Münchener Rehabilitationszentrum war, in dem er sich einer Kernspintomografie hatte unterziehen müssen. Das Resümee des Fußballers: „Der Unfall war Chaos auf höchstem Niveau. Die Polizisten mussten an die Unfallteilnehmer appellieren, nicht die Fassung zu verlieren." Der durch den Unfall entstandene Schaden wird auf 850.000 € beziffert.

Dieser Text ist frei erfunden.

2. Bitte beginnen Sie jetzt mit dem Diktat.

Sprachbeherrschung

Zeugenaussage

Einprägezeit 5 Minuten

Bitte lesen Sie sich die folgende Zeugenaussage in den nächsten 5 Minuten aufmerksam durch, um anschließend einen detaillierten Bericht dazu verfassen zu können.

Zeugenaussage Frau Müller zum Vorfall vom 15.06.2011

Am Mittwoch, den 15.06.2011, fuhr Frau Müller gegen 14.00 Uhr mit dem Fahrrad von der Arbeit nach Hause. Als sie mit dem Fahrrad auf der Frankfurter Straße fuhr, hörte sie Schreie aus einem Waldstück. Sie näherte sich dem Waldstück und sah, wie ein unbekannter Mann ein junges Mädchen gegen dessen Willen in unwegsames Gelände zerrte. Der Mann war ca. 190 cm groß, hatte einen Vollbart, langes Haar und trug eine schwarze Jeanshose. Er sah ungepflegt und etwas verstört aus. Über dem Auge hatte er eine Schnittwunde von ca. 2 cm. Er trug zudem eine schwarze Lederjacke und schwarze Handschuhe. Frau Müller ist beiden Personen daraufhin gefolgt und konnte sehen, wie der unbekannte Mann das junge Mädchen hinter eine Lagerhalle verschleppte und dann in einem roten Mercedes Jeep davonfuhr. Das junge Mädchen war ca. 6 Jahre alt, trug hellblondes und schulterlanges Haar und war mit einem roten Oberteil sowie mit einer blauen Jeanshose bekleidet. Sie fuhren mit dem Geländewagen in den Stadtwald zwischen Frankfurt und Neu-Isenburg. Dort verlor Frau Müller beide Personen aus den Augen. Frau Müller hat den Vorfall umgehend der Polizei gemeldet. Es wird angenommen, dass es sich hierbei um eine Kindesentführung handelt.

Dieser Text ist frei erfunden.

(!) **Hinweis:**

Nachdem Sie sich den Text eingeprägt haben, sollten Sie sich 5 Minuten mit etwas anderem beschäftigen, bevor Sie Ihren Bericht verfassen.

Zeugenaussage

3. Bitte fassen Sie nun alle wichtigen Informationen in einem schriftlichen Bericht zusammen, auf Grundlage dessen weitere polizeiliche Ermittlungen eingeleitet werden sollen.

Sprachbeherrschung

Zeitungsbericht wiedergeben   *Einprägezeit 5 Minuten*

In dieser Aufgabe wird ihr Sprachverständnis geprüft.

Sie erhalten dazu einen Zeitungsausschnitt mit einer (fiktiven) Nachrichtenmeldung.

Bitte lesen Sie die Meldung in den nächsten 5 Minuten aufmerksam und geben Sie den geschilderten Sachverhalt anschließend möglichst genau in einem eigenen Bericht wieder.

Verkehrsunfall in Köln-Mühlheim

Ein 19-jähriger Mann aus Düsseldorf befuhr am gestrigen Freitag auf seinem Moped die Frankfurter Straße in Köln-Mühlheim, als ihm auf Höhe der Einmündung der Graf-Adolf-Straße ein dunkelblauer Opel Corsa mit einem 28 Jahre alten Offenbacher am Steuer die Vorfahrt nahm. Es kam zur Kollision der beiden Fahrzeuge, bei der der Mopedfahrer stürzte. Den PKW-Führer kümmerte das nicht – er beging Fahrerflucht, gab Gas und entfernte sich in Richtung Rhein. Glücklicherweise beobachtete eine zufällig anwesende Zivilstreife den Vorfall und alarmierte den Rettungsdienst, der bei dem Verunglückten bis auf eine leichte Schulterprellung keine größeren Blessuren feststellte.

Der flüchtige Unfallverursacher konnte dank der genauen Angaben der Zivilstreife bald von einem Funkstreifenwagen ausfindig gemacht werden, ließ sich jedoch auch durch Sirene und eingeschaltetes Blaulicht nicht zum Anhalten bewegen. Erst als eine weitere Funkstreife den Fahrweg am Rheinufer blockierte, gab der flüchtige Fahrer auf. Seinen Fluchtversuch bezeichnete er später als „große Dummheit", doch bei dieser Einsicht allein wird es nicht bleiben – ihm drohen nun mehrere 100 Euro Geldbuße, mindestens drei Monate Fahrverbot und vier Punkte in Flensburg.

Der Polizeisprecher Peter Wagenfeld bezeichnete den Ausgang des Vorfalls als „äußerst glimpflich", da niemand ernsthaft zu Schaden gekommen sei. Der Sachschaden am Moped beläuft sich auf 250 Euro.

Dieser Text ist frei erfunden.

(!) **Hinweis:**

Nachdem Sie sich den Text eingeprägt haben, sollten Sie sich 5 Minuten mit etwas anderem beschäftigen, bevor Sie Ihren Bericht verfassen.

Zeitungsbericht wiedergeben

4. Bitte verfassen Sie nun Ihren eigenen Bericht zum Ereignis.

Sprachbeherrschung

Themenbezogener Kurzaufsatz   *Aufgabenerklärung*

In dieser Aufgabe werden Ihr sprachliches Ausdrucksvermögen, Ihre Rechtschreibkenntnisse und Ihre Einstellung zu bestimmten Themen überprüft.

Das Verfassen eines themenbezogenen Kurzaufsatzes ist eine häufige Aufgabe im Einstellungsverfahren der Behörden. Dabei ist es nicht nur interessant, wie Sie schreiben, sondern auch, was Sie zu einem bestimmten Thema zu sagen haben. Daher gibt es hier keine eindeutige Lösung, die Sie einfach nur auswendig lernen müssten. Generell sollten Sie sich an ein paar Grundsätze halten:

¬ Geben Sie Ihrem Text eine logische nachvollziehbare Gliederung (keine abrupten Gedankensprünge, keine unverbundene Aneinanderreihung von Sätzen, logische Argumentation …)

¬ Achten Sie auf Rechtschreibung, Grammatik und einen angemessenen Sprachstil.

¬ Geben Sie Ihrem Text ruhig eine leicht persönliche Note, anstatt abstrakt und ungreifbar zu schreiben. Also nicht: „Über Toleranz sagt man, dass …", sondern besser: „Toleranz ist wichtig, weil …".

¬ Seien Sie sich bewusst, dass Sie als Polizist oder Zollbeamter auch eine bestimmte gesellschaftliche Funktion ausüben. Wie steht der vorgegebene Begriff in Zusammenhang mit dieser Funktion?

Themenbezogener Kurzaufsatz

Bearbeitungszeit 5 Minuten

5. Bitte verfassen Sie einen Kurzaufsatz zum Thema „Toleranz", zu dem Sie im Lösungsbuch einen Beispieltext fin-
    den. Weitere beliebte Themen sind: Demokratie, Rechtsstaat, Freiheit, Verfassung, …

Themenbezogener Kurzaufsatz

Bearbeitungszeit 5 Minuten

Sprachbeherrschung

Schriftliche Erörterung (Pro und Contra)   *Aufgabenerklärung*

In dieser Aufgabe werden Ihr sprachliches Ausdrucksvermögen und Ihre Fähigkeit zur logischen Argumentation geprüft.

In einer Erörterung müssen Sie zu einer gesellschaftsrelevanten Frage Stellung beziehen und dazu die jeweiligen Vor- und Nachteile, die Pros und Contras, darstellen und gegeneinander abwägen. In der Regel folgt eine Erörterung einem festen Schema:

¬ Einleitung: Geben Sie einen knappen Überblick über die zu behandelnde Problematik. Bei einer kurzen Erörterung reicht es, die Fragestellung in einem vollständigen Satz wiederzugeben.

¬ Hauptteil: Führen Sie aus, welche Argumente für oder gegen die in der Fragestellung aufgestellte Behauptung bzw. den genannten Sachverhalt sprechen. Untermauern Sie die Argumente gegebenenfalls mit Beispielen und handeln Sie die Pros und Contras jeweils als einzelnen Block ab, ohne die Standpunkte zu vermischen oder zu beurteilen. Trotzdem sollten Sie bereits jetzt wissen, für welche Position Sie sich entscheiden: Nennen Sie geschickterweise zuerst die Argumente des Standpunkts, den Sie nicht vertreten, und dann erst diejenigen, mit denen Sie eher übereinstimmen.

¬ Schlussteil: Nachdem Sie alle relevanten Argumente eher neutral aufgeführt haben, müssen Sie sie nun gegeneinander abwägen. Welches Argument ist unter welchen Umständen besonders tragfähig, welches rückt eher in den Hintergrund? Ziehen Sie schließlich ein nachvollziehbares Fazit, in dem Sie Ihre gut begründete Meinung präsentieren. Sie müssen sich dabei nicht eindeutig auf eine Seite schlagen, sondern können auch einen ausgewogenen Kompromiss formulieren.

Schriftliche Erörterung (Pro und Contra)

Bearbeitungszeit 20 Minuten

6.   Schreiben Sie nun bitte eine kurze Erörterung über die „Vor- und Nachteile des Polizeiberufs".

Zum besseren Überblick können Sie vor dem Schreiben die einzelnen Argumente nach ihrer Wichtigkeit stichwortartig in eine Pro- und Contra-Tabelle einsortieren. Und nicht vergessen: Auch auf korrekte Rechtschreibung und einen sauberen Schreibstil kommt es hier an.

Sprachbeherrschung

Textverständnis prüfen   *Einprägezeit 5 Minuten*

Bei dieser Aufgabe wird ihr Textverständnis geprüft.

Bitte lesen Sie dazu die folgenden Rechtsvorschriften in den nächsten 5 Minuten aufmerksam durch und versuchen Sie, ihren inhaltlichen Kern zu verstehen. Anschließend werden Ihnen einige Fragen zum Text gestellt, die Sie schriftlich zu beantworten haben.

---

§ 1 Aufgaben der Verwaltungsbehörden und der Polizei

(1) Die Verwaltungsbehörden und die Polizei haben gemeinsam die Aufgabe der Gefahrenabwehr. Sie treffen hierbei auch Vorbereitungen, um künftige Gefahren abwehren zu können. Die Polizei hat im Rahmen ihrer Aufgabe nach Satz 1 insbesondere auch Straftaten zu verhüten.

(2) Die Polizei wird in den Fällen des Absatzes 1 Satz 1 tätig, soweit die Gefahrenabwehr durch die Verwaltungsbehörden nicht oder nicht rechtzeitig möglich erscheint. Verwaltungsbehörden und Polizei unterrichten sich gegenseitig, soweit dies zur Gefahrenabwehr erforderlich ist.

(3) Der Schutz privater Rechte obliegt den Verwaltungsbehörden und der Polizei nach diesem Gesetz nur dann, wenn gerichtlicher Schutz nicht rechtzeitig zu erlangen ist und wenn ohne verwaltungsbehördliche oder polizeiliche Hilfe die Verwirklichung des Rechts vereitelt oder wesentlich erschwert werden würde.

(4) Die Polizei leistet anderen Behörden Vollzugshilfe (§§ 51 bis 53).

(5) Die Polizei hat ferner die Aufgaben zu erfüllen, die ihr durch andere Rechtsvorschriften übertragen sind.

Die Bestimmungen entstammen dem „Niedersächsischen Gesetz über die öffentliche Sicherheit und Ordnung" in der Fassung vom 19. Januar 2005.

Erläuterung zum Textverständnis

Als Polizist sollten Sie über Ihre Aufgaben und Rechte im Klaren sein – das setzt voraus, dass Sie auch komplizierte Gesetzestexte verstehen können. Diese gliedern sich in durchnummerierte Paragraphen (§), Absätze (im vorliegenden Fall (1)–(5)) und schließlich einzelne Sätze. Aufgaben zum Textverständnis zählen zum Standardrepertoire beim Einstellungsverfahren der Polizei.

Versuchen Sie besser nicht, den vorliegenden Paragraphentext komplett auswendig zu lernen: Es geht hier nicht um Ihr „fotografisches Gedächtnis". Konzentrieren Sie sich stattdessen auf die Kernaussagen der einzelnen Abschnitte, die Sie ohne Weiteres in eigenen Worten wiedergeben können, solange ihr Sinn gewahrt bleibt. Achten Sie bei Ihrer Antwort auf einen logischen Aufbau und eine korrekte Rechtschreibung.

(!) *Hinweis:*

Nachdem Sie sich den Text eingeprägt haben, sollten Sie sich 5 Minuten mit etwas anderem beschäftigen, bevor Sie die dazugehörigen Fragen aus dem Gedächtnis beantworten.

Textverständnis prüfen

Nachdem Sie sich den Gesetzestext durchgelesen haben, beantworten Sie bitte nun die folgenden Fragen schriftlich.

7. Was ist die zentrale Aufgabe von Polizei und Verwaltungsbehörden?

8. Was unternehmen Polizei und Verwaltungsbehörden nach Absatz (1) auch, um ihre zentrale Aufgabe wahrzunehmen?

9. Wann darf die Polizei überhaupt tätig werden?

10. Wann greift die Polizei zum Schutz privater Rechte ein?

11. Wann und wie arbeitet die Polizei laut dem vorliegenden Text mit anderen Behörden zusammen?

Sprachbeherrschung

Gesetzestext anwenden   *Einprägezeit 5 Minuten*

In dieser Aufgabe wird Ihr Sprachverständnis geprüft.

Lesen Sie sich in den nächsten 5 Minuten die folgenden Rechtsvorschriften aus einer Stadtverordnung der Hansestadt Lübeck aufmerksam durch.

Versuchen Sie, den Kern des Textes zu verstehen, um im Anschluss daran einige inhaltliche Fragen beantworten zu können.

Erläuterung zum Textverständnis

Für Polizeibeamte sind gute Rechtskenntnisse sehr wichtig: Zum einen überwachen Polizisten die Einhaltung bestehender Gesetze – sie müssen wissen, was erlaubt ist und was nicht –, zum anderen erlaubt ihnen der Gesetzgeber, in die Rechte eines Bürgers einzugreifen und polizeirechtliche Maßnahmen zu ergreifen, die vom Platzverweis bis zur Überführung in Polizeigewahrsam reichen können. Dabei dürfen Polizeibeamte unmittelbaren Zwang, z. B. körperliche Gewalt, einsetzen. Doch welche Aktionen in welchen Situationen erlaubt sind, bestimmt das Gesetz.

Konzentrieren Sie sich beim Lesen des Textes besonders auf die Fragen: Wer darf was, und unter welchen Bedingungen? Wann dürfen welche Strafen ausgesprochen werden?

Stadtverordnung über den Anleinzwang von Hunden im Lübecker Innenstadtbereich

Aufgrund des § 175 des Allgemeinen Verwaltungsgesetzes für das Land Schleswig-Holstein (LVwG) in der Fassung der Bekanntmachung vom 2. Juni 1992 (GVOBl. Schl.-H. S. 243, ber. S. 534), zuletzt geändert durch Gesetz vom 15. Februar 2005 (GVOBl. Schl. H . S. 168) in Verbindung mit § 17 des Gesetzes zur Vorbeugung und Abwehr der von Hunden ausgehenden Gefahren (Gefahrhundegesetz – GefHG) vom 28.01.2005 (GVOBl. Schl. H. S. 51), wird mit Genehmigung des Innenministeriums des Landes Schleswig-Holstein vom 11. Mai 2005 für den Innenstadtbereich der Hansestadt Lübeck verordnet:

§ 1 Anleinzwang

(1) Hunde sind auf öffentlichen Straßen, Wegen, Plätzen und Anlagen im Innenstadtbereich mit Ausnahme besonders ausgewiesener Hundeauslaufgebiete anzuleinen. Der Innenstadtbereich wird ab der Hubbrücke begrenzt durch den Wasserverlauf Hansahafen, Holstenhafen (…). Die Brücken über dem Wasserverlauf gehören nicht mit zum Innenstadtbereich.

(2) Die Grenzen des Gebietes sind in dem anliegenden Übersichtsplan gekennzeichnet.

§ 2 Ausnahmen

§ 1 gilt nicht für Diensthunde von Behörden, Such- und Rettungshunde sowie Behindertenbegleit- und Blindenhunde, soweit der bestimmungsgemäße Einsatz dies erfordert.

§ 3 Ordnungswidrigkeiten

(1) Ordnungswidrig im Sinne des § 175 Abs. 3 Allgemeines Verwaltungsgesetz für das Land Schleswig-Holstein handelt, wer vorsätzlich oder fahrlässig entgegen § 1 Abs. 1 dieser Verordnung als Hundehalter oder Hundeführer einen Hund auf öffentlichen Straßen, Wegen, Plätzen und Anlagen im Innenstadtbereich nicht anleint.

(2) Die Ordnungswidrigkeit kann mit einer Geldbuße bis zu 1.000,- Euro geahndet werden.

§ 4 Inkrafttreten, Geltungsdauer

(1) Diese Verordnung tritt am Tage nach ihrer Verkündung in Kraft.

(2) Die Geltungsdauer dieser Verordnung beträgt gem. § 62 Abs. 1 Satz 2 Allgemeines Verwaltungsgesetz für das Land Schleswig-Holstein fünf Jahre.

Lübeck, den 14. Dezember 2006, Hansestadt Lübeck, Der Bürgermeister als Ordnungsbehörde

(!) **Hinweis:**

Nachdem Sie sich den Text eingeprägt haben, sollten Sie sich 5 Minuten mit etwas anderem beschäftigen, bevor Sie die dazugehörigen Fragen aus dem Gedächtnis beantworten.

Gesetzestext anwenden

Wenden Sie nun Ihre Kenntnisse der vorgelegten Rechtsvorschriften an, um die folgenden Fragen zu beantworten.

12. **Wo dürfen Hunde auch im Innenstadtbereich unangeleint laufen?**
    A. Nirgendwo – sie sind überall anzuleinen.
    B. Auf öffentlichen Wiesen
    C. In allen öffentlichen Anlagen
    D. In ausgewiesenen Hundeauslaufgebieten
    E. Im Lübecker Hafenbereich

13. **Welche Hunde dürfen in der Lübecker Innenstadt unangeleint geführt werden?**
    A. Sehr kleine Hunde mit weniger als 20 cm Schulterhöhe
    B. Besonders ungefährliche Hunde
    C. Blindenhunde und Diensthunde im Einsatz
    D. Hunde, die einen speziellen Kurs in einer Hundeschule absolviert haben
    E. Alle Hunde müssen angeleint werden.

14. **Ein Hundehalter handelt der Verordnung nach ordnungswidrig, wenn …?**
    A. sein Hund auf die Straße uriniert.
    B. sein Hund sich losreißt und danach durch die Stadt streunt.
    C. sein Hund einen Passanten anbellt.
    D. sein Hund nicht auf Kommandos hört.
    E. er einmal vergisst, seinen Hund anzuleinen.

15. **Welche Strafe stellt die Verordnung für das Nichtanleinen eines Hundes in Aussicht?**
    A. Eine schriftliche Ermahnung
    B. Eine Geldstrafe
    C. Die Zwangsüberführung des Hundes in ein Tierheim
    D. Das Verbot des Betretens von öffentlichen Anlagen
    E. Eine mündliche Verwarnung

16. **Wie lange ist die Verordnung gültig?**
    A. Bis eine neue Verordnung in Kraft tritt
    B. Die Verordnung gilt für immer.
    C. Die Verordnung ist 2 Jahre lang gültig.
    D. Die Verordnung ist 5 Jahre lang gültig.
    E. Bis ein neuer Bürgermeister gewählt wird

Sprachbeherrschung

Zeugenbericht

Diese Aufgabe prüft Beobachtungsgabe und schriftliches Ausdrucksvermögen.

Dazu erhalten Sie eine Bildergeschichte, die in 6 Einzelszenen einen bestimmten (polizeirelevanten) Vorgang erzählt. Was ist passiert?

Prägen Sie sich den Handlungsablauf und alle wichtigen Details innerhalb von 2 Minuten ein und beantworten Sie anschließend einige Fragen dazu.

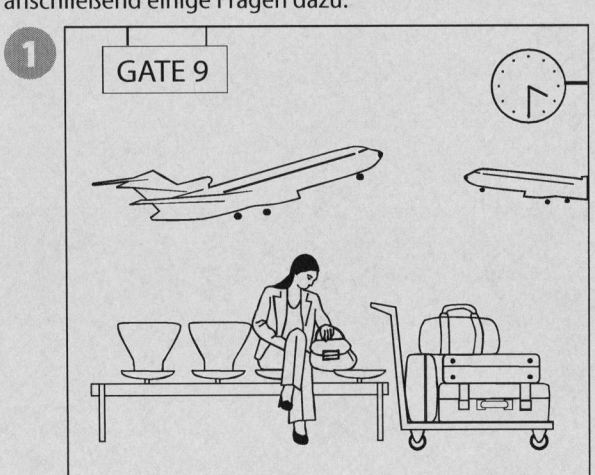

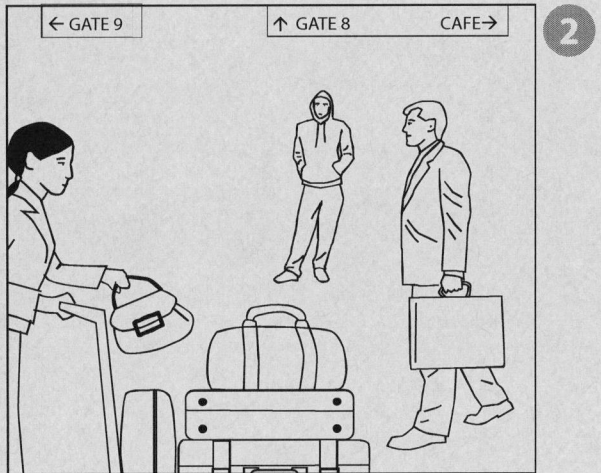

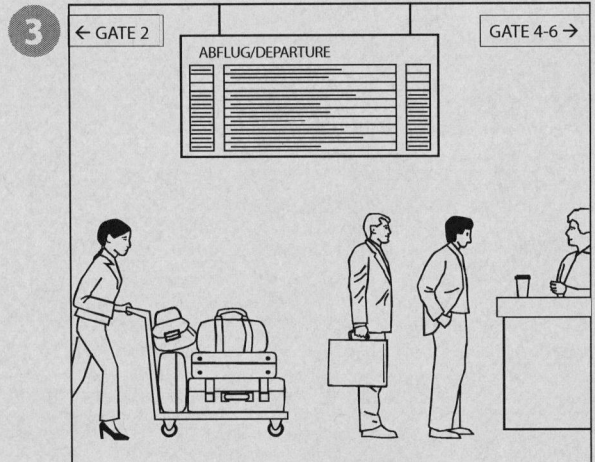

(!) *Hinweis:*

Nachdem Sie sich die Geschichte eingeprägt haben, sollten Sie sich 5 Minuten mit etwas anderem beschäftigen, bevor Sie die dazugehörigen Fragen aus dem Gedächtnis beantworten.

Hier zählt nicht nur, wie gut Sie sich die Szenen einprägen konnten. Es wird auch bewertet, wie nachvollziehbar und sprachlich korrekt Sie die Situation schildern. Antworten Sie also klar und präzise, achten Sie auf Rechtschreibung und Grammatik.

Zeugenbericht

Bitte beantworten Sie nun die folgenden Fragen zur Situationsbeobachtung.

17. An welchem Ort spielt die Handlung? Woran lässt sich das festmachen?

_____

_____

_____

18. Wann spielt sich das Geschehen ab?

_____

_____

_____

19. Beschreiben Sie die Hauptperson!

_____

_____

_____

_____

20. Wo befindet sich die Hauptperson auf dem ersten Bild genau?

_____

_____

_____

21. Welche Gegenstände befinden sich augenscheinlich im Besitz der Hauptperson?

_____

_____

_____

_____

22. Welche Rolle spielt der Mann mit dem Nummern-Shirt?

23. Welche Rolle spielt der Mann mit dem Aktenkoffer am Kaffeestand?

24. Welche Rolle spielt der Mann mit dem Kapuzen-Shirt? Wie sieht er aus?

25. Was kauft die Hauptperson?

26. Welcher polizeirelevante Vorgang wird gezeigt? Bitte beschreiben Sie den Handlungsablauf möglichst genau.

Sprachbeherrschung

Lückentext Konjunktionen   *Aufgabenerklärung*

Welche Konjunktion ergänzt die Lücke so, dass der fertige Satz den in der vorangestellten Aussage geschilderten Sachverhalt sinngemäß wiedergibt?

Der vorgestellte Sachverhalt wird im Lückentext umformuliert.

Hierzu ein Beispiel:

Aufgabe

1.   und, doch, aber, sondern, denn

 Durch das einjährige Auslandsstudium in London verbesserte er seine Sprachkenntnisse in Englisch.

 Er spricht gut Englisch, [   ] er war ein Jahr in London.

Antwort

 Er spricht gut Englisch, [*denn*] er war ein Jahr in London.

Erklärung: Im vorgestellten Beispielsatz ist das Auslandsstudium in London der Grund für die Verbesserung seiner Sprachkenntnisse. Gesucht wird also eine kausale (begründende) Konjunktion; somit kann nur „denn" stimmen.

Erläuterung zu Konjunktionen

Konjunktionen – zu Deutsch: Bindewörter – verknüpfen Wörter, Wortgruppen oder ganze Sätze, wobei man in neben- und unterordnende Konjunktionen unterscheidet:

Nebenordnende Konjunktionen verbinden Satzteile, Hauptsätze und/oder Nebensätze miteinander („Er kam zu spät, denn er hatte verschlafen"); unterordnende Konjunktionen verbinden einen Haupt- mit einem Nebensatz („Er kam zu spät, weil er verschlafen hatte"). Aus dem Satzbau können Sie also darauf schließen, ob eine neben- oder unterordnende Konjunktion gesucht wird.

Darüber hinaus geben Konjunktionen Auskunft über die logische Beziehung, die zwischen den verknüpften Sätzen oder Satzteilen besteht. Bindewörter können einen Gegensatz ausdrücken (adversativ: „aber", „wohingegen"), Möglichkeiten aus einer Auswahl ausschließen (disjunktiv: „oder", „entweder... oder"), einen Zweck bzw. eine Absicht wiedergeben (final: „um ... zu", „damit"), eine Ursache angeben (kausal: „denn", „weil"), eine Bedingung einleiten (konditional: „falls", „wenn"), die Folgen des Vorangegangenen ausführen (konsekutiv: „dass", „sodass"), einen Hinderungsgrund nennen (konzessiv: „obwohl", „wenn auch"), mehrere Elemente zu einer Aufzählung verbinden (kopulativ: „und", „nicht nur ... sondern auch"), die Art und Weise einer Handlung beschreiben (modal: „indem", „ohne ... zu") oder eine zeitliche Reihenfolge wiedergeben (temporal: „als", „nachdem"). Manche Konjunktionen („ob", „dass") leiten bisweilen auch nur Nebensätze ein, ohne eine Bedeutung mitzuteilen.

Lückentext Konjunktionen

Bearbeitungszeit 3 Minuten

Setzen Sie nun die richtige Konjunktion in das Feld ein, sodass sich ein grammatisch korrekter Satz ergibt. Der Sinn der vorangestellten Aussage darf dabei nicht verändert werden.

27. So, Ob, Als, Wie, Aber

    Er fährt seit Jahren LKWs. Der Unfall hätte ihm daher nicht passieren dürfen.

    _____ erfahrenem LKW-Fahrer hätte Herrn Zenker der Unfall nicht passieren dürfen.

28. dabei, sondern auch, aber, also, und

    Opa Franz ist witzig. Schlau ist er noch dazu.

    Opa Franz ist nicht nur witzig, _____ schlau.

29. als ob, wenn, wiewohl, weil, während

    Wegen einer Reifenpanne kam Herr Schlegel zu spät zur Arbeit.

    Herr Schlegel kam zu spät zur Arbeit, _____ er eine Reifenpanne hatte.

30. und, oder, aber, schließlich, doch

    Bernd war vor einem Jahr in Australien. Vor zwei Jahren war er in Vietnam. Vor drei Jahren hat er ein Praktikum in Südafrika gemacht.

    Bernd war schon in Australien, in Vietnam _____ in Südafrika.

31. als, und, je, wie, oder

    Nach dem Sport hatte Martin großen Hunger. Er verschlang zwei große Schnitzel.

    Nach dem Sport aß Martin _____ ein Scheunendrescher und verschlang zwei große Schnitzel.

32. denn, während, wobei, als, nachdem

    Seit ihrem Fahrradunfall vor einer Woche hat Corinna eine dicke Beule am Knie.

    Corinna hat eine Beule am Knie, _____ sie einen Fahrradunfall hatte.

33. obwohl, dafür, statt, doch, oder

    Michael hat vielleicht ein großes Auto. Ich habe dafür ein schnelles Motorrad.

    Michael hat vielleicht ein großes Auto, _____ ich habe ein schnelles Motorrad.

34. ob, auch, oder, wie, als

    Der eine Weg führt nach links, der andere nach rechts. Einen von beiden müssen wir nehmen.

    Wir können nur nach links _____ nach rechts gehen.

35. indem, obwohl, wenn, falls, damit

    Mit dem Ticketkauf im Internet sparte Anna Zeit und Geld – so konnte sie zwei Fliegen mit einer Klappe schlagen.

    Anna schlug zwei Fliegen mit einer Klappe, _____ sie die Tickets im Internet kaufte.

Sprachbeherrschung

Lückentext Präpositionen

Bei dieser Aufgabe geht es darum, die richtige Präposition zu erkennen, welche die Lücke sinnvoll ergänzt.
Tragen Sie die jeweils richtige Präposition in die Felder ein.

36. über, wegen, mit

    Ich freue mich [   ] unseren Besuch!

37. Laut, Trotz, Neben

    [   ] der Panne war es ein gelungener Abend!

38. In, Seit, Während

    [   ] des Films fiel plötzlich der Strom aus.

39. außer, ohne, mit

    Onkel Horst kam [   ] seinen kleinen Dackel.

40. In, An, Auf

    [   ] der Situation habe ich mich wirklich gefürchtet!

41. statt, während, vor

    Ich werde [   ] der Prüfung eine halbe Stunde meditieren.

42. in, am, neben

    Sie hat [   ] Shoppingcenter seine Kreditkarte verloren.

43. in, außer, bei

    Er war vor Empörung [   ] sich!

44. an, zu, durch

    Sie liebt alles [   ] ihm.

45. mit, laut, zu

    Ich möchte [   ] dem Thema noch etwas sagen!

Sprachbeherrschung

Infinitive bilden

Bearbeitungszeit 3 Minuten

Ihnen werden konjugierte Verben vorgegeben. Ihre Aufgabe besteht darin, den Infinitiv Präsens (Grundform)
zu bilden.

Tragen Sie für die folgenden 20 Verben jeweils den Infinitiv in das leere Kästchen ein.

Verbform	Infinitiv Präsens	Verbform	Infinitiv Präsens
46. will		56. darfst	
47. fuhr		57. hielt	
48. tranken		58. geklungen	
49. geschwollen		59. sähe	
50. floh		60. flöge	
51. schwamm		61. grübe	
52. gewusst		62. geflossen	
53. ließ		63. riet	
54. magst		64. schlugt	
55. vorgeworfen		65. röche	

Sprachbeherrschung

Satzgrammatik

Bearbeitungszeit 3 Minuten

Die folgenden Fragen testen Ihr grammatisches Basiswissen.

Beantworten Sie bitte die folgenden Aufgaben, indem Sie jeweils den richtigen Buchstaben markieren.

66. **Welches Wort ist ein Adjektiv?**
    A. sein
    B. welche
    C. hoch
    D. Alter
    E. nach

67. **Welches Wort ist ein Verb?**
    A. folgen
    B. selten
    C. offen
    D. Bremen
    E. Talent

68. **Welches Wort ist ein Artikel?**
    A. was
    B. dem
    C. es
    D. mit
    E. über

69. **Welches Wort steht im Akkusativ?**
    A. des Wassers
    B. dem Baum
    C. den Pflanzen
    D. den Ball
    E. der Tante

70. **Welches Wort ist ein Adverb?**
    A. schrittweise
    B. bemerkenswert
    C. Schiebung
    D. unter
    E. frieren

71. **Welches Wort ist eine Konjunktion?**
    A. weil
    B. ich
    C. das
    D. so
    E. will

72. **Welches Wort ist kein Pronomen?**
    A. ich
    B. uns
    C. sein
    D. er
    E. in

73. **Welches Wort ist das Subjekt des Satzes „Klaus geht jeden Tag in die Kneipe an der Ecke"?**
    A. Ecke
    B. geht
    C. Kneipe
    D. Klaus
    E. jeden

74. **Welches Wort ist das Prädikat des Satzes „Die alte Frau hörte Musik von Mozart"?**
    A. Die
    B. Frau
    C. hörte
    D. Musik
    E. Mozart

75. **Welches Wort ist das Objekt des Satzes „Peter, Paul und Maria finden einen Igel"?**
    A. Peter
    B. Paul
    C. Maria
    D. finden
    E. Igel

Sprachbeherrschung

Grundkenntnisse der deutschen Grammatik   *Bearbeitungszeit 3 Minuten*

Bei dieser Aufgabe geht es darum, für jeden Satz die richtige Formulierung zu wählen.

Tragen Sie die vorgegebenen Wörter in der grammatikalisch korrekten Form in die Felder ein.

76. unser umtriebiger Cousin

Ohne _____ hätte der Zirkusbesuch nicht stattgefunden.

77. ihre fehlenden Sprachkenntnisse

Wegen _____ besuchte sie einen Englischkurs.

78. sehen

Nachdem er die Wohnung _____, unterschrieb er begeistert den Mietvertrag.

79. die Kollegen

Er hat sich gegenüber _____ immer einwandfrei verhalten.

80. sprechen

Wenn er schlechte Laune hatte, dann _____ er mit niemandem.

81. ihre beschwichtigenden Worte

Trotz _____ war er zutiefst empört.

82. diese Umstände

Unter _____ sollten wir möglichst schnell handeln.

83. aufhängen

Sie hat noch schnell die frische Wäsche zum Trocknen _____.

84. sein

Wenn er sich jetzt sehen könnte, _____ er peinlich berührt.

85. geeignetes Werkzeug

Mangels _____ konnte er die Reparatur nicht durchführen.

Sprachbeherrschung

Rechtschreibung   *Bearbeitungszeit 10 Minuten*

Bei diesen Aufgaben geht es darum, das Wort mit der richtigen Schreibweise zu erkennen.

Ermitteln Sie bitte bei den Aufgaben jeweils die richtige Schreibweise.

Beantworten Sie bitte die folgenden Aufgaben, indem Sie jeweils den richtigen Buchstaben markieren.

86.
A. Prinzipe
B. Prinziep
C. Prinzip
D. Prinzib
E. Keine Antwort ist richtig.

87.
A. Skietze
B. Skize
C. Skitze
D. Skizze
E. Keine Antwort ist richtig.

88.
A. Maschiene
B. Maschine
C. Machine
D. Machiene
E. Keine Antwort ist richtig.

89.
A. Publikumm
B. Puplikum
C. Pupliekum
D. Publikum
E. Keine Antwort ist richtig.

90.
A. Protokol
B. Prottokol
C. Protokoll
D. Prottokoll
E. Keine Antwort ist richtig.

91.
A. Konkurenz
B. Konkurrenz
C. Konkurens
D. Konkurrens
E. Keine Antwort ist richtig.

92.
A. Hydraulick
B. Hüdraulick
C. Hüdraulik
D. Hydraulik
E. Keine Antwort ist richtig.

93.
A. Etiketen
B. Etiketten
C. Ettiketten
D. Etikätten
E. Keine Antwort ist richtig.

94.
A. Ventilatohr
B. Wentilator
C. Ventilator
D. Wentilatohr
E. Keine Antwort ist richtig.

95.
A. Immperfekt
B. Imperfekt
C. Imperfeckt
D. Impervekt
E. Keine Antwort ist richtig.

96.
A. Interrnar
B. Interrna
C. Internar
D. Interna
E. Keine Antwort ist richtig.

97.
A. Milliardestel
B. Milliardstel
C. Miliardstel
D. Miliardestel
E. Keine Antwort ist richtig.

98.
A. Objektivirung
B. Objektivierung
C. Objektvierung
D. Objektvirung
E. Keine Antwort ist richtig.

99.
A. Palafer
B. Palaffer
C. Palaaver
D. Palaver
E. Keine Antwort ist richtig.

100.
A. Pentium
B. Penzium
C. Pencium
D. Pentzium
E. Keine Antwort ist richtig.

101.
A. parallell
B. paaralel
C. parallel
D. paralell
E. Keine Antwort ist richtig.

102.
A. Registrierkasse
B. Registrirkasse
C. Registrierkaße
D. Registierkasse
E. Keine Antwort ist richtig.

103.
A. Differenz
B. Dieferenz
C. Differens
D. Diferens
E. Keine Antwort ist richtig.

104.
A. Vehicel
B. Wehikel
C. Vehikel
D. Veehikel
E. Keine Antwort ist richtig.

105.
A. Rifalität
B. Rivalität
C. Rifallität
D. Rivallität
E. Keine Antwort ist richtig.

Sprachbeherrschung

Rechtschreibung Straßennamen   *Bearbeitungszeit 5 Minuten*

Wie sicher sind Sie in der Schreibung von Straßennamen?

Beantworten Sie bitte die folgenden Aufgaben, indem Sie jeweils den richtigen Buchstaben markieren.

106. Wie wird der Straßenname korrekt geschrieben?

A. Meckel-Straße
B. Meckel Straße
C. Meckelstraße
D. Mekkel-Straße
E. Mekkelstrasse

107. Wie wird der Straßenname korrekt geschrieben?

A. Magdeburgerstrasse
B. Magdeburger-Straße
C. magdeburger Straße
D. Magdburger Straße
E. Magdeburger Straße

108. Wie wird der Straßenname korrekt geschrieben?

A. Freiherr von Kettelerchoßee
B. Freiherr von Ketteler Chosee
C. Freiherr von Ketteler-Chausee
D. Freiherr-von-Ketteler-Chaussee
E. Freiherr-von-Kettelerchossee

109. Wie wird der Straßenname korrekt geschrieben?

A. Gerolsteinerallee
B. Gerolsteiner-Alee
C. Gerolsteiner Alle
D. Gerolsteiner-Alee
E. Gerolsteiner Allee

110. Wie wird der Straßenname korrekt geschrieben?

A. Ludwigs Burger-Chause
B. Ludwigs-Burger-Chausse
C. Ludwigsburger Chaussee
D. Ludwigsburgerchausee
E. Ludwigsburger-Chosee

111. Wie wird der Straßenname korrekt geschrieben?

A. Löwenpfad
B. Löwen Pfad
C. Löwen-Pfad
D. Löwen-Pfahd
E. Löwenpfahd

112. Wie wird der Straßenname korrekt geschrieben?

A. Willi Brandt Platz
B. Willi-Brand-Platz
C. Willy-Brandt-Platz
D. Willy Brandtplatz
E. Willi Brant-Platz

113. Wie wird der Straßenname korrekt geschrieben?

A. Schopenhauerstraße
B. Schoppenhauerstraße
C. Schopen-Hauer-Straße
D. Schoppenhauer Straße
E. Schoppenhauer-Straße

114. Wie wird der Straßenname korrekt geschrieben?

A. Friedrich-Nietsche-Straße
B. Friedrich Nietzsche Straße
C. Friedrich-Nietzsche-Straße
D. Friedrich-Nietsche Straße
E. Friedrich Nitzsche-Straße

115. Wie wird der Straßenname korrekt geschrieben?

A. Lutherstraße
B. Luterstraße
C. Luther-Straße
D. Luter Straße
E. Luter-Straße

Sprachbeherrschung

Rechtschreibung Lückentext

Bearbeitungszeit 10 Minuten

Bei diesen Aufgaben geht es darum, das Wort mit der richtigen Schreibweise zu erkennen, welches die Lücke sinnvoll ergänzt.

Beantworten Sie bitte die folgenden Aufgaben, indem Sie jeweils den richtigen Buchstaben markieren.

116. Das Bild einer _____ hat sich in den letzten Jahren erheblich verändert.
   - A. Sekretärs
   - B. Sekretärins
   - C. Sekretärin
   - D. Sekretär
   - E. Keine Antwort ist richtig.

117. Es kann sein, dass ganz unterschiedliche Familien den gleichen Namen tragen, ohne selbst im weitesten Sinne _____ zu sein.
   - A. verwandter
   - B. verwandt
   - C. verheiratet
   - D. bekannt
   - E. Keine Antwort ist richtig.

118. Auf dieser Seite haben wir für Sie verschiedene _____ zur Verfügung gestellt.
   - A. Formular
   - B. Vormulare
   - C. Formularen
   - D. Formulare
   - E. Keine Antwort ist richtig.

119. Im Fach Medizin ist die _____ des Menschen ein eigenständiges Teilgebiet.
   - A. Physiologien
   - B. Psychologin
   - C. Physiologin
   - D. Physiologie
   - E. Keine Antwort ist richtig.

120. In manchen Situationen ist der schnelle Aufbau einer _____ Umgebung notwendig.
   - A. sterrillen
   - B. sterile
   - C. steriles
   - D. sterilen
   - E. Keine Antwort ist richtig.

121. Da es so viele verschiedene _____ gibt, ist es eine große Herausforderung, eine perfekte zu finden.
   - A. Strategie
   - B. Strattegien
   - C. Strategien
   - D. Strahtegien
   - E. Keine Antwort ist richtig.

122. Häufig fließen neben der Kirchensteuer auch staatliche _____ an die Kirche.
   - A. Unterstützung
   - B. Hilfe
   - C. Subvention
   - D. Subventionen
   - E. Keine Antwort ist richtig.

123. Alle Staaten der Europäischen Union sollten die Anwendung des Grundsatzes des gleichen _____ für Frauen und Männer bei gleicher oder gleichwertiger Arbeit sicherstellen.
   - A. Entgelte
   - B. Entgelt's
   - C. Entgelds
   - D. Entgelts
   - E. Keine Antwort ist richtig.

124. Innerhalb von 10 Jahren haben sich die Preise für _____ in Spanien mehr als verdoppelt.
   - A. Immobil
   - B. Immobilien
   - C. Immobilie
   - D. Immobiles
   - E. Keine Antwort ist richtig.

125. Wir bieten hochwertige _____ in über 100 Farben.
   - A. Tisch
   - B. Jalousie
   - C. Jalousin
   - D. Jalousien
   - E. Keine Antwort ist richtig.

126. In der Bundesrepublik Deutschland erhält jeder
Student mit der Zulassung zum
Studium eine persönliche _____.

 A. Prüfungsnummern
 B. Belegnummer
 C. Immatrikulationsnummern
 D. Immatrikulationsnummer
 E. Keine Antwort ist richtig.

127. Nach dem Anfangsgespräch beginnt die eigentliche
_____ Untersuchung.

 A. gynäkologischer
 B. gynäkologischen
 C. gynäkologische
 D. gynekologische
 E. Keine Antwort ist richtig.

128. Für viele Wissenschaftler, Wissenschaftstheoretiker
und _____ ist praktische
Verwertbarkeit elementarer Zweck der Wissen-
schaft.

 A. Philosoph
 B. Philosoph's
 C. Philosophen
 D. Theologen
 E. Keine Antwort ist richtig.

129. Als _____ sind Sie verantwortlich für die
Serienbetreuung der Produkte, die Ausarbeitung
von Kundenwünschen und für die technische Zu-
sammenarbeit.

 A. Maschinenbauingeneur
 B. Maschinenbauingenieur
 C. Maschinenbauingenieuren
 D. Maschinenbauingenieurs
 E. Keine Antwort ist richtig.

130. Das Spektrum des Facharztes für plastische
_____ ist durch seine
Tätigkeit an mehreren Kliniken sehr umfangreich.

 A. Chirurgie
 B. Chirurgien
 C. Chirurge
 D. Chirurg
 E. Keine Antwort ist richtig.

131. Es gibt Krankheiten, bei denen neben anderen
Symptomen auch _____ auftreten kön-
nen.

 A. Grippe
 B. Grippen
 C. Halluzination
 D. Halluzinationen
 E. Keine Antwort ist richtig.

132. Im Zuge der _____ und weltweiten Ver-
flechtung der Finanzmärkte gleichen
sich die Europäer in ihren Lebenseinstellungen immer mehr an.

 A. Globalisierung
 B. Globalisierungen
 C. Archivierung
 D. Archivierungen
 E. Keine Antwort ist richtig.

133. Im Jahr 1836 gründeten die Dresdner Kaufleute
Benjamin Schwenke und Friedrich Lange eine
_____.

 A. Dampfschifffahrtsgesellschaften
 B. Dampfschiffahrtsgesellschaften
 C. Dampfschiffahrtsgesellschaft
 D. Dampfschifffahrtsgesellschaft
 E. Keine Antwort ist richtig.

134. Wir drehen heute noch eine Extrarunde auf dem
_____.

 A. Karussellen
 B. Pferden
 C. Karussells
 D. Karussell
 E. Keine Antwort ist richtig.

135. In Baden-Württemberg ist der ländliche Raum das
_____ der Region.

 A. starke Rückgrat
 B. starke Rückgrats
 C. starkes Rückgrat
 D. starkes Rückgrates
 E. Keine Antwort ist richtig.

Sprachbeherrschung

Groß- und Kleinschreibung

Bearbeitungszeit 20 Minuten

Bei diesen Aufgaben geht es darum, die richtige Schreibweise in den Texten zu erkennen.

Beantworten Sie bitte die folgenden Aufgaben, indem Sie jeweils den richtigen Buchstaben markieren.

136.
- A. Er mag gerne Rad fahren.
- B. Er mag gerne radfahren.
- C. Er mag gerne rad fahren.
- D. Er mag gerne Radfahren.
- E. Keine Antwort ist richtig.

137.
- A. in bezug auf das schreiben
- B. In bezug auf das Schreiben
- C. in Bezug auf das schreiben
- D. In Bezug auf das Schreiben
- E. Keine Antwort ist richtig.

138.
- A. Sie ist Aufs äußerste gereizt.
- B. Sie ist aufs Äußerste gereizt.
- C. Sie ist aufs Äußerste Gereizt.
- D. Sie ist aufs äußerste Gereizt.
- E. Keine Antwort ist richtig.

139.
- A. Sie ging als letzte durch das Ziel.
- B. Sie ging als letzte durch das ziel.
- C. Sie ging als Letzte durch das ziel.
- D. Sie ging als Letzte durch das Ziel.
- E. Keine Antwort ist richtig.

140.
- A. Die Polizei tappte völlig im dunkeln.
- B. Die Polizei tappte völlig im Dunkeln.
- C. Die Polizei tappte Völlig im dunkeln.
- D. Die Polizei tappte Völlig im Dunkeln.
- E. Keine Antwort ist richtig.

141.
- A. Es tat ihm aufrichtig leid.
- B. Es tat ihm aufrichtig Leid.
- C. Es tat ihm Aufrichtig leid.
- D. Es tat ihm Aufrichtig Leid.
- E. Keine Antwort ist richtig.

142.
- A. Es war jenseits von gut und böse.
- B. Es war jenseits von Gut und Böse.
- C. Es war jenseits von Gut und böse.
- D. Es war jenseits von gut und Böse.
- E. Keine Antwort ist richtig.

143.
- A. Das Gericht hat immer recht.
- B. Das Gericht hat immer Recht.
- C. Das gericht hat immer Recht.
- D. Das gericht hat immer recht.
- E. Keine Antwort ist richtig.

144.
- A. Die Mannschaft hat ihr Bestes gegeben.
- B. Die Mannschaft hat ihr bestes gegeben
- C. Die mannschaft hat Ihr Bestes gegeben.
- D. Die mannschaft hat Ihr bestes gegeben.
- E. Keine Antwort ist richtig.

145.
- A. Sie ist es einfach nur Leid.
- B. Sie ist es einfach nur leid.
- C. Sie ist es Einfach nur leid.
- D. Sie ist es Einfach nur Leid.
- E. Keine Antwort ist richtig.

146.
- A. Die Agentur macht alles mögliche.
- B. Die Agentur macht alles Mögliche.
- C. Die Agentur macht Alles Mögliche.
- D. Die Agentur macht Alles mögliche.
- E. Keine Antwort ist richtig.

147.
- A. Der vierte im Bunde ist erkrankt.
- B. Der Vierte im Bunde ist erkrankt.
- C. Der Vierte im bunde ist erkrankt.
- D. Der vierte im bunde ist erkrankt.
- E. Keine Antwort ist richtig.

148.
- A. Das Kind hat keine Angst.
- B. Das Kind hat keine angst.
- C. Das Kind hat Keine Angst.
- D. Das Kind hat Keine angst.
- E. Keine Antwort ist richtig.

149.
- A. Das Singen macht der Gruppe sehr viel Spaß.
- B. Das singen macht der Gruppe sehr viel Spaß.
- C. Das Singen macht der gruppe sehr viel Spaß.
- D. Das Singen macht der gruppe sehr viel spaß.
- E. Keine Antwort ist richtig.

150.
- A. Sie wird bestimmt den Kürzeren Ziehen.
- B. Sie wird bestimmt den Kürzeren ziehen.
- C. Sie wird bestimmt den kürzeren ziehen.
- D. Sie wird bestimmt den kürzeren Ziehen.
- E. Keine Antwort ist richtig.

151.
- A. Beim spielen fiel sie auf den Boden.
- B. Beim Spielen fiel sie auf den Boden.
- C. Beim spielen fiel sie auf den boden.
- D. Beim Spielen fiel sie auf den boden.
- E. Keine Antwort ist richtig.

152.
- A. Der Frankfurter Sportverein von 1892 ist Stolz auf seine Vergangenheit.
- B. Der frankfurter Sportverein von 1892 ist Stolz auf seine Vergangenheit.
- C. Der frankfurter Sportverein von 1892 ist stolz auf seine Vergangenheit.
- D. Der Frankfurter Sportverein von 1892 ist stolz auf seine Vergangenheit.
- E. Keine Antwort ist richtig.

153.
- A. Sie stimmt dir im Allgemeinen zu.
- B. Sie stimmt Dir im allgemeinen zu.
- C. Sie stimmt dir im allgemeinen zu.
- D. Sie stimmt Dir im Allgemeinen zu.
- E. Keine Antwort ist richtig.

154.
- A. Ludwig der Vierzehnte war ein kluger Mann.
- B. Ludwig der vierzehnte war ein kluger Mann.
- C. Ludwig der vierzehnte war ein Kluger Mann.
- D. Ludwig der Vierzehnte war ein Kluger Mann.
- E. Keine Antwort ist richtig.

155.
- A. Der Vierzehnte Tag war grauenvoll.
- B. Der vierzehnte Tag war grauenvoll.
- C. Der Vierzehnte tag war grauenvoll.
- D. Der vierzehnte tag war grauenvoll.
- E. Keine Antwort ist richtig.

Sprachbeherrschung

Kommasetzung   *Bearbeitungszeit 10 Minuten*

Bei diesen Aufgaben geht es darum, die richtige Kommasetzung in den Texten zu erkennen.

Beantworten Sie bitte die folgenden Aufgaben, indem Sie jeweils den richtigen Buchstaben markieren.

156.

  A. Obwohl sich der Bewerber beeilte, kam er zu spät zur Prüfung.

  B. Obwohl sich der Bewerber beeilte kam er zu spät zur Prüfung.

  C. Obwohl, sich der Bewerber beeilte, kam er zu spät zur Prüfung.

  D. Obwohl, sich der Bewerber beeilte kam er zu spät zur Prüfung.

  E. Keine Antwort ist richtig.

157.

  A. Am Montag, den 28. Juli, habe ich einen Arzttermin.

  B. Am Montag den 28. Juli habe ich einen Arzttermin.

  C. Am Montag den 28. Juli, habe ich einen Arzttermin.

  D. Am Montag den, 28. Juli, habe ich einen Arzttermin.

  E. Keine Antwort ist richtig.

158.

  A. Soziale Kompetenz meint die Fähigkeit, auf andere Menschen zuzugehen,
     Kontakte herzustellen und mit anderen zusammenzuarbeiten.

  B. Soziale Kompetenz meint die Fähigkeit auf andere Menschen zuzugehen,
     Kontakte herzustellen und mit anderen zusammenzuarbeiten.

  C. Soziale Kompetenz meint die Fähigkeit, auf andere Menschen zuzugehen
     Kontakte herzustellen und mit anderen zusammenzuarbeiten.

  D. Soziale Kompetenz meint die Fähigkeit, auf andere Menschen zuzugehen,
     Kontakte herzustellen, und mit anderen zusammenzuarbeiten.

  E. Keine Antwort ist richtig.

159.

  A. Durch bewusst langsames Sprechen, durch das Senken und Erheben der Stimme,
     und durch die Veränderung der Lautstärke, wird die Aufmerksamkeit erhöht.

  B. Durch bewusst langsames Sprechen, durch das Senken und Erheben der Stimme,
     und durch die Veränderung der Lautstärke wird die Aufmerksamkeit erhöht.

  C. Durch bewusst langsames Sprechen, durch das Senken und Erheben der Stimme
     und durch die Veränderung der Lautstärke wird die Aufmerksamkeit erhöht.

  D. Durch bewusst langsames Sprechen durch das Senken und Erheben der Stimme
     und durch die Veränderung der Lautstärke wird die Aufmerksamkeit erhöht.

  E. Keine Antwort ist richtig.

160.

  A. Bevor man einen Vertrag unterschreibt sollte, man ihn genau lesen.

  B. Bevor man einen Vertrag unterschreibt sollte man ihn genau lesen.

  C. Bevor man einen Vertrag unterschreibt, sollte man ihn genau lesen.

  D. Bevor man einen Vertrag, unterschreibt sollte man ihn genau lesen.

  E. Keine Antwort ist richtig.

161.

    A. Wir meinen, dass wir mit diesem Buch, einer Kombination zwischen theoretischem Wissen und umfassendem Praxisbezug eine neue Art von Übungsbuch entwickelt haben.

    B. Wir meinen, dass wir mit diesem Buch einer Kombination zwischen theoretischem Wissen und umfassendem Praxisbezug, eine neue Art von Übungsbuch entwickelt haben.

    C. Wir meinen dass wir mit diesem Buch, einer Kombination zwischen theoretischem Wissen und umfassendem Praxisbezug, eine neue Art von Übungsbuch entwickelt haben.

    D. Wir meinen, dass wir mit diesem Buch, einer Kombination zwischen theoretischem Wissen und umfassendem Praxisbezug, eine neue Art von Übungsbuch entwickelt haben.

    E. Keine Antwort ist richtig.

162.

    A. Herr Mayer fragt bei Kollegen Freunden und Verwandten nach Beispielen, die er in seinem Buch verwenden kann.

    B. Herr Mayer fragt bei Kollegen, Freunden, und Verwandten nach Beispielen, die er in seinem Buch verwenden kann.

    C. Herr Mayer fragt bei Kollegen, Freunden und Verwandten nach Beispielen, die er in seinem Buch verwenden kann.

    D. Herr Mayer fragt bei Kollegen, Freunden, und Verwandten nach Beispielen, die er in seinem Buch, verwenden kann.

    E. Keine Antwort ist richtig.

163.

    A. Ein wichtiger Punkt, der das Lernverhalten eines Menschen beeinflussen kann, ist die eigene, aktive Motivation des Lernenden.

    B. Ein wichtiger Punkt der das Lernverhalten eines Menschen beeinflussen kann, ist die eigene, aktive Motivation des Lernenden.

    C. Ein wichtiger Punkt, der das Lernverhalten eines Menschen beeinflussen kann ist die eigene, aktive Motivation des Lernenden.

    D. Ein wichtiger Punkt der das Lernverhalten eines Menschen beeinflussen kann ist die eigene, aktive Motivation des Lernenden.

    E. Keine Antwort ist richtig.

164.

    A. Menschen, die Vorurteile haben diese aber aufgrund objektiver Tatsachen ablegen, sind nur voreingenommen.

    B. Menschen die Vorurteile haben diese aber aufgrund objektiver Tatsachen ablegen, sind nur voreingenommen.

    C. Menschen die Vorurteile haben, diese aber aufgrund objektiver Tatsachen ablegen, sind nur voreingenommen.

    D. Menschen, die Vorurteile haben, diese aber aufgrund objektiver Tatsachen ablegen, sind nur voreingenommen.

    E. Keine Antwort ist richtig.

165.

    A. Man kann davon ausgehen, dass das Bild, das man von sich selbst hat oft ein Wunschbild ist.

    B. Man kann davon ausgehen, dass das Bild, das man von sich selbst hat, oft ein Wunschbild ist.

    C. Man kann davon ausgehen dass das Bild, das man von sich selbst hat, oft ein Wunschbild ist.

    D. Man kann davon ausgehen, dass das Bild das man von sich selbst hat, oft ein Wunschbild ist.

    E. Keine Antwort ist richtig.

Sprachbeherrschung

Sätze puzzeln   *Bearbeitungszeit 10 Minuten*

Bei dieser Aufgabe geht es darum, die vorgegebenen Satzstücke in die richtige Reihenfolge zu setzen, damit die einzelnen Satzstücke einen vollständigen Satz ergeben.

Tragen Sie hierzu jeweils die Zahlen 1 bis 5 in die leeren Kästchen ein.

Durch ein systematisches Vorgehen lassen sich die Aufgaben am schnellsten lösen. Gehen Sie die jeweiligen Satzfragmente beispielsweise danach durch, welches Prädikat zu welchem Subjekt gehört, wofür ein Relativpronomen („der", „die", „das") steht, worauf sich Adjektive und Adverbien beziehen, welche Prädikate möglicherweise bestimmte Objekte erfordern oder ob ein Verb mit einem Hilfsverb verbunden werden muss.

166.

- [ ] A. polizeiliches Erscheinungsbild gewährleisten soll
- [ ] B. grüne Uniformen durch blaue Dienstkleidung ersetzt
- [ ] C. wurden in den vergangenen Jahren
- [ ] D. die ein europaweit einheitliches
- [ ] E. in vielen Bundesländern

167.

- [ ] A. erreicht man nur im höheren Dienst
- [ ] B. im mittleren Dienst der Polizei kann man
- [ ] C. doch den höchsten Dienstgrad der Polizei
- [ ] D. bis zum Polizeihauptmeister aufsteigen
- [ ] E. vom Polizeimeister-Anwärter über den Polizeimeister

168.

- [ ] A. die innere Sicherheit
- [ ] B. ist der Auftrag
- [ ] C. des Landes
- [ ] D. aufrecht zu erhalten
- [ ] E. der deutschen Polizeien

169.

- A. der Einstellungstest der Polizei
- B. für den anstrengenden Polizeiberuf
- C. im Sporttest und in einer ärztlichen Untersuchung überprüft
- D. außerdem wird die körperliche Eignung
- E. beinhaltet schriftliche und mündliche Tests

170.

- A. dass Polizei Ländersache ist
- B. verschiedene Länderpolizeien
- C. in Deutschland 16
- D. daher gibt es
- E. das Grundgesetz besagt

171.

- A. der Staatsgewalt und übt in der Öffentlichkeit
- B. eine gepflegte Erscheinung und gute Umgangsformen
- C. es kommt daher an auf
- D. eine repräsentative Funktion aus
- E. als Polizeibeamter ist man Teil

172.

- A. körperliche und geistige
- B. eines Polizisten sind
- C. wichtige Eigenschaften
- D. Verantwortungsbewusstsein und die
- E. Belastbarkeit im Dienststress

173.

A. wie auch das Bundeskriminalamt

B. dem Bund und

C. und die Polizei des Bundestags

D. nicht den Ländern

E. untersteht die Bundespolizei

174.

A. darf die Polizei jederzeit, überall

B. und die Fahrtüchtigkeit des Fahrers

C. die Sicherheit des Fahrzeugs

D. bei jedem Verkehrsteilnehmer kontrollieren

E. und ereignisunabhängig

175.

A. wurden im Jahr 2008

B. so viele Fahrräder entwendet

C. laut polizeilicher Kriminalstatistik

D. über 35.000 Autos gestohlen

E. und fast zehnmal

Sprachbeherrschung

Satzreihenfolge   *Bearbeitungszeit 10 Minuten*

Tragen Sie zu jedem Satz die entsprechende fortlaufende Nummer in das Kästchen ein, sodass die einzelnen Sätze in sinnvoller Reihenfolge stehen und einen zusammenhängenden Text ergeben.

Hinweise zur Bearbeitung

Bei dieser Aufgabe wird Ihr Gefühl für Sprachlogik geprüft. Dabei sind die angegebenen Sätze so anzuordnen, dass sich eine inhaltlich und grammatisch schlüssige Geschichte daraus ergibt. Prüfen Sie daher bei der Zusammenstellung des Texts zum einen, ob die Satzanschlüsse formal korrekt sind – verweist ein „dieser", „diese" oder „dieses" auch tatsächlich auf einen Bezugspunkt im vorherigen Satz? Zum anderen müssen Sie auf die inhaltliche Dimension achten: Setzt sich ein „aber" am Satzanfang auch wirklich vom Vorangegangenem ab, folgt auf ein „denn" tatsächlich eine Begründung des bereits Gesagten? Wird eine zeitliche Reihenfolge eingehalten?

Eine probate Vorgehensweise ist es, vom wahrscheinlichsten Anfangssatz auszugehen (der keinen Bezug zu einem vorhergehenden Inhalt nimmt) und sich anhand der Überprüfung von sprachlichen und inhaltlichen Bezügen Satz für Satz durch den Text zu hangeln. Sie können natürlich auch anders vorgehen.

176.

A. Zur ersten großen Eruption kam es dabei am 22. August 1883.

B. Krakatau ist der Name einer indonesischen Vulkaninsel.

C. Das entspricht der 10.000–100.000-fachen Sprengkraft der Hiroshima-Atombombe.

D. Diese war der Schauplatz einer der größten Vulkanausbrüche der Geschichte.

E. Die ausgelöste Flutwelle wurde sogar in noch größerer Distanz registriert – im Ärmelkanal betrug der Ausschlag immerhin zwei Zentimeter.

F. Die Explosionsgeräusche dieses gigantischen Ausbruchs waren in fast 5.000 Kilometern Entfernung zu hören.

G. Die größte Folge-Eruption fünf Tage darauf entwickelte eine Sprengkraft zwischen 200 und 2.000 Megatonnen TNT.

177.

| | A. | In der Mehrzahl sind dies Männer – sie trifft es etwa zehnmal so häufig wie Frauen. |

A. In der Mehrzahl sind dies Männer – sie trifft es etwa zehnmal so häufig wie Frauen.

B. Mit ihnen bezeichnet man bestimmte Farbfehlsichtigkeiten.

C. Da Frauen zwei davon besitzen, kann die defekte Erbinformation bei ihnen ausgeglichen werden.

D. Rot-Grün-„Farbenblinde" können die Farben Rot und Grün nur sehr schwer unterscheiden.

E. Die Begriffe Rot-Grün-Blindheit und Rot-Grün-Sehschwäche sind wissenschaftliche Fachausdrücke.

F. Das liegt daran, dass die Fehlsichtigkeit auf dem X-Chromosom weitergegeben wird.

G. Ein umgangssprachlicher Name für diese Fehlsichtigkeiten lautet „Farbenblindheit".

178.

A. Bis zur Gründung der ersten Wetterdienste um 1900 dauerte es da noch mehr als 200 Jahre.

B. Nicht von ungefähr heißen daher frühe Versuche, die Wetterentwicklung zu bestimmen, auch „Bauernregeln".

C. Die Vorhersage des Wetters beschäftigt die Menschen seit Jahrtausenden.

D. Doch erst im 17. Jahrhundert erkannte man den Zusammenhang zwischen Luftdruck und Wetterlage.

E. Heute erreicht eine 24-Stunden-Vorhersage eine Treffsicherheit von 90 Prozent.

F. Einleuchtend: Die lebensnotwendige Landwirtschaft war (und ist) schließlich abhängig davon.

G. Für eine Drei-Tages-Prognose liegt dieser Wert immerhin noch bei 75 Prozent.

179.

☐ A. Der Sueskanal verbindet das Rote Meer mit dem Mittelmeer.

☐ B. Die Fahrtzeit zwischen Singapur und Rotterdam verringert sich beispielsweise auf gut acht Stunden.

☐ C. Diese verkürzt die Seewege zwischen dem Nordatlantik und Asien enorm.

☐ D. Der Weg um das Kap der Guten Hoffnung würde dagegen rund drei Stunden länger dauern.

☐ E. Doch eröffnet wurde der Sueskanal erst im November 1869.

☐ F. Noch größer wäre die Zeitersparnis im Altertum gewesen, als die ersten Pläne für eine Verbindung der Meere gemacht wurden.

☐ G. Er führt durch ägyptisches Territorium und stellt eine Wasserstraße von insgesamt 190 Kilometern Länge dar.

180.

☐ A. Er lebte ausschließlich auf zwei kleinen Inseln im Indischen Ozean.

☐ B. Von dort wegfliegen konnte er nicht – mit seinem massigen Rumpf und zwei kleinen Flügeln war er nicht flugfähig.

☐ C. Der Dodo war ein erstaunlicher Vogel.

☐ D. Das war kein Problem für ihn, da er kaum natürliche Feinde hatte.

☐ E. Außerdem kamen mit ihren Schiffen auch fremde Tierarten, die dasselbe mit den Eiern der Dodos taten.

☐ F. Schuld daran waren vermutlich die Seefahrer: Sie verspeisten die naiv-zutraulichen Vögel einfach.

☐ G. Ausgestorben ist der Dodo schließlich trotzdem. Die Forschung nimmt an, dass dies im 17. Jahrhundert geschah.

Sprachbeherrschung

Lückentext Sprichwörter

Bearbeitungszeit 5 Minuten

Bei diesen Aufgaben geht es darum, für die jeweiligen Sprichwörter das passende Wort in die Lücke einzusetzen. Beantworten Sie bitte die folgenden Aufgaben, indem Sie jeweils den richtigen Buchstaben markieren.

181. **Die Kuh vom _____ holen.**
   - A. Gras
   - B. Acker
   - C. Eis
   - D. Feld
   - E. Keine Antwort ist richtig.

182. **Der _____ macht die Musik.**
   - A. Sänger
   - B. Produzent
   - C. Pianist
   - D. Ton
   - E. Keine Antwort ist richtig.

183. **Der Fisch stinkt vom _____ her.**
   - A. Schwanz
   - B. Kopf
   - C. Bauch
   - D. Brust
   - E. Keine Antwort ist richtig.

184. **_____ guten Dinge sind drei.**
   - A. Mancher
   - B. Vieler
   - C. Aller
   - D. Dreier
   - E. Keine Antwort ist richtig.

185. **Es wird nichts so heiß _____, wie es gekocht wird.**
   - A. genascht
   - B. verzehrt
   - C. gegessen
   - D. verspeist
   - E. Keine Antwort ist richtig.

186. **Es ist alles Jacke wie _____.**
   - A. Pullover
   - B. Jeans
   - C. Schuhe
   - D. Hose
   - E. Keine Antwort ist richtig.

187. **Wie man in den Wald hinein _____, so schallt es heraus.**
   - A. schreit
   - B. singt
   - C. ruft
   - D. spricht
   - E. Keine Antwort ist richtig.

188. **Wer zuletzt _____, lacht am besten.**
   - A. schreibt
   - B. lacht
   - C. malt
   - D. geht
   - E. Keine Antwort ist richtig.

189. **Jede _____ hat zwei Seiten.**
   - A. Wand
   - B. Fläche
   - C. Münze
   - D. Wurst
   - E. Keine Antwort ist richtig.

190. **Wer nichts wird, wird _____.**
   - A. Betriebswirt
   - B. Wirt
   - C. Landwirt
   - D. Sammler
   - E. Keine Antwort ist richtig.

Sprachbeherrschung

Bedeutung von Sprichwörtern   *Bearbeitungszeit 5 Minuten*

Bei diesen Aufgaben geht es darum, für die jeweiligen Sprichwörter die richtige Bedeutung zu erkennen.

Beantworten Sie bitte die folgenden Aufgaben, indem Sie jeweils den richtigen Buchstaben markieren.

191. Wo Rauch ist, ist auch Feuer.
- A. Vorwürfe sind oft berechtigt.
- B. Wenn es raucht, dann wird es schnell gefährlich.
- C. Es gibt keinen Rauch ohne Feuer.
- D. Anhand von Rauch lässt sich Feuer entdecken.
- E. Keine Antwort ist richtig.

192. Freunde in der Not gehen tausend auf ein Lot.
- A. Gute Freunde sind immer für einen da.
- B. Es ist schwer, gute Freunde zu finden.
- C. In schweren Zeiten stehen einem nur wenige Freunde wirklich bei.
- D. Freunde sind etwas Wichtiges.
- E. Keine Antwort ist richtig.

193. Der Krug geht so lange zum Brunnen, bis er bricht.
- A. Etwas geht meistens gut.
- B. Etwas geht nicht auf Dauer gut.
- C. Dinge sind ersetzbar.
- D. Etwas geht häufig gut.
- E. Keine Antwort ist richtig.

194. Wasch mir den Pelz, aber mach mich nicht nass.
- A. Vorsicht ist bei bestimmten Dingen angeraten.
- B. Lege dich nicht mit Stärkeren an.
- C. Jemand gibt sich mit wenig zufrieden.
- D. Jemand möchte nur die Vorteile einer Sache genießen.
- E. Keine Antwort ist richtig.

195. Wie man sich bettet, so liegt man.
- A. Es ist wichtig, ein gutes Bett zu haben.
- B. Auf weichen Kissen lässt es sich gut schlafen.
- C. Betten sind ein wichtiger Bestandteil unseres Lebens, da man viel Zeit im Schlaf verbringt.
- D. Es hängt von jedem selbst ab, wie er sein Leben gestaltet.
- E. Keine Antwort ist richtig.

196. Eine Schlange am Busen nähren.
- A. Viele Menschen sind falsch.
- B. Falschen Freunden vertrauen
- C. Es ist gut, jemandem zu vertrauen.
- D. Ein krankes Tier aufziehen
- E. Keine Antwort ist richtig.

197. Lieber den Spatz in der Hand als die Taube auf dem Dach.
- A. Spatzen sind die wertvolleren Vögel.
- B. Nur das Risiko birgt auch einen großen Gewinn.
- C. Ein sicherer kleiner Nutzen ist einem unsicheren großen Nutzen vorzuziehen.
- D. Ein Risiko einzugehen lohnt sich oft nicht.
- E. Keine Antwort ist richtig.

198. Übermut kommt vor dem Fall.
- A. Selbstüberschätzung kommt vor dem Scheitern.
- B. Risikobereitschaft lohnt sich nicht.
- C. Risikobereitschaft lohnt sich.
- D. Viele Leute scheitern aufgrund von Unwissen.
- E. Keine Antwort ist richtig.

199. Steter Tropfen höhlt den Stein.
- A. Es ist sinnlos zu versuchen, Steine mit Wasser auszuhöhlen.
- B. Beharrlichkeit führt zum Erfolg.
- C. Wasser ist härter als Stein.
- D. Steine durchlöchert man am besten mit Tropfen.
- E. Keine Antwort ist richtig.

200. Die Katze im Sack kaufen.
- A. Etwas kaufen, ohne es vorher gesehen zu haben.
- B. Risikobereitschaft lohnt sich nicht.
- C. Viele Leute scheitern aufgrund zu hoher Risikobereitschaft.
- D. Etwas Wertvolles bleibt oft unerkannt.
- E. Keine Antwort ist richtig.

Sprachbeherrschung

Gegenteilige Begriffe

Ordnen Sie den Begriffen die gegenteilige Bedeutung zu, indem Sie den entsprechenden Lösungsbuchstaben in das Leerfeld eintragen.

Begriffe	*A–J*	*Gegenteilige Begriffe*
201. erinnern		A. nachgeben
202. geben		B. weinen
203. standhalten		C. ärgern
204. befestigen		D. zurückbleiben
205. lachen		E. nehmen
206. freuen		F. mitmachen
207. montieren		G. lösen
208. öffnen		H. schließen
209. überholen		I. abbauen
210. zusehen		J. vergessen

Sprachbeherrschung

Gleiche Wortbedeutung   *Bearbeitungszeit 5 Minuten*

Nun wird die Fähigkeit zu logischem Denken im sprachlichen Bereich getestet.

In dieser Aufgabe wird Ihnen jeweils ein Wort vorgegeben. Finden Sie aus den fünf Lösungsmöglichkeiten das Wort heraus, das dem vorgegebenen Wort am nächsten kommt.

Beantworten Sie bitte die folgenden Aufgaben, indem Sie jeweils den richtigen Buchstaben markieren.

211. Gelübde
   A. Geheimnis
   B. Schriftstück
   C. Wette
   D. Antwort
   E. Schwur

212. abtrünnig
   A. abwertend
   B. lustlos
   C. negativ
   D. untreu
   E. willig

213. Disput
   A. Auseinandersetzung
   B. Vorschlag
   C. Einigung
   D. Knochenkrankheit
   E. Gespräch

214. heikel
   A. lustig
   B. interessant
   C. schwierig
   D. unklar
   E. verschieden

215. Langmut
   A. Ausdauer
   B. Geduld
   C. Langsamkeit
   D. Tapferkeit
   E. Missmut

216. lethargisch
   A. aktiv
   B. träge
   C. rege
   D. rastlos
   E. gefährlich

217. aristokratisch
   A. reich
   B. kläglich
   C. adlig
   D. hochkarätig
   E. elegant

218. delinquent
   A. schmackhaft
   B. verbrecherisch
   C. tödlich
   D. entmutigt
   E. defekt

219. welk
   A. wellig
   B. gepresst
   C. schlaff
   D. kaputt
   E. halb

220. Zwist
   A. Faden
   B. Duo
   C. Tanz
   D. Gummi
   E. Streit

Sprachbeherrschung

Fremdwörter zuordnen

Ordnen Sie den Fremdwörtern die richtige Bedeutung zu, indem Sie jeder Aufgabe den richtigen Buchstaben zuweisen und diesen in das Kästchen eintragen.

Fremdwort	A–J	Bedeutung
221. Emigration		A. Zusammenarbeit
222. Narration		B. Übertragung
223. Mortalität		C. Auswanderung
224. Prophylaxe		D. Nachbildung
225. Kooperation		E. Lebenslauf
226. Gobelin		F. Sterblichkeit
227. Effizienz		G. Vorbeugung
228. Attrappe		H. Erzählung
229. Transfer		I. Wirksamkeit
230. Vita		J. Wandteppich

Sprachbeherrschung

Englisch: Rechtschreibung *Bearbeitungszeit 5 Minuten*

In diesem Abschnitt werden Ihre Englischkenntnisse geprüft.

Beantworten Sie bitte die folgenden Aufgaben, indem Sie jeweils den richtigen Buchstaben markieren.

231. Wie lautet die englische Schreibweise für: Aller Anfang ist schwer.

A. All beginnings are difikult.

B. Al beginings are difficult.

C. All beginnings are difficult.

D. Al beginnings are difficult.

E. Keine Antwort ist richtig.

232. Wie lautet die englische Schreibweise für: Jeder ist seines Glückes Schmied.

A. Every man is the architect of his own fortune.

B. Everi man is the architect of his own fortune.

C. Every mann is the architect of his own fortune.

D. Every man ist the architect of his own fortune.

E. Keine Antwort ist richtig.

233. Wie lautet die englische Schreibweise für: Der frühe Vogel fängt den Wurm.

A. The earli bird catches the worm.

B. The early bird catches the worm.

C. The early birt catchs the worm.

D. The earley birt catches the worm.

E. Keine Antwort ist richtig.

234. Wie lautet die englische Schreibweise für: Was du nicht willst, das man dir tu, das füg auch keinem andern zu.

A. Do unto athers as you wold have athers do unto you.

B. Do unto athers as you wuld have others do unto you.

C. Do unto others as you would have others do unto you.

D. Dou unto athers as you would have others do unto you.

E. Keine Antwort ist richtig.

235. Wie lautet die englische Schreibweise für: Reden ist Silber, schweigen ist Gold.

A. Talk istsilver, silence is gold.

B. Talk is silver, silence is golden.

C. Talk is silfer, silenc is golden.

D. Talk ist silver, silence ist gold.

E. Keine Antwort ist richtig.

236. Wie lautet die englische Schreibweise für: Auch ein blindes Huhn findet mal ein Korn.

A. A blind mann mai sometimes hit the marc.

B. A blind man may sometime hitt the mark.

C. A blint mann may sometimes hit the mark.

D. A blind man may sometimes hit the mark.

E. Keine Antwort ist richtig.

237. Wie lautet die englische Schreibweise für 05:04 Uhr?

A. four (minutes) past five

B. vour (minutes) past five

C. four (minutes) to five

D. four (minutes) past fife

E. Keine Antwort ist richtig.

238. Wie lautet die englische Schreibweise für 03:34 Uhr?

A. tventy-six minutes to four

B. twenty-six minutes to vour

C. twenty-six minutes to for

D. twenty-six minutes to four

E. Keine Antwort ist richtig.

239. Wie lautet die englische Schreibweise für den Monat März?

A. Match

B. Martch

C. März

D. March

E. Keine Antwort ist richtig.

240. Wie lautet die englische Schreibweise für den Monat Juni?

A. Juny

B. Juni

C. June

D. Jun

E. Keine Antwort ist richtig.

Sprachbeherrschung

Englisch: Zeitformen

In diesem Abschnitt werden Ihre Englischkenntnisse geprüft.

Setzen Sie bitte die Verben in die vorgegebene Zeitform, passend zur angegebenen Person.

Beantworten Sie bitte die folgenden Aufgaben, indem Sie jeweils den richtigen Buchstaben markieren.

241. Wie lautet die korrekte Zeitform:
I (go)/simple present?

A. I went.

B. I gone.

C. I am going.

D. I go.

E. I goes.

242. Wie lautet die korrekte Zeitform:
I (carry)/past progressive?

A. I am carrying.

B. I was carrying.

C. I were carrying.

D. I have been carrying.

E. I had been carrying.

243. Wie lautet die korrekte Zeitform:
We (watch)/future I progressive?

A. We will watch.

B. We would be watching.

C. We would have been watching.

D. We are watching.

E. We will be watching.

244. Wie lautet die korrekte Zeitform:
Peter and Carl (talk)/past perfect simple?

A. Peter and Carl were talking.

B. Peter and Carl have been talking.

C. Peter and Carl are talking.

D. Peter and Carl talked.

E. Peter and Carl had talked.

245. Wie lautet die korrekte Zeitform:
I (sing)/past perfect progressive?

A. I have been singing.

B. I was singing.

C. I sang.

D. I had been singing.

E. I have sung.

246. Wie lautet die korrekte Zeitform:
I (write)/present perfect progressive?

A. I wrote.

B. I was writing.

C. I have been writing.

D. I have written.

E. I had been writing.

247. Wie lautet die korrekte Zeitform:
We (think)/past perfect simple?

A. We have been thinking.

B. We have thought.

C. We thought.

D. We had thought.

E. We were thinking.

248. Wie lautet die korrekte Zeitform:
They (buy)/past perfect progressive?

A. They have been buying.

B. They were buying.

C. They had bought.

D. They have had bought.

E. They had been buying.

249. Wie lautet die korrekte Zeitform:
You (drive)/past perfect progressive?

A. You had been driving.

B. You were being driven.

C. You drove.

D. You have driven.

E. You were driven.

250. Wie lautet die korrekte Zeitform:
You (meet)/present perfect progressive?

A. You had been meeting.

B. You have met.

C. You met.

D. You have been meeting.

E. You are meeting.

Sprachbeherrschung

Eines von fünf Wörtern passt nicht   *Bearbeitungszeit 5 Minuten*

Nun wird die Fähigkeit zu logischem Denken im sprachlichen Bereich getestet.

In jeder der folgenden Aufgaben werden Ihnen fünf Wörter vorgegeben. Vier davon sind einander ähnlich. Finden Sie das fünfte Wort heraus, das sich von den anderen Wörtern wesentlich unterscheidet und nicht in die Begriffsreihe passt.

Beantworten Sie bitte die folgenden Aufgaben, indem Sie jeweils den richtigen Buchstaben markieren.

251.
A. Pfirsich
B. Pflaume
C. Aprikose
D. Kirsche
E. Stachelbeere

252.
A. Ostern
B. Tag der Deutschen Einheit
C. Reformationstag
D. Weihnachten
E. Pfingsten

253.
A. schneiden
B. telefonieren
C. wissen
D. eisern
E. verweigern

254.
A. Falz
B. Lücke
C. Spalt
D. Ritze
E. Loch

255.
A. herstellen
B. produzieren
C. verkaufen
D. erschaffen
E. fertigen

256.
A. gut situiert
B. wohlhabend
C. vermögend
D. begütert
E. bedürftig

257.
A. Russland
B. Nordamerika
C. Südafrika
D. Neuseeland
E. Brasilien

258.
A. transparent
B. diffus
C. undurchsichtig
D. milchig
E. trüb

259.
A. erklecklich
B. beträchtlich
C. außerordentlich
D. unerheblich
E. immens

260.
A. Amsel
B. Buchfink
C. Rotkehlchen
D. Zaunkönig
E. Huhn

Sprachbeherrschung

Charaktereigenschaften finden

Dieser Aufgabenblock prüft Ihren Einfallsreichtum und Ihre persönliche Einstellung.

Nennen Sie zu jeder angegebenen Person so viele treffende Eigenschaften wie möglich. Dabei kommt es nicht nur auf Ihre spontane Urteilsfähigkeit an: Welche Charaktermerkmale Sie wem zuschreiben, lässt auf Ihre beruflichen und privaten Einstellungen schließen.

Hierzu ein Beispiel

Aufgabe

1. Bitte charakterisieren Sie den
    idealen Versicherungsvertreter.

vertrauenswürdig

überzeugend

seriös

kompetent

redegewandt

(!) *Hinweis:*

Sie haben jeweils 1 Minute Zeit, um die folgenden Personen zu charakterisieren, insgesamt also 10 Minuten.

Charaktereigenschaften finden

Notieren Sie bitte jetzt so viele passende Eigenschaften wie möglich zu den genannten Personen.

261. **Bitte charakterisieren Sie den idealen Polizisten.**

264. **Bitte charakterisieren Sie den idealen Kollegen.**

262. **Bitte charakterisieren Sie den idealen Feuerwehrmann.**

265. **Bitte charakterisieren Sie den idealen Freund.**

263. **Bitte charakterisieren Sie den idealen Vorgesetzten.**

266. **Bitte charakterisieren Sie den idealen Hausarzt.**

267. Bitte charakterisieren Sie den idealen Bürgermeister.

269. Bitte charakterisieren Sie den idealen Nachbarn.

268. Bitte charakterisieren Sie den idealen Manager.

270. Bitte charakterisieren Sie den idealen Vermieter.

Sprachbeherrschung

Kreative Sätze bilden *Aufgabenerklärung*

Im Folgenden wird Ihr gedanklicher und sprachlicher Einfallsreichtum auf die Probe gestellt.

Zu jeder Aufgabe erhalten Sie drei Wörter – versuchen Sie, daraus jeweils drei (sinnvolle) Sätze zu bilden. Die Reihenfolge, in der die Begriffe im Satz auftauchen, spielt dabei keine Rolle.

Hierzu ein Beispiel:

Aufgabe

1.   Stuhl | Drehtür | Büro

Musterantworten

Satz 1: Die einzige Drehtür, durch die Kunden ins Büro kommen können, wurde mit einem Stuhl blockiert.

Satz 2: Als ich durch die Drehtür ging, sah ich, wie im Büro am Ende des Ganges ein Stuhl umfiel.

Satz 3: Vom Stuhl im Büro aus kann man gut beobachten, wer auf der anderen Seite durch die Drehtür ein- und ausgeht.

Bearbeitungshinweis

Im Mittelpunkt dieses Aufgabenteils steht Ihre Kreativität – theoretisch gibt es hier unendlich viele Lösungen und keinen eindeutigen Lösungsweg. Wegen der Zeitvorgabe empfehlen sich aber weniger weitschweifige, umständliche Satzkonstrukte als vielmehr bündige, gleichzeitig natürlich sinnvolle und grammatisch einwandfreie Sätze. Die Reihenfolge, in der die vorgegebenen Wörter im Satz auftauchen, spielt dabei keine Rolle.

Kreative Sätze bilden

Beginnen Sie bitte jetzt mit den Aufgaben und notieren Sie zu jeder Aufgabe drei Lösungssätze.

271. Film | Popcorn | Dunkelheit

Satz 1:

Satz 2:

Satz 3:

272. Telefon | Wohnzimmer | Anrufbeantworter

Satz 1:

Satz 2:

Satz 3:

273. Schrank | Buch | Butter

Satz 1:

Satz 2:

Satz 3:

274. Sicherheit | Glück | Freiheit

Satz 1:

Satz 2:

Satz 3:

275.   Motor | Reise | Wasser

Satz 1:

_____

_____

Satz 2:

_____

_____

Satz 3:

_____

_____

276.   Industrie | Umwelt | Solaranlage

Satz 1:

_____

_____

Satz 2:

_____

_____

Satz 3:

_____

_____

277.   Internet | Hose | Einkaufszentrum

Satz 1:

_____

_____

Satz 2:

_____

_____

Satz 3:

_____

_____

278.   Frühstück | Geschirr | Post

Satz 1:

_____

_____

Satz 2:

_____

_____

Satz 3:

_____

_____

279.   Bahn | Strom | Lärm

Satz 1:

Satz 2:

Satz 3:

280.   Jogging | Bank | Hunger

Satz 1:

Satz 2:

Satz 3:

Ausbildungspark Verlag

Bettinastraße 69 • 63067 Offenbach
Tel.: (069) 40 56 49 73 • Fax: (069) 43 05 86 02
E-Mail: kontakt@ausbildungspark.com
Internet: www.ausbildungspark.com

Eignungstest
Polizei und Zoll

Prüfung 2

2

Fachwissen
Allgemeinwissen
Technisches Wissen

POL 1P (A4) – P2

Kurt Guth / Marcus Mery
Der Eignungstest / Einstellungstest
zur Ausbildung bei der Polizei
Mit den Prüfungsfragen sicher
durch den Einstellungstest

Ausgabe 2016

4. Auflage

Herausgeber: Ausbildungspark Verlag,
Gültekin & Mery GbR, Offenbach, 2016

Das Autorenteam dankt Andreas Mohr
für die Unterstützung.

Umschlaggestaltung: SB Design, bitpublishing

Bildnachweis: Archiv des Verlages
Illustrationen: bitpublishing
Grafiken: bitpublishing, SB Design
Lektorat: Virginia Kretzer

Beiwerk:

Eignungstest
Polizei und Zoll
Prüfung 2

Bibliografische Information der Deutschen Nationalbibliothek –
Die Deutsche Nationalbibliothek verzeichnet diese
Publikation in der Deutschen Nationalbibliografie;
detaillierte bibliografische Daten sind im Internet über
http://dnb.dnb.de abrufbar.

Gedruckt auf chlorfrei gebleichtem Papier

© 2016 Ausbildungspark Verlag
Bettinastraße 69, 63067 Offenbach
Printed in Germany

Satz: bitpublishing, Schwalbach
Druck: Druckerei Sulzmann, Obertshausen ✓
        Ausbildungspark Verlag, Offenbach ○

ISBN 978-3-941356-25-2

Prüfung 2
Fachwissen
Allgemeinwissen
Technisches Wissen

Prüfungsfragen zum Eignungstest zur Ausbildung
bei Polizei und Zoll

Bearbeitungszeit: 1,5 Stunden

Hilfsmittel: Bleistift, Radiergummi, Schmierpapier, Taschenrechner

Alle Lösungen mit Bearbeitungstipps und Kommentaren
finden Sie im mitgelieferten Begleitbuch.

Wichtige Hinweise zur richtigen Bearbeitung des Eignungstests

Dieser Test beinhaltet mehrere Aufgabengebiete. Für die Einführung durch den Prüfer, die Bearbeitung und eine kurze Pause benötigen Sie ca. 1½ Stunden.

Die Aufgabenbereiche sind i. d. R. so aufgebaut, dass innerhalb eines Aufgabenbereiches die einfachen Fragen am Anfang stehen und die schwereren Fragen am Ende.

Sie haben für jedes Aufgabengebiet eine feste Zeitvorgabe zur Bearbeitung. Die entsprechenden Zeitvorgaben werden Ihnen in den einzelnen Abschnitten mitgeteilt. Der Prüfer wird Sie durch die Prüfung führen, Ihnen die Zeiten vorgeben und Ihnen ein Zeichen geben, wenn Sie zum nächsten Aufgabengebiet weiterblättern sollen.

Wenn Sie die Aufgaben vor Ablauf der vorgegebenen Zeit gelöst haben, dann dürfen Sie innerhalb einer Aufgabengruppe zurückblättern, um ihre Lösungen noch einmal zu überprüfen. Beachten Sie bitte, dass das Umblättern zu einer anderen Aufgabengruppe streng untersagt ist!

Markieren Sie bitte bei jeder Aufgabe einen Lösungsbuchstaben mit Bleistift. Beachten Sie, dass innerhalb einer Aufgabe nur ein Lösungsvorschlag richtig ist. Markieren Sie daher bei jeder Aufgabe nur einen Lösungsvorschlag, ansonsten wird die Antwort als falsch gewertet.

Hierzu ein Beispiel:

Aufgabe

1. **Wie viel ergibt 4 × 3?**
    A. 12
    B. 17
    C. 19
    D. 10
    E. Keine Antwort ist richtig.

Antwort

 12

Für den Fall, dass Sie eine Antwort versehentlich falsch markiert haben, radieren Sie Ihre Antwort bitte vorsichtig aus und tragen einen neuen Kreis ein.

Sie erhalten zu jedem Aufgabengebiet einen Bearbeitungshinweis. Lesen Sie diese Hinweise bitte gründlich durch, da Sie wichtige Informationen für die Bearbeitung der Aufgaben erhalten. Nutzen Sie außer Bleistift, Radiergummi, Notizpapier und Taschenrechner keine weiteren Hilfsmittel.

Bearbeiten Sie die Fragen schnell und sorgfältig. Halten Sie sich nicht mit Aufgaben auf, die Ihnen schwer fallen. Berücksichtigen sie, dass dieser Test so zusammengestellt ist, dass kaum jemand in der angesetzten Bearbeitungszeit alle Aufgaben richtig lösen kann.

Behalten Sie daher die Ruhe, wenn Sie die eine oder andere Aufgabe aus zeitlichen Gründen nicht lösen können.

Fachwissen

Landespolizei   *Bearbeitungszeit 8 Minuten*

Wie gut kennen Sie sich in den Strukturen und Aufgaben der Landespolizei aus?

Beantworten Sie bitte die folgenden Aufgaben, indem Sie jeweils den richtigen Buchstaben markieren.

281. **Die Aufgaben und die Rechtsstellung der Länderpolizeien …?**
    A. regelt einheitlich das Grundgesetz.
    B. regelt jedes Bundesland in einem eigenen Gesetz.
    C. regeln die Kommunen für ihre jeweiligen Polizeidienststellen.
    D. regelt einheitlich das Bundespolizeigesetz.
    E. bestimmt der Bundesinnenminister.

282. **Wie viele Angehörige beschäftigen alle Länderpolizeien zusammen?**
    A. Rund 380.000
    B. Rund 320.000
    C. Rund 260.000
    D. Rund 200.000
    E. Rund 140.000

283. **Wem untersteht eine Landespolizei?**
    A. Dem jeweiligen Landesparlament
    B. Dem Innenminister des jeweiligen Bundeslands
    C. Dem Bundesinnenminister
    D. Dem Bundespräsidenten
    E. Dem Bundesminister für Verteidigung

284. **Was zählt nicht zum Aufgabenspektrum der Polizei?**
    A. Gefahren für die öffentliche Sicherheit und Ordnung abwehren
    B. Den Straßenverkehr regeln und sichern
    C. Anderen Behörden Amts- und Vollzugshilfe leisten
    D. Aufgaben in der Strafverfolgung übernehmen, unter Aufsicht der Staatsanwaltschaft
    E. Die Verteidigung gegen äußere Bedrohungen

285. **Was bezeichnet die Abkürzung „SEK"?**
    A. Ein Spezialeinsatzkommando einer Landespolizei
    B. Den Sonderbeauftragten der Einsatzkräfte, der die Interessen aller im operativen Dienst tätigen Polizisten bei der jeweiligen Landesregierung vertritt
    C. Die Konvention für Sicherheit im Einsatz, einen Leitfaden für das Vorgehen im Dienst
    D. Die Streifenmedaille Erster Klasse, einen Polizei-Verdienstorden
    E. Die Studieneinrichtung für Kommissaranwärter, die Polizisten im gehobenen Dienst ausbildet

286. **Wann darf die Polizei zum Schutz privater Rechte eingreifen?**
    A. Grundsätzlich immer
    B. Immer dann, wenn ein Bürger sich diesbezüglich an die Polizei wendet
    C. Nur dann, wenn dieser Schutz nicht auf anderem Wege gewährleistet werden kann
    D. Nur dann, wenn der Berechtigte für die Unkosten des Einsatzes aufkommt
    E. Nur dann, wenn keine dringendere Aufgabe ansteht

287. Welche Spezialisierungsmöglichkeit bietet keine Polizei an?

    A. Die Ausbildung zum Entschärfer

    B. Die Ausbildung zum Pionier

    C. Die Ausbildung im Flugdienst

    D. Die Ausbildung zum Hundeführer

    E. Die Ausbildung zum Polizeitaucher

288. Was verbirgt sich hinter der Abkürzung „BFE"?

    A. Spezialkräfte für die Beweissicherung und Festnahme

    B. Die Fernmelde-Einheit der Polizei

    C. Bestimmungen für Polizeiformationen im Einsatz

    D. Ein spezieller Ausrüstungsgegenstand der Bereitschaftspolizei

    E. Der Befehlshaber einer Hundertschaft im Einsatz

289. Welche Aussage stimmt nicht? Eine Bereitschaftspolizei (BePo) …

    A. ist ein eigenständiger Großverband.

    B. kommt unterstützend bei Großereignissen und Schwerpunktaufgaben (z. B. Kriminalitätsbekämpfung) zum Einsatz.

    C. gibt es bei den Länderpolizeien und der Bundespolizei.

    D. besteht aus nicht verbeamteten polizeilichen Hilfskräften, die bei Bedarf hinzugezogen werden können.

    E. ist meist in Gemeinschaftsunterkünften einquartiert.

290. Wobei handelt es sich um eine nach Personalstärke aufsteigende Reihe von Einheiten der Bereitschaftspolizei?

    A. Gruppe, Zug, Kompanie

    B. Zug, Hundertschaft, Division

    C. Zug, Gruppe, Bataillon

    D. Gruppe, Zug, Hundertschaft

    E. Trupp, Zug, Gruppe

291. Polizisten sind Teil der Exekutive, d. h. der ausführenden Gewalt. Laut Artikel 20 des Grundgesetzes sind sie somit …?

    A. befugt, die Grundrechte in bestimmten Situationen vorübergehend außer Kraft zu setzen.

    B. immer an Recht und Gesetz gebunden.

    C. berechtigt, in bestimmten Situationen selbst Gesetze zu erlassen.

    D. nur dann zum Eingreifen berechtigt, wenn ein Gericht dem Einsatz zustimmt.

    E. kein Teil der öffentlichen Verwaltung.

292. Welche Aussage zu den Uniformen der Länderpolizeien stimmt?

    A. Die Polizeiuniformen sind aufgrund eines Bundesgesetzes einheitlich blau.

    B. Jedes Bundesland darf eigene Uniformregelungen treffen.

    C. Die Grund-Uniform ist überall moosgrün-beige, nur im Streifendienst wurden mancherorts abweichende Uniformen eingeführt.

    D. Jedes Bundesland muss eine eigene Uniform verwenden, damit eine klare Zuordnung möglich ist.

    E. Europaweit werden die gleichen Polizeiuniformen eingeführt, um ein einheitliches Erscheinungsbild zu schaffen.

293. **Aus wie vielen Polizeivollzugsbeamten (PVB) besteht ein Zug der Bereitschaftspolizei?**

    A. Aus ungefähr 20 PVB
    B. Aus ungefähr 30 PVB
    C. Aus ungefähr 50 PVB
    D. Aus ungefähr 80 PVB
    E. Aus ungefähr 100 PVB

294. **Wer vertritt die beruflichen Interessen vieler Polizeiangehöriger in Deutschland?**

    A. Die Gewerkschaft der Polizei (GdP)
    B. Der Polizei-Gewerkschaftsbund (PGB)
    C. Die Vereinigung der Polizisten (VdP)
    D. Der Deutsche Polizistenbund (DPB)
    E. Die Interessengemeinschaft der Polizei (IG Pol)

295. **In welchem Eintrittsamt startet man die Karriere im mittleren Polizeivollzugsdienst?**

    A. Polizeimeister
    B. Polizeikommissar
    C. Polizeirat
    D. Polizeimajor
    E. Polizeifähnrich

Fachwissen

Bundespolizei

Wie gut kennen Sie sich in den Strukturen und Aufgaben der Bundespolizei aus?

Beantworten Sie bitte die folgenden Aufgaben, indem Sie jeweils den richtigen Buchstaben markieren.

296. Die Bundespolizei …?
- A. hat die gleichen Aufgaben wie die Polizeien der Bundesländer.
- B. ist eine gemeinsame Sondereinheit der Länderpolizeien.
- C. beaufsichtigt die Länderpolizeien.
- D. ist organisatorisch unabhängig von den Länderpolizeien und hat ein eigenes Aufgabenspektrum.
- E. besteht aus allen Angehörigen der Länderpolizeien.

297. Die Aufgaben und die Rechtsstellung der Bundespolizei regelt …?
- A. das Grundgesetz.
- B. das Polizeigesetz des Bundeslands Berlin.
- C. das Strafgesetzbuch.
- D. das Bundespolizeigesetz.
- E. eine Zusammenschrift der Länder-Polizeigesetze.

298. Wann darf die Bundespolizei die Länderpolizeien unterstützen?
- A. Grundsätzlich überhaupt nicht
- B. Grundsätzlich immer, wenn sie es für nötig hält
- C. In besonderen Ausnahmefällen
- D. Nur im Kriegsfall
- E. Nur, wenn die Länderpolizei nicht mehr handlungsfähig ist

299. Woraus ging die Bundespolizei hervor?
- A. Bundesgrenzschutz
- B. Bundessicherheitsbehörde
- C. Zoll
- D. Bundesordnungsdienst
- E. Grenz- und Küstenwache

300. Wodurch trägt die Bundespolizei nicht zur Sicherung der Infrastruktur bei?
- A. Wartung grenznaher Autobahnen
- B. Maßnahmen zur Feststellung gefährlicher Gegenstände an Flughäfen
- C. Ermittlung bei Verstößen gegen Umweltschutzbestimmungen auf See
- D. Verfolgung von Vandalismus an Fernbahnhöfen
- E. Präsenzstreifen in Zügen der Deutschen Bahn AG

301. Deutsche Polizisten dürfen auch im Ausland eingesetzt werden – unter bestimmten Bedingungen. Welche gehört nicht dazu?
- A. Eine internationale Organisation beantragt den Einsatz, im Einvernehmen mit dem betreffenden Staat.
- B. Die eingesetzten Polizisten stimmen dem Einsatz zu.
- C. Die Beamten stehen nicht unter militärischem Kommando.
- D. Die Beamten werden nur in einem sicheren Umfeld eingesetzt.
- E. Der Bundestag stimmt dem Einsatz zu.

302. **Was dürfen Polizisten nicht?**
   A. Verdächtige in Gewahrsam nehmen
   B. Körperliche Gewalt einsetzen
   C. Wohnungen öffnen
   D. Schusswaffen einsetzen
   E. Verbrecher verurteilen

303. **Der Grenzschutz der Bundespolizei umfasst die Abwehr von Gefährdungen der Grenzsicherheit, und zwar ...?**
   A. seit dem Schengener Abkommen nur noch an den Außengrenzen der EU.
   B. im Grenzgebiet etwa 30 Kilometer in den grenznahen Raum hinein (zur See: 50 Kilometer).
   C. im gesamten Bundesgebiet.
   D. nur noch an den Grenzen zu Nicht-EU-Staaten.
   E. ausschließlich an den Kontrollposten und Übergängen unmittelbar an der Grenze.

304. **Neben den beamtenrechtlichen Anforderungen an körperliche Tauglichkeit, Bildungsgrad und Mindestalter zählen beim Einstellungsverfahren der Bundespolizei auch ...?**
   A. Waffenkenntnis und Unerschrockenheit.
   B. Teamfähigkeit und Zivilcourage.
   C. politische und sexuelle Orientierung.
   D. Strenge und Draufgängertum.
   E. Autoritätshörigkeit und Zurückhaltung.

305. **„GSG 9" heißt ...?**
   A. eine Spezialeinheit der Bundespolizei.
   B. eine gemeinsame Einheit von Bundeswehr, Polizeien und Zoll.
   C. der neunköpfige Generalstab der Länderpolizeien.
   D. ein Gremium des Bundestags, das die Polizeibehörden parlamentarisch kontrolliert.
   E. eine der wichtigsten Polizei-Dienstvorschriften.

306. **Wie sieht das Dienstabzeichen der Bundespolizei aus?**
   A. Silberner Stern mit schwarz-rot-goldener Umfassung
   B. Goldener Bundesadler auf schwarzem Grund
   C. Bundesfahne mit eingeklinktem Polizeisignet in der rechten oberen Ecke
   D. Goldener Bundesadler auf schwarzem Grund mit roter Umrandung
   E. Schwarzer Bundesadler auf goldenem Schild in einem dunkelblauen Wappen

307. **Ganz abgesehen von ihren polizeilichen Aufgaben machen Bundespolizisten regelmäßig Schlagzeilen im Bereich ...?**
   A. Autorenfilm.
   B. Spitzensport.
   C. Webdesign.
   D. Biologie.
   E. Wirtschaftspolitik.

308. **Wer ist der Dienstherr eines BPOL-Beamten?**
   A. Der unmittelbare Disziplinarvorgesetzte
   B. Der Präsident der BPOL
   C. Die Bundesrepublik Deutschland
   D. Der Bundeskanzler
   E. Die BPOL als Behörde

309. **Die oberste Behörde der Bundespolizei ist ...?**
   A. das Bundespolizeipräsidium in Potsdam.
   B. das Verteidigungsministerium in Berlin.
   C. das Bundesinnenministerium in Berlin.
   D. die Bundespolizeidirektion in Koblenz.
   E. das Oberkommissariat der Bundespolizei in Hamburg.

310. **Was ist die zentrale Aus- und Weiterbildungsstätte der Bundespolizei?**
   A. Die Bundespolizeiakademie in Lübeck
   B. Die Polizeischule des Bundes in Berlin
   C. Eine Zentrale gibt es nicht – die Aus- und Weiterbildung findet an den entsprechenden Einrichtungen der Landespolizeien statt
   D. Die Lehr- und Ausbildungskaserne der Bundespolizei in Regensburg
   E. Das gemeinsame Schulungszentrum von Bundeswehr und Bundespolizei in Potsdam

Fachwissen

Kriminalpolizei   *Bearbeitungszeit 8 Minuten*

Wie gut kennen Sie sich in den Strukturen und Aufgaben der Kriminalpolizei aus?

Beantworten Sie bitte die folgenden Aufgaben, indem Sie jeweils den richtigen Buchstaben markieren.

311. Die Anfänge der deutschen Kriminalpolizei liegen ...?
- A. in der Wende vom 14. zum 15. Jahrhundert.
- B. in der Wende vom 16. zum 17. Jahrhundert.
- C. in der Wende vom 18. zum 19. Jahrhundert.
- D. in der Wende vom 19. zum 20. Jahrhundert.
- E. Keine Antwort ist richtig.

312. Was unterscheidet die Kriminal- von der Schutzpolizei?
- A. Die Kriminalpolizei ist nicht in der Kriminalitätsvorbeugung tätig.
- B. Die Kriminalpolizei darf Personen in Gewahrsam nehmen.
- C. Die Kriminalpolizei darf körperliche oder Waffengewalt anwenden.
- D. Die Kriminalpolizei ist auf die Verfolgung und Verhütung von Straftaten spezialisiert.
- E. Keine Antwort ist richtig.

313. Die Organisation der Kriminalpolizei ...?
- A. ist bundeseinheitlich geregelt.
- B. liegt ganz in den Händen der jeweiligen Dienststelle.
- C. ist im Allgemeinen Ländersache.
- D. ist Aufgabe der Kommunen.
- E. Keine Antwort ist richtig.

314. Welches Ressort findet sich bei einer Kriminalpolizei normalerweise nicht?
- A. Wirtschaftskriminalität
- B. Raub/Erpressung
- C. Organisierte Kriminalität
- D. Ordnungswidrigkeiten
- E. Keine Antwort ist richtig.

315. Welche Uniform tragen Kripo-Beamte üblicherweise?
- A. Die gleiche wie die Kollegen der Schutzpolizei
- B. Bundesweit einheitlich blau
- C. Bundesweit einheitlich grün
- D. Normalerweise keine
- E. Keine Antwort ist richtig.

316. Was ist keine Aufgabe der Landeskriminalämter?
- A. Weiterentwicklung kriminalistischer Methoden
- B. Unterhaltung des Kriminaldauerdienstes
- C. Durchführung kriminaltechnischer Untersuchungen
- D. Streifendienst in Großstädten
- E. Erstellung der polizeilichen Kriminalstatistiken

317. Was gehört nicht zu den Aufgaben des Bundeskriminalamts?

    A. Personenschutz der Mitglieder der Verfassungsorgane

    B. Koordination und Unterstützung der Arbeit der Landeskriminalämter

    C. Bahnpolizeiliche Sicherung des Bahnverkehrs

    D. Ermittlungen zu Schwerkriminalität mit Auslandsbezug

    E. Keine Antwort ist richtig.

318. Wo befindet sich der Hauptsitz des Bundeskriminalamts?

    A. In Berlin

    B. In Wiesbaden

    C. In Bonn

    D. In Pullach

    E. Keine Antwort ist richtig.

319. Eine V-Person …?

    A. liefert Informationen aus kriminellen Milieus.

    B. vertritt die Interessen der Kriminalbeamten im Landesparlament.

    C. führt interne Ermittlungen gegen Polizeibeamte durch.

    D. wird rund um die Uhr observiert.

    E. Keine Antwort ist richtig.

320. Ihre polizeiliche Legitimität beweisen Kripo-Beamte mit ihrem Dienstausweis und …?

    A. einer ovalen Messingscheibe.

    B. einer kreisförmigen Stahlplatte.

    C. einer dreieckigen Holztafel.

    D. einem versilberten Plastikstab.

    E. Keine Antwort ist richtig.

321. Was verbirgt sich hinter dem Kürzel „MEK"?

    A. Ein Ausrüstungsgegenstand der Spurensicherung

    B. Ein Computerprogramm zur Fahndung nach Verdächtigen

    C. Eine Spezialeinheit für Observation und Zugriff

    D. Ein Verdienstorden der Kriminalpolizei

    E. Keine Antwort ist richtig.

322. Was bezeichnet man als „Ersten Angriff"?

    A. Die ersten polizeilichen Maßnahmen beim Eintreffen am Tatort

    B. Einen tätlichen Übergriff gegen Vollzugsbeamte

    C. Die erste polizeiliche Auffälligkeit einer Person

    D. Eine Routineprozedur bei der Identitätsfeststellung

    E. Keine Antwort ist richtig.

323. Was ist eine korrekte, hierarchisch aufsteigende Folge von Amtsbezeichnungen der Kriminalpolizei?

    A. Kriminalobermeister, Kriminalkommissar, Kriminalrat

    B. Kriminalrat, Kriminalkommissar, Kriminaldirektor

    C. Kriminalhauptkommissar, Kriminaloberkommissar, Kriminalrat

    D. Kriminalmajor, Kriminalkommissar, Kriminalgeneral

    E. Kriminalhauptkommissar, Kriminaloberrat, Kriminalhauptmeister

324. **Wobei handelt es sich nicht um ein biometrisches Erkennungsverfahren?**

    A. DNA-Analyse
    B. Gegenüberstellung
    C. Daktyloskopie
    D. Zahnabdruck-Vergleich
    E. Keine Antwort ist richtig.

325. **Rechtsmedizin und Ballistik sind Teilgebiete der ...?**

    A. Pathologie.
    B. Forensik.
    C. Heraldik.
    D. Numismatik.
    E. Keine Antwort ist richtig.

Fachwissen

Zoll

Wie gut kennen Sie sich in den Strukturen und Aufgaben des Zolls aus?

Beantworten Sie bitte die folgenden Aufgaben, indem Sie jeweils den richtigen Buchstaben markieren.

326. Welche Aussage zur Geschichte des Zolls ist falsch?

A. Das Wort „Zoll" leitet sich ab vom griechischen „telos" (Grenze, Zahlung, Ziel) und dem lateinischen „teloneum" (Abgabe).

B. Zölle erhoben das antike Ägypten und frühe orientalische Hochkulturen bereits im 3. Jahrtausend v. Chr.

C. Im Mittelalter verfügte zunächst der König bzw. Kaiser über die Zollabgaben, später ging die Zollhoheit mehr und mehr an Städte, Kaufleute und Grundherrn über.

D. Im 19. Jahrhundert wurden die Zölle im Deutschen Reich vereinheitlicht.

E. Anfang des 20. Jahrhunderts wurden die Zölle europaweit vereinheitlicht.

327. Was versteht man unter dem Begriff „Zollunion"?

A. Eine gemeinsame Behörde mehrerer Staaten, die Zollvergehen ahndet

B. Ein Bündnis mehrerer Staaten, die einen hindernisfreien Handelsraum errichten

C. Eine Interessengemeinschaft international tätiger Unternehmen

D. Die Verpflichtung mehrerer Staaten, beim gemeinsamen Warenverkehr für gleiche Waren gleiche Zölle zu erheben

E. Ein internationales Gremium, das Empfehlungen über die Höhe und den Einsatz von Zöllen ausspricht

328. Wie wird ein Zoll definiert?

A. Als Geldbuße

B. Als Gebühr für die Nutzung der inländischen Infrastruktur

C. Als Preis der Handelsrechte im importierenden Land

D. Als Steuerart

E. Als Ausgleichszahlung an die ausländische Wirtschaft, die die Ware ausführt

329. Was ist die ursprüngliche Kernaufgabe des deutschen Zolls?

A. Die Verhinderung von Grenzübertritten

B. Die polizeiliche Bewachung der Grenzen

C. Die Kontrolle von Ein- und Ausfuhren

D. Die Gewährleistung einer ausgewogenen Handelsbilanz

E. Die Fahndung nach deutschen Steuersündern im Ausland

330. Wem untersteht die Bundeszollbehörde?

A. Dem Bundesministerium für Verteidigung

B. Dem Bundesministerium des Innern

C. Dem Bundesrat

D. Dem Bundespräsidenten

E. Dem Bundesministerium für Finanzen

331. Wie viel Geld trieb die Bundeszollverwaltung 2011 an Steuern und Zöllen ein?

A. Rund 12 Milliarden Euro

B. Rund 45 Milliarden Euro

C. Rund 97 Milliarden Euro

D. Rund 123 Milliarden Euro

E. Rund 189 Milliarden Euro

332. **Welche Aufgabe übernimmt der Zoll nicht?**
   A. Abwehr organisierter Kriminalität
   B. Analyse von Waren, die mit heimischen Produkten konkurrieren
   C. Überwachung von Embargos
   D. Bekämpfung von Schwarzarbeit
   E. Kampf gegen Marken- und Produktpiraterie

333. **Welche Aussage zur organisatorischen Funktion der Zoll- und Hauptzollämter stimmt?**
   A. Zoll- und Hauptzollämter bilden die höchste Verwaltungsebene des Zolls.
   B. Zoll- und Hauptzollämter verbinden als Mittelbehörden die oberste mit der untersten Verwaltungsebene.
   C. Zoll- und Hauptzollämter bilden die unterste, lokale Verwaltungsebene.
   D. Zoll- und Hauptzollämter übernehmen alle organisatorischen und personellen Angelegenheiten der Zollverwaltung.
   E. Zoll- und Hauptzollämter übernehmen die fachliche Dienstaufsicht über die Zollverwaltung.

334. **Wie viele Zigaretten und Kriegswaffen wurden 2011 durch den Zoll sichergestellt?**
   A. 250.000 Zigaretten / 1.000 Kriegswaffen
   B. 160 Mio. Zigaretten / 5.121 Kriegswaffen
   C. 12 Mio. Zigaretten / 47 Kriegswaffen
   D. 480 Mio. Zigaretten / 8.900 Kriegswaffen
   E. 1,6 Mio. Zigaretten / 450 Kriegswaffen

335. **Wichtige Inhalte der rechtlichen Ausbildung im mittleren Dienst des Zolls sind …?**
   A. Arbeitsrecht und Sozialrecht.
   B. Rechtsgeschichte und Erbrecht.
   C. Energierecht und Völkerrecht.
   D. Verbraucherrecht und Kirchenrecht.
   E. Ausländerrecht und Allgemeines Steuerrecht.

336. **Welche Rangabzeichen finden sich auf der Dienstkleidung des Zolls?**
   A. Sterne auf den Schulterklappen
   B. Streifen auf den Schulterklappen
   C. Winkel auf dem Ärmel
   D. Überhaupt keine
   E. Punkte auf der Dienstmütze

337. **Unter bestimmten Bedingungen dürfen Waren aus dem (Nicht-EU-)Ausland zollfrei nach Deutschland eingeführt werden. Welche gehört nicht dazu?**
   A. Die Waren sind ein Geschenk.
   B. Es werden nur Waren eingeführt, die es im Einfuhrland in dieser Form nicht gibt.
   C. Bestimmte Warenmengen und -werte werden nicht überschritten.
   D. Die Waren werden nicht per Post voraus- oder nachgeschickt.
   E. Die Waren sind zum persönlichen Gebrauch bestimmt.

338. **Was dürfen Privatpersonen bei der Einreise aus einem EU-Land unverzollt einführen?**
   A. Eine unbegrenzte Menge aller möglichen Waren
   B. Eine unbegrenzte Menge an Tabakwaren, eine begrenzte Menge an alkoholischen Getränken
   C. Eine unbegrenzte Menge an Tabakwaren und alkoholischen Getränken, andere Waren bis zu einem Wert von 1.000,- Euro
   D. Tabakwaren und alkoholische Getränke in begrenzten Mengen, fast alle anderen Waren unbegrenzt
   E. Eine begrenzte Menge an Tabakwaren, eine unbegrenzte Menge anderer Waren

339. Wie lang sind die vom deutschen Zoll überwachten Grenzen?

  A. Rund 1.800 Kilometer

  B. Rund 3.800 Kilometer

  C. Rund 7.900 Kilometer

  D. Rund 15.300 Kilometer

  E. Rund 26.000 Kilometer

340. Wie viele Menschen beschäftigt der Zoll aktuell ungefähr?

  A. 40.000

  B. 116.000

  C. 14.000

  D. 76.000

  E. 34.000

Allgemeinwissen

Politik und Gesellschaft   *Bearbeitungszeit 5 Minuten*

Beantworten Sie bitte die folgenden Aufgaben, indem Sie jeweils den richtigen Buchstaben markieren.

341. Welche Organisation gilt als Vorläuferin der Vereinten Nationen?

A. Völkerrat

B. Völkerbund

C. Bund der Nationen

D. Volksrat

E. Keine Antwort ist richtig.

342. Wogegen richtete sich die so genannte „Eisenhower-Doktrin"?

A. Zu hohe Staatsverschuldung

B. Umweltverschmutzung

C. Zu hohe Steuern

D. Expansion kommunistischer Einflusssphären

E. Keine Antwort ist richtig.

343. Was ist das Hauptziel des Kyoto-Protokolls?

A. Reduzierung der Emission von Treibhausgasen

B. Einführung energiesparender Glühbirnen

C. Förderung des Bahnverkehrs

D. Aufforstung der Regenwälder

E. Keine Antwort ist richtig.

344. Welcher Staat war nicht am so genannten „2+4-Vertrag" beteiligt?

A. Deutsche Demokratische Republik

B. Vereinigte Staaten von Amerika

C. Belgien

D. Frankreich

E. Keine Antwort ist richtig.

345. Welche Proteste in der DDR gingen der deutschen Wiedervereinigung voraus?

A. Montagsdemonstrationen

B. Freitagsbewegung

C. Ostermärsche

D. Winterproteste

E. Keine Antwort ist richtig.

346. Was war der Vorläufer der europäischen Gemeinschaftswährung Euro?

A. Euromark

B. ECU

C. ESD

D. Euro-Pfund

E. Keine Antwort ist richtig.

347. Wo hat der Internationale Strafgerichtshof seinen Sitz?

A. Karlsruhe

B. Straßburg

C. Brüssel

D. Den Haag

E. Keine Antwort ist richtig.

348. Welche Stadt ist keine Hansestadt?

A. Hamburg

B. Bremen

C. Aachen

D. Rostock

E. Keine Antwort ist richtig.

349. Welche Institution wurde durch den Vertrag von Maastricht gegründet?

A. Europäische Union

B. Bund europäischer Landwirte

C. Europäischer Gerichtshof

D. Europäisches Parlament

E. Keine Antwort ist richtig.

350. Wann erhält eine Partei bei der Bundestagswahl Überhangmandate?

A. Wenn sie viele Zweit-, aber kaum Erststimmen erhält

B. Wenn sie mehr Direktmandate erhält, als ihr nach Zweitstimmenanteil zustehen würde

C. Wenn sie in einem Wahlkreis mehr als 90 Prozent der Zweitstimmen gewinnt

D. Wenn sie mehr als 50 Prozent der Zweitstimmen insgesamt gewinnt

E. Keine Antwort ist richtig.

Allgemeinwissen

Wirtschaft und Finanzen

Beantworten Sie bitte die folgenden Aufgaben, indem Sie jeweils den richtigen Buchstaben markieren.

351. Was versteht man volkswirtschaftlich unter dem „tertiären Sektor"?

A. Rohstoffgewinnung

B. Rohstoffverarbeitung

C. Dienstleistungsbereich

D. Konsumgüterindustrie

E. Keine Antwort ist richtig.

352. Was versteht man unter dem Begriff „Goldstandard"?

A. Einen Ratingwert für Kapitalanlagen

B. Die internationale Festlegung des Goldwertes

C. Einen festgelegten Umtauschkurs der Edelmetalle zueinander

D. Die Deckung einer Währung durch Goldreserven

E. Keine Antwort ist richtig.

353. Wie entwickelt sich die Wirtschaftsleistung während einer Stagflation?

A. Sie steigt stark an, es kommt zur Inflation

B. Sie sinkt stark, es kommt zur Inflation

C. Sie stagniert nach einer hohen Inflation

D. Sie stagniert, gleichzeitig herrscht Inflation

E. Keine Antwort ist richtig.

354. Wodurch wird in Deutschland das Eigenkapital von Banken festgelegt, das diese für Kredite hinterlegen müssen?

A. Gar nicht – das liegt im Ermessen der Bank

B. Durch die Ausfallwahrscheinlichkeit der Kredite

C. Durch den Gesamtumsatz der Bank

D. Nur durch die Anzahl der Kredite

E. Keine Antwort ist richtig.

355. Wann ist an der Börse vom „Bullenmarkt" die Rede?

A. Bei anhaltend fallenden Kursen

B. Bei anhaltend stark steigenden Kursen

C. Wenn Papiere aus dem Landwirtschaftssektor stark anziehen

D. Wenn die Kurse sehr lange stabil bleiben

E. Keine Antwort ist richtig.

356. Worauf zielt das *Customer Relationship Management* (CRM) ab?

A. Marktforschung

B. Produktsicherheit

C. Kundenpflege

D. Verbraucherschutz

E. Keine Antwort ist richtig.

357. Wozu kann das Nutzer-Investor-Dilemma führen?

A. Der Nutzer ist gleichzeitig Investor und hat widersprüchliche Interessen.

B. Es wird zu viel investiert.

C. Investitionen bleiben aus.

D. Es wird zu unüberlegt investiert.

E. Keine Antwort ist richtig.

358. Wo ist von *cash cows*, *question marks*, *stars* und *dogs* die Rede?

A. Portfolioanalyse

B. Supply-chain-Prüfung

C. ABC-Analyse

D. Corporate-Identity-Konzept

E. Keine Antwort ist richtig.

359. Was geschieht bei der Thesaurierung von Fondserträgen?

A. Die Erträge werden an die Anteilseigner ausgezahlt.

B. Die Erträge werden genutzt, um das Fondsvermögen zu erhöhen.

C. Die Erträge werden nach und nach ausgeschüttet.

D. Die Erträge werden für Krisenzeiten zurückgestellt.

E. Keine Antwort ist richtig.

360. Was zählt nicht zu den Vorteilen flexibler Wechselkurse auf dem Devisenmarkt?

A. Stabilität

B. Erhalt der Eigenständigkeit staatlicher Geldpolitik

C. Kontrolle über Geldmenge im Inland

D. Möglichkeit, schnell auf Krisen zu reagieren

E. Keine Antwort ist richtig.

Allgemeinwissen

Recht und Gesetz

Beantworten Sie bitte die folgenden Aufgaben, indem Sie jeweils den richtigen Buchstaben markieren.

361. Welche rechtliche Beziehung regelt das Privatrecht?

A. Beziehung des Einzelnen zum Staat

B. Beziehung der Körperschaften des öffentlichen Rechts untereinander

C. Beziehung der einzelnen Bürger untereinander

D. Beziehung juristischer Personen des öffentlichen Rechts

E. Keine Antwort ist richtig.

362. Was versteht man unter „Gewaltenteilung"?

A. Die Unabhängigkeit von Legislative, Exekutive und Judikative

B. Die Bundeshoheit des Militärs

C. Die Trennung von Politik und Kirche

D. Die Trennung von Demokraten und Republikanern

E. Keine Antwort ist richtig.

363. Wann beginnt die Rechtsfähigkeit eines Menschen?

A. Mit der Volljährigkeit

B. Mit Vollendung des 7. Lebensjahres

C. Mit Vollendung des 16. Lebensjahres

D. Mit der Vollendung der Geburt

E. Keine Antwort ist richtig.

364. Was bedeutet der Begriff „Tarifautonomie"?

A. Freie Vereinbarung der Tarifvertragsparteien

B. Freie Vereinbarung der Belegschaft über Löhne und Gehälter

C. Freie Entscheidung der Arbeitgeberverbände

D. Freie Entscheidung der Gewerkschaften

E. Keine Antwort ist richtig.

365. Was bedeutet die Abkürzung „AGB"?

A. Allgemeine Geschäftsbestimmungen

B. Allgemeine Geschäftsbedingungen

C. Aktiengesetzbuch

D. Aktiengesetzbestimmungen

E. Keine Antwort ist richtig.

366. Wie alt muss man mindestens sein, um über das aktive Wahlrecht bei Bundestagswahlen zu verfügen?

A. 14 Jahre

B. 17 Jahre

C. 18 Jahre

D. 21 Jahre

E. Keine Antwort ist richtig.

367. Was wird im rechtlichen Sinne unter „Eigentum" verstanden?

A. Der Besitz eines Gegenstandes

B. Die tatsächliche Herrschaft über einen Gegenstand

C. Die rechtliche Verfügungsgewalt über eine Sache

D. Die tatsächliche Verfügungsgewalt über eine Sache

E. Keine Antwort ist richtig.

368. Wer ist an einem Zivilprozess nicht beteiligt?

A. Kläger

B. Beklagter

C. Zeugen

D. Staatsanwaltschaft

E. Keine Antwort ist richtig.

369. Welche Pflichten ergeben sich aus einem Kaufvertrag für den Käufer?

A. Eigentumsübertragung an der Kaufsache

B. Übergabe der Kaufsache

C. Bezahlung des Kaufpreises

D. Erstellung eines Kaufvertrages

E. Keine Antwort ist richtig.

370. Welche Pflichten ergeben sich aus einem Kaufvertrag für den Verkäufer?

A. Bezahlung des Kaufpreises

B. Übergabe der Kaufsache

C. Abnahme der Kaufsache

D. Erstellung eines Kaufvertrages

E. Keine Antwort ist richtig.

Allgemeinwissen

Staatsbürgerliche Kunde

Beantworten Sie bitte die folgenden Aufgaben, indem Sie jeweils den richtigen Buchstaben markieren.

371. Wer debattiert und verabschiedet den Bundeshaushalt in Deutschland?

- A. Bundesversammlung
- B. Bundestag
- C. Bundesrat
- D. Bundesminister
- E. Keine Antwort ist richtig.

372. Wer wählt in Deutschland den Bundeskanzler?

- A. Das Volk
- B. Die Minister
- C. Der Bundestag
- D. Der Bundespräsident
- E. Keine Antwort ist richtig.

373. Wer bestimmt in Deutschland die Minister und Richtlinien der Politik?

- A. Der Bundeskanzler
- B. Der Bundespräsident
- C. Der Bundestag
- D. Der Bundesrat
- E. Keine Antwort ist richtig.

374. Was bedeutet die Abkürzung „BfA"?

- A. Bundesanstalt für Arbeit
- B. Bundesversicherungsanstalt für Angestellte
- C. Bundesanstalt für Angestellte
- D. Beiträge für Angestellte
- E. Keine Antwort ist richtig.

375. Welche Aussage zum Generationenvertrag ist richtig?

- A. Er beruht auf dem Umlageverfahren.
- B. Die heutigen Beitragszahler erhalten im Rentenalter die gleichen Beiträge zurück.
- C. Die gesetzliche Rentenversicherung muss von der Industrie gestützt werden.
- D. Die gesetzliche Rentenversicherung muss von privaten Investoren gestützt werden.
- E. Keine Antwort ist richtig.

376. Welche Wirtschaftsordnung hat die Bundesrepublik Deutschland?

- A. Zentralverwaltungswirtschaft
- B. Zentralplanwirtschaft
- C. Freie Marktwirtschaft
- D. Soziale Marktwirtschaft
- E. Keine Antwort ist richtig.

377. Was bedeutet „Fraktion" in der Politik?

- A. Zusammenschluss von Abgeordneten
- B. Eine andere Bezeichnung für Regierung
- C. Eine andere Bezeichnung für Opposition
- D. Die Mehrheit im Bundestag
- E. Keine Antwort ist richtig.

378. Wessen Interessen werden in der Kommunalpolitik vertreten?

- A. Bund
- B. Bundesländer
- C. Europäische Gemeinschaft
- D. Landkreis und Gemeinde
- E. Keine Antwort ist richtig.

379. Wie ist die Bundesversammlung zusammengesetzt?

- A. Ausschließlich aus Mitgliedern des Bundestages
- B. Ausschließlich aus Vertretern der Länder
- C. Aus Mitgliedern des Bundestages und Vertretern der Länder
- D. Ausschließlich aus Politikern
- E. Keine Antwort ist richtig.

380. Was ist das Bruttonationaleinkommen?

- A. Die Summe aller Güter und Dienstleistungen, die von einer Volkswirtschaft in einem Jahr zur letzten Verwendung erbracht werden
- B. Die Differenz aller Güter und Dienstleistungen, die eine Volkswirtschaft im Vergleich zum Vorjahr erbringt
- C. Die Differenz aller Güter und Dienstleistungen, die die Weltwirtschaft im Vergleich zum Vorjahr erbringt
- D. Die Summe aller Güter und Dienstleistungen, die von der Weltwirtschaft in einem Jahr zur letzten Verwendung erbracht werden
- E. Keine Antwort ist richtig.

Allgemeinwissen

Interkulturelles Wissen

Bearbeitungszeit 5 Minuten

Beantworten Sie bitte die folgenden Aufgaben, indem Sie jeweils den richtigen Buchstaben markieren.

381. **Auf welchem Kontinent leben die meisten Menschen?**
   A. Afrika
   B. Asien
   C. Südamerika
   D. Europa
   E. Keine Antwort ist richtig.

382. **Großbritannien, Schweden, Spanien und Japan sind …?**
   A. Mitglieder der NATO.
   B. Einparteiensysteme.
   C. konstitutionelle Monarchien.
   D. ständige Mitglieder des UN-Sicherheitsrats.
   E. Keine Antwort ist richtig.

383. **Der Ramadan …?**
   A. ist der islamische Fastenmonat.
   B. ist das jüdische Neujahrsfest.
   C. ist das buddhistische Weihnachtsfest.
   D. ist das hinduistische Osterfest.
   E. Keine Antwort ist richtig.

384. **Der größte Teil der Bevölkerung Israels ist …?**
   A. muslimisch.
   B. jüdisch.
   C. christlich.
   D. konfessionslos.
   E. Keine Antwort ist richtig.

385. **Das Wort „Wodka" stammt aus dem Slawischen und bedeutet übersetzt …**
   A. Wässerchen.
   B. Schnaps.
   C. Schluck.
   D. Alkohol.
   E. Keine Antwort ist richtig.

386. **„Freiheit, Gleichheit, Brüderlichkeit" ist der Wahlspruch …?**
   A. Österreichs.
   B. Schwedens.
   C. Frankreichs.
   D. Russlands.
   E. Keine Antwort ist richtig.

387. **In welchem Land ist die Trennung von Religion und Staat in der Verfassung verankert?**
   A. Deutschland
   B. Türkei
   C. Schweiz
   D. Iran
   E. Keine Antwort ist richtig.

388. **Die berühmte französische Chemikerin und Physikerin Marie Curie stammte aus …?**
   A. Deutschland.
   B. Madeira.
   C. Norwegen.
   D. Polen.
   E. Keine Antwort ist richtig.

389. **Die Paella ist …?**
   A. das portugiesische Parlament.
   B. ein französisches Gebirge.
   C. ein spanisches Nationalgericht.
   D. ein belgisches Volksfest.
   E. Keine Antwort ist richtig.

390. **Bunte Haare, große Augen – charakteristische Figurenmerkmale in japanischen Comics, den so genannten …?**
   A. Makis.
   B. Fugus.
   C. Tangos.
   D. Mangas.
   E. Keine Antwort ist richtig.

Allgemeinwissen

Physik, Chemie und Biologie

Bearbeitungszeit 5 Minuten

Beantworten Sie bitte die folgenden Aufgaben, indem Sie jeweils den richtigen Buchstaben markieren.

391. **Ist die Schallgeschwindigkeit wetterabhängig?**
    A. Nein, der Schall pflanzt sich immer gleich schnell fort.
    B. Ja, er pflanzt sich in warmer Luft schneller fort als bei Kälte.
    C. Ja, er pflanzt sich in kalter Luft schneller fort als bei Wärme.
    D. Ja, er pflanzt sich bei Eis und Schnee schneller fort als im Sommer.
    E. Keine Antwort ist richtig.

392. **Füllt man einen Plastikbecher zur Hälfte mit Wasser und taucht ihn anschließend in ein Wasserbecken: Wie tief taucht der Becher ungefähr ein?**
    A. Der Becher geht unter.
    B. Der Becher taucht bis zu einem Drittel unter.
    C. Der Becher taucht fast vollständig unter.
    D. Der Becher taucht bis zur Hälfte unter.
    E. Keine Antwort ist richtig.

393. **Was sind Ionen?**
    A. Atome eines chemischen Elements aus der Gruppe der Actinoide
    B. Elektrisch geladene Atome oder Moleküle
    C. Teilchen, die keine Elektrizität leiten
    D. Ionen sind Elektronen
    E. Keine Antwort ist richtig.

394. **Mithilfe des Sonnenlichts wird bei der Fotosynthese …?**
    A. Wasser in Sauerstoff und Kohlendioxid umgewandelt.
    B. Wasser und Kohlendioxid in Stickstoff und Glucose umgewandelt.
    C. Wasser und Kohlendioxid in Sauerstoff und Glucose umgewandelt.
    D. Kohlendioxid in Wasser umgewandelt.
    E. Keine Antwort ist richtig.

395. **Welches Element ist der Grundstoff vieler Düngemittel?**
    A. Sauerstoff
    B. Kohlenstoff
    C. Stickstoff
    D. Schwefel
    E. Keine Antwort ist richtig.

396. **Womit atmen Fische?**
    A. Mit Wasserlungen
    B. Mit punktförmigen Organen unterhalb ihrer Schuppen
    C. Mit den Kiemen
    D. Mit speziellen Auswachsungen an den Flossen
    E. Keine Antwort ist richtig.

397. **Wofür sind die weißen Blutkörperchen zuständig?**
    A. Sauerstofftransport im Blut
    B. Abwehr von Krankheitserregern
    C. Schnelle Blutgerinnung
    D. Transport von Nährstoffen
    E. Keine Antwort ist richtig.

398. **Was löst den Muskelkater aus?**
    A. Schlechte Sauerstoffversorgung der Muskeln
    B. Überstreckung der Muskelfasern durch zu schnelle Bewegungen
    C. In kleine Geweberisse eindringendes Wasser
    D. Zu wenig Flüssigkeitsnachschub beim Sport
    E. Keine Antwort ist richtig.

399. **Ein Schluckauf ist …?**
    A. Ein Magenkrampf.
    B. Eine Lungenflügelklemmung.
    C. Eine Luftröhrenreizung.
    D. Eine Kontraktion des Zwerchfells.
    E. Keine Antwort ist richtig.

400. **Wie hoch ist der Anteil der zugeführten Energie, die nicht energiesparende Glühlampen in sichtbares Licht umsetzen?**
    A. Etwa 5 Prozent
    B. Etwa 10 Prozent
    C. Etwa 20 Prozent
    D. Etwa 50 Prozent
    E. Keine Antwort ist richtig.

Allgemeinwissen

Kunst, Musik und Literatur

Bearbeitungszeit 5 Minuten

Beantworten Sie bitte die folgenden Aufgaben, indem Sie jeweils den richtigen Buchstaben markieren.

401. Welche Musikinstrumente werden von der Firma Steinway produziert?

- A. Klavier
- B. Geige
- C. Akkordeon
- D. Harfe
- E. Keine Antwort ist richtig.

402. Welches ist kein Saiteninstrument?

- A. Oboe
- B. Bratsche
- C. Gitarre
- D. Cello
- E. Keine Antwort ist richtig.

403. In welchem Stil ist der Kölner Dom gebaut?

- A. Romantik
- B. Renaissance
- C. Gotik
- D. Barock
- E. Keine Antwort ist richtig.

404. Von wem ist das weltberühmte Gemälde „Das Lächeln der Gioconda"?

- A. Claude Monet
- B. Michelangelo
- C. Leonardo da Vinci
- D. Edvard Munch
- E. Keine Antwort ist richtig.

405. Wer schrieb den Roman „Farm der Tiere"?

- A. Aldous Huxley
- B. George Orwell
- C. Roald Dahl
- D. Mark Twain
- E. Keine Antwort ist richtig.

406. Welches Musikstück machte Maurice Ravel einem breiten Publikum bekannt?

- A. Badinerie
- B. Halleluja
- C. Valse d'été
- D. Boléro
- E. Keine Antwort ist richtig.

407. Welches russische Zupfinstrument zeichnet sich durch seinen dreieckigen Klangkörper aus?

- A. Cembalo
- B. Moskauer Gitarre
- C. Balalaika
- D. Zither
- E. Keine Antwort ist richtig.

408. Zu welchem künstlerischen Stil rechnet man Salvador Dalí und René Magritte?

- A. Surrealismus
- B. Impressionismus
- C. Expressionismus
- D. Realismus
- E. Keine Antwort ist richtig.

409. Wo ist Michelangelos berühmtes Wandbild „Das jüngste Gericht" zu sehen?

- A. Sixtinische Kapelle
- B. Kölner Dom
- C. Louvre
- D. Kathedrale von Sankt Petersburg
- E. Keine Antwort ist richtig.

410. Welche Kinderbuchfigur schuf der Schriftsteller Carlo Collodi?

- A. Urmel aus dem Eis
- B. Pinocchio
- C. Der kleine Vampir
- D. Winnie Puh
- E. Keine Antwort ist richtig.

Allgemeinwissen

Persönlichkeiten, Erfindungen, Entdeckungen

Bearbeitungszeit 5 Minuten

Beantworten Sie bitte die folgenden Aufgaben, indem Sie jeweils den richtigen Buchstaben markieren.

411. Benjamin Franklin war einer der Gründerväter der USA und erfand …?

A. das Mikroskop.

B. den Hamburger.

C. die Gleitsichtbrille.

D. den Blitzableiter.

E. Keine Antwort ist richtig.

412. Einer der Anführer der Studentenproteste gegen Ende der 60er Jahre war …?

A. Karl Liebknecht.

B. Kurt Georg Kiesinger.

C. Rudi Dutschke.

D. Ernst Bloch.

E. Keine Antwort ist richtig.

413. Wer gründete das Rote Kreuz?

A. Florence Nightingale

B. Sir Walter Cross

C. Mutter Teresa

D. Henri Dunant

E. Keine Antwort ist richtig.

414. Politikreformen unter den Schlagworten „Glasnost" und „Perestroika" initiierte welcher sowjetische Politiker?

A. Leonid Breschnew

B. Georgij Abrassimow

C. Michail Gorbatschow

D. Andrej Tschernenko

E. Keine Antwort ist richtig.

415. Der erste schwarze Präsident Südafrikas hieß …?

A. Thabo Mbeki.

B. Frederik Willem de Klerk.

C. Martin Luther King.

D. Nelson Mandela.

E. Keine Antwort ist richtig.

416. Samuel Morse entwickelte Mitte des 19. Jahrhunderts …?

A. den Vorläufer der modernen Fotografie.

B. einen Apparat zur Signalübertragung.

C. eine kompakte Handfeuerwaffe.

D. die erste Glühbirne.

E. Keine Antwort ist richtig.

417. Galileo Galilei blickte 1610 durch sein Fernrohr und entdeckte …?

A. dass die Neigung des Schiefen Turms von Pisa zunimmt.

B. den Ausbruch eines verheerenden Feuers am anderen Ende der Stadt.

C. die vier größten Jupitermonde.

D. einen bislang unbekannten Vulkan in den Apenninen.

E. Keine Antwort ist richtig.

418. Der US-Amerikaner Edwin Hubble ist Namensgeber eines Geräts, das …?

A. den Weltraum beobachtet.

B. an Land und auf dem Wasser fährt.

C. in die tiefsten Meeresgräben taucht.

D. die polaren Eismassen präzise ausmisst.

E. Keine Antwort ist richtig.

419. Die Schweizergarde beschützt …?

A. den Präsidenten der Schweiz in Bern.

B. das Karl-May-Museum in der Sächsischen Schweiz.

C. den Papst im Vatikan.

D. die Staatsgrenze der Schweiz zu Liechtenstein.

E. Keine Antwort ist richtig.

420. Ein Apparat namens „Trieste" erreichte 1960 …?

A. eine Flughöhe von 13 Kilometern.

B. den Südpol.

C. den Marianengraben, eine der tiefsten Stellen des Ozeans.

D. die Mondoberfläche.

E. Keine Antwort ist richtig.

Allgemeinwissen

Geographie und Landeskunde

Bearbeitungszeit 5 Minuten

Beantworten Sie bitte die folgenden Aufgaben, indem Sie jeweils den richtigen Buchstaben markieren.

421. Wie heißt die Hauptstadt Italiens?

A. Rom
B. Venedig
C. Mailand
D. Madrid
E. Keine Antwort ist richtig.

422. In welcher Währung zahlt man in Ungarn?

A. Kronen
B. Gulden
C. Forint
D. Mark
E. Keine Antwort ist richtig.

423. Wo liegt Panama?

A. Afrika
B. Europa
C. Asien
D. Amerika
E. Keine Antwort ist richtig.

424. Zu welchem Staat gehört die Insel Hokkaido?

A. China
B. Japan
C. Indonesien
D. Russland
E. Keine Antwort ist richtig.

425. An wie viele Länder grenzt Deutschland?

A. 5
B. 9
C. 11
D. 14
E. Keine Antwort ist richtig.

426. In welchem Kontinent liegt Afghanistan?

A. Asien
B. Europa
C. Afrika
D. Afrika und Asien
E. Keine Antwort ist richtig.

427. Zu welchem Staat gehört die Insel Naxos?

A. Japan
B. Indonesien
C. Griechenland
D. Spanien
E. Keine Antwort ist richtig.

428. In welcher Klimazone liegt Deutschland?

A. Subtropen
B. Kalte Zone
C. Subpolare Zone
D. Gemäßigte Breiten
E. Keine Antwort ist richtig.

429. Wo liegt der Vesuv?

A. Italien
B. Portugal
C. Venezuela
D. Indien
E. Keine Antwort ist richtig.

430. Welches ist das flächengrößte deutsche Bundesland?

A. Mecklenburg-Vorpommern
B. Bayern
C. Rheinland-Pfalz
D. Brandenburg
E. Keine Antwort ist richtig.

Allgemeinwissen

Technisches Verständnis

Beantworten Sie bitte die folgenden Aufgaben, indem Sie jeweils den richtigen Buchstaben markieren.

431. Welche Aussage zu Metallen ist falsch?

- A. Metalle haben eine gute elektrische Leitfähigkeit.
- B. Metalle haben eine gute Formbarkeit.
- C. Metalle können nur fest oder gasförmig sein.
- D. Metalle haben eine gute thermische Leitfähigkeit.
- E. Keine Antwort ist richtig.

432. Worin unterscheiden sich Ketten nicht von Riemen?

- A. Durch niedrigeren Schlupf
- B. Durch grundsätzlich geringeren Platzverbrauch
- C. Durch Unempfindlichkeit gegen äußere Einflüsse
- D. Durch bessere Kraftübertragung
- E. Keine Antwort ist richtig.

433. Was wird mit einem Barometer gemessen?

- A. Temperatur
- B. Luftfeuchtigkeit
- C. Luftdruck
- D. Kohlendioxidgehalt
- E. Keine Antwort ist richtig.

434. In welcher Einheit wird elektrische Spannung gemessen?

- A. Volt
- B. Ohm
- C. Dezibel
- D. Ampere
- E. Keine Antwort ist richtig.

435. Welche Aufgabe hat das Getriebe in einem Kraftfahrzeug?

- A. Es überträgt Energie zwischen Motor und Kupplung.
- B. Es reguliert die Kraftübertragung an die Antriebswelle.
- C. Es regelt die Brennstoffzufuhr.
- D. Es reguliert die Motorleistung.
- E. Keine Antwort ist richtig.

436. Aus welchen Bestandteilen setzt sich ein einfacher Stromkreis zusammen?

- A. Spannungsquelle, Verbraucher, Leitungen und Stromkasten
- B. Leitungen, Spannungsquelle und ein Verbraucher
- C. Spannungsquelle, Verbraucher, Leitungen und ein Transistor
- D. Spannungsquelle, Verbraucher, Leitungen und eine Sicherung
- E. Keine Antwort ist richtig.

437. Welche Aussage zum Rückschlagventil einer elektrischen Kraftstoffpumpe ist richtig?

- A. Das Rückschlagventil dient dazu, dass bei abgeschaltetem Motor kein Kraftstoff zurück in den Tank fließt.
- B. Das Rückschlagventil sorgt dafür, dass der Kraftstoffverbrauch konstant bleibt.
- C. Das Rückschlagventil dient dazu, den Kraftstoffverbrauch zu senken.
- D. Das Rückschlagventil sorgt dafür, dass der Druck in der Kraftstoffpumpe gleichmäßig bleibt.
- E. Keine Antwort ist richtig.

438. Welche Funktion hat die Kupplung eines Kraftwagens?

- A. Die Kupplung sorgt dafür, dass der Motor schnell gestartet werden kann.
- B. Die Kupplung sorgt dafür, dass das Kraftfahrzeug Höchstleistungen erbringen kann.
- C. Die Kupplung kontrolliert den Kraftfluss zwischen Motor und Getriebe.
- D. Die Kupplung schützt den Motor vor Überlastungen.
- E. Keine Antwort ist richtig.

439. Was geschieht, wenn der Stiel eines Hammers verlängert wird?

- A. Man kann präziser schlagen.
- B. Man kann besonders sanft schlagen.
- C. Die Schlagkraft steigt.
- D. Die Schwingung des Schlags wird besser gedämpft.
- E. Keine Antwort ist richtig.

440. Welche Kategorie ist für die Einteilung von Schrauben nach ihrer Kopfform nicht gebräuchlich?

A. Rundschrauben

B. Sechskantschrauben

C. Schlitzschrauben

D. Senkschrauben mit Kreuzschlitz

E. Keine Antwort ist richtig.

Ausbildungspark Verlag

Bettinastraße 69 • 63067 Offenbach
Tel.: (069) 40 56 49 73 • Fax: (069) 43 05 86 02
E-Mail: kontakt@ausbildungspark.com
Internet: www.ausbildungspark.com

Eignungstest
Polizei und Zoll

Prüfung 3

Mathematisches Verständnis
Konzentrationsvermögen

POL 1P (A4) – P3

Kurt Guth / Marcus Mery
Der Eignungstest / Einstellungstest
zur Ausbildung bei der Polizei
Mit den Prüfungsfragen sicher
durch den Einstellungstest

Ausgabe 2016

4. Auflage

Herausgeber: Ausbildungspark Verlag,
Gültekin & Mery GbR, Offenbach, 2016

Das Autorenteam dankt Andreas Mohr
für die Unterstützung.

Umschlaggestaltung: SB Design, bitpublishing

Bildnachweis: Archiv des Verlages
Illustrationen: bitpublishing
Grafiken: bitpublishing, SB Design
Lektorat: Virginia Kretzer

Beiwerk:

*Eignungstest
Polizei und Zoll
Prüfung 3*

Bibliografische Information der Deutschen Nationalbibliothek –
Die Deutsche Nationalbibliothek verzeichnet diese Publikation in der Deutschen Nationalbibliografie; detaillierte bibliografische Daten sind im Internet über http://dnb.dnb.de abrufbar.

Gedruckt auf chlorfrei gebleichtem Papier

© 2016 Ausbildungspark Verlag
Bettinastraße 69, 63067 Offenbach
Printed in Germany

Satz: bitpublishing, Schwalbach
Druck: Druckerei Sulzmann, Obertshausen ✔
     Ausbildungspark Verlag, Offenbach ○

ISBN 978-3-941356-25-2

Prüfung 3
Mathematisches Verständnis
Konzentrationsvermögen

Prüfungsfragen zum Eignungstest zur Ausbildung
bei Polizei und Zoll

Bearbeitungszeit: 3¼ Stunden

Hilfsmittel: Bleistift, Radiergummi, Schmierpapier, Taschenrechner

Alle Lösungen mit Bearbeitungstipps und Kommentaren
finden Sie im mitgelieferten Begleitbuch.

Wichtige Hinweise zur richtigen Bearbeitung des Eignungstests

Dieser Test beinhaltet mehrere Aufgabengebiete. Für die Einführung durch den Prüfer, die Bearbeitung und eine kurze Pause benötigen Sie ca. 3¼ Stunden.

Die Aufgabenbereiche sind i. d. R. so aufgebaut, dass innerhalb eines Aufgabenbereiches die einfachen Fragen am Anfang stehen und die schwereren Fragen am Ende.

Sie haben für jedes Aufgabengebiet eine feste Zeitvorgabe zur Bearbeitung. Die entsprechenden Zeitvorgaben werden Ihnen in den einzelnen Abschnitten mitgeteilt. Der Prüfer wird Sie durch die Prüfung führen, Ihnen die Zeiten vorgeben und Ihnen ein Zeichen geben, wenn Sie zum nächsten Aufgabengebiet weiterblättern sollen.

Wenn Sie die Aufgaben vor Ablauf der vorgegebenen Zeit gelöst haben, dann dürfen Sie innerhalb einer Aufgabengruppe zurückblättern, um ihre Lösungen noch einmal zu überprüfen. Beachten Sie bitte, dass das Umblättern zu einer anderen Aufgabengruppe streng untersagt ist!

Markieren Sie bitte bei jeder Aufgabe einen Lösungsbuchstaben mit Bleistift. Beachten Sie, dass innerhalb einer Aufgabe nur ein Lösungsvorschlag richtig ist. Markieren Sie daher bei jeder Aufgabe nur einen Lösungsvorschlag, ansonsten wird die Antwort als falsch gewertet.

Hierzu ein Beispiel:

Aufgabe

1. **Wie viel ergibt 4 × 3?**
    A. 12
    B. 17
    C. 19
    D. 10
    E. Keine Antwort ist richtig.

Antwort

 12

Für den Fall, dass Sie eine Antwort versehentlich falsch markiert haben, radieren Sie Ihre Antwort bitte vorsichtig aus und tragen einen neuen Kreis ein.

Sie erhalten zu jedem Aufgabengebiet einen Bearbeitungshinweis. Lesen Sie diese Hinweise bitte gründlich durch, da Sie wichtige Informationen für die Bearbeitung der Aufgaben erhalten. Nutzen Sie außer Bleistift, Radiergummi, Notizpapier und Taschenrechner keine weiteren Hilfsmittel.

Bearbeiten Sie die Fragen schnell und sorgfältig. Halten Sie sich nicht mit Aufgaben auf, die Ihnen schwer fallen. Berücksichtigen sie, dass dieser Test so zusammengestellt ist, dass kaum jemand in der angesetzten Bearbeitungszeit alle Aufgaben richtig lösen kann.

Behalten Sie daher die Ruhe, wenn Sie die eine oder andere Aufgabe aus zeitlichen Gründen nicht lösen können.

Mathematisches Verständnis

Prozentrechnen und Zinsrechnen

Beantworten Sie bitte die folgenden Aufgaben, indem Sie jeweils den richtigen Buchstaben markieren.

441. Bei einer 20 %-Rabattaktion möchte Herr Mayer richtig zuschlagen. Er will einen Posten über 20.000 € erwerben. Wie viel Euro würde Herr Mayer bei dem Rabatt von 20 % sparen?

A. 3.000 €
B. 3.500 €
C. 4.000 €
D. 4.500 €
E. Keine Antwort ist richtig.

442. Herr Mayer kauft einen Sonderposten für 18.000 € und möchte diesen für 25.200 € weiterverkaufen. Wie viel Prozent Gewinn würde Herr Mayer erzielen?

A. 30 %
B. 35 %
C. 40 %
D. 50 %
E. Keine Antwort ist richtig.

443. Nach Abzug von 20 Prozent Rabatt zahlt ein Kunde nur noch 2.400 €. Wie viel Euro hätte er ohne einen Rabattabzug zahlen müssen?

A. 2.500 €
B. 2.600 €
C. 2.700 €
D. 3.000 €
E. Keine Antwort ist richtig.

444. Herr Mayer möchte den Einkauf eines Sonderpostens über die Bank finanzieren. Nach einem Jahr würde er inklusive Zinsen einen Betrag von 16.960 € zurückzahlen, bei einem Zinssatz von sechs Prozent. Wie viel hat Herr Mayer beim Einkauf für den Sonderposten bezahlt?

A. 15.000 €
B. 16.000 €
C. 17.000 €
D. 18.000 €
E. Keine Antwort ist richtig.

445. Nach Abzug von 15 % Rabatt zahlt Herr Mayer nur noch 11.900 € für eine Maschine. Wie viel hat die Maschine regulär ohne Rabatt gekostet?

A. 14.000 €
B. 14.500 €
C. 15.000 €
D. 15.500 €
E. Keine Antwort ist richtig.

446. Herr Mayer möchte eine neue Maschine zum Preis von 40.000 € kaufen. Er bekommt von der Bank einen Kredit zu einem Zinssatz von sechs Prozent. Herr Mayer möchte den Kredit nach 90 Tagen abzahlen. Wie viel Prozent des Anschaffungspreises machen die Zinsen für 90 Tage aus?

A. 1,0 %
B. 1,5 %
C. 2,0 %
D. 2,5 %
E. Keine Antwort ist richtig.

447. Um eine weitere Maschine erwerben zu können, muss Herr Mayer eine Geldanlage in Höhe von 24.000 € nach vier Monaten auflösen, die er zu sieben Prozent angelegt hatte.
Wie viel Zinsen erhält er für vier Monate?

A. 350 €
B. 440 €
C. 560 €
D. 650 €
E. Keine Antwort ist richtig.

448. Welchen Betrag muss Herr Mayer zu einem Zinssatz von fünf Prozent anlegen, um monatlich einen Zins von 500 € zu erhalten?

A. 60.000 €
B. 80.000 €
C. 100.000 €
D. 120.000 €
E. Keine Antwort ist richtig.

449. Herr Mayer hat eine Maschine, die er vor einem Jahr für 20.000 € erworben hatte, nun abzahlen können. Insgesamt hat er nach einem Jahr für die Maschine 21.800 € bezahlt. Wie hoch war der Zinssatz, den Herr Mayer erhalten hat?

A. 4 %

B. 5 %

C. 6 %

D. 9 %

E. Keine Antwort ist richtig.

450. Für eine Geldanlage in Höhe von 50.000 €, die mit sieben Prozent verzinst wurde, hat Herr Mayer insgesamt einen Betrag in Höhe von 53.500 € erhalten. Wie lange war das Geld angelegt?

A. $\frac{1}{4}$ Jahr

B. $\frac{1}{2}$ Jahr

C. 1 Jahr

D. 1,5 Jahre

E. Keine Antwort ist richtig.

Mathematisches Verständnis

Gemischte Textaufgaben

Bearbeitungszeit 15 Minuten

Beantworten Sie bitte die folgenden Aufgaben, indem Sie jeweils den richtigen Buchstaben markieren.

451. Herr Mayer möchte seinen 14-tägigen Urlaub planen. Laut seinen Ersparnissen könnte er pro Tag 40 € ausgeben. Nun möchte er den geplanten Urlaub um 2 Tage verlängern.
Wie viel Geld steht Herrn Mayer pro Tag zu Verfügung, wenn er statt 14 Tage nun 16 Tage Urlaub planen möchte?

A. 25 €
B. 23 €
C. 32 €
D. 35 €
E. Keine Antwort ist richtig.

452. Herr Mayer möchte einen Freund darum bitten, ihm Geld auszuleihen, um im Urlaub pro Tag die geplanten 40 € ausgeben zu können.
Welchen Gesamtbetrag benötigt Herr Mayer, wenn er pro Tag 40 € ausgeben möchte?

A. 610 €
B. 620 €
C. 640 €
D. 650 €
E. Keine Antwort ist richtig.

453. Herr Mayer findet über das Internet ein Sonderangebot, das er buchen möchte. Das Angebot lautet 1.400 € für 16 Tage Gran Canaria.
Für Frühbucher gibt es einen Rabatt von 15 %. Welchen Betrag müsste Herr Mayer aufbringen, wenn er den Frühbuchertarif nutzen möchte?

A. 1.090 €
B. 1.290 €
C. 1.190 €
D. 1.390 €
E. Keine Antwort ist richtig.

454. Mit seinem alten Motorrad benötigt Herr Mayer für den Weg zu seinem Ferienhaus bei einer Durchschnittsgeschwindigkeit von 60 km/h genau 6 Stunden. Nun möchte er ein neues Motorrad kaufen, das über 80 km/h fahren kann. Wie lange braucht Herr Mayer zum Ferienhaus, wenn er im Schnitt 60 km/h fährt?

A. 300 min
B. 350 min
C. 360 min
D. 400 min
E. Keine Antwort ist richtig.

455. Wie lautet die Fahrtzeit mit dem neuen Motorrad, wenn er sein Durchschnittstempo auf 80 km/h erhöht?

A. 250 min
B. 260 min
C. 270 min
D. 280 min
E. Keine Antwort ist richtig.

456. Herrn Mayers altes Motorrad hat einen Verbrauch von 3,2 Litern pro 100 km. Das neue Motorrad verbraucht dagegen nur 2,4 Liter pro 100 km. Wie viel Prozent Benzin verbraucht das neue Motorrad weniger?

A. 10 %
B. 15 %
C. 20 %
D. 25 %
E. Keine Antwort ist richtig.

457. Der Liter Sprit kostet 1,40 €. Nach wie vielen Kilometern ergibt sich für Herrn Mayer eine Ersparnis von 4,48 € im Vergleich zum alten Motorrad?

A. 400 km
B. 410 km
C. 420 km
D. 430 km
E. Keine Antwort ist richtig.

458. Herr Mayer und zwei weitere Mitarbeiter haben einen Handelspreis in Höhe von 2.000 € gewonnen. Der Preis soll nun nach dem Engagement der einzelnen Personen aufgeteilt werden.
Insgesamt haben sie 20 Stunden in das Projekt investiert. Herr Mayer hat daran mit 10 Stunden doppelt so viel gearbeitet wie die beiden anderen Mitarbeiter. Wie viele Stunden haben die beiden anderen Mitarbeiter jeweils gearbeitet?

A. 3 Stunden
B. 4 Stunden
C. 5 Stunden
D. 6 Stunden
E. Keine Antwort ist richtig.

459. Welchen Betrag soll Herr Mayer erhalten, wenn er doppelt so viel bekommen soll wie jeder der anderen Mitarbeiter?

A. 800 €
B. 1.000 €
C. 1.200 €
D. 1.400 €
E. Keine Antwort ist richtig.

460. Wie viel Geld bekommt jeder der beiden anderen Mitarbeiter?

A. 400 €
B. 500 €
C. 600 €
D. 700 €
E. Keine Antwort ist richtig.

461. Eine Mathematik-Prüfung hat insgesamt 60 Aufgaben. $^2/_6$ der Rechenaufgaben sind einfach, $^2/_{12}$ der Rechenaufgaben sind sehr schwer.
Wie viele Rechenaufgaben sind weder leicht noch sehr schwer?

A. Ein Drittel
B. Zwei Drittel
C. Die Hälfte
D. Drei Viertel
E. Keine Antwort ist richtig.

462. Wie viele Aufgaben sind entweder leicht oder sehr schwer?

A. 20
B. 30
C. 40
D. 50
E. Keine Antwort ist richtig.

463. Herr Mayer möchte einen Teppichboden für sein Wohnzimmer kaufen. Der Preis für den Teppichboden beträgt 360 €. Das Wohnzimmer ist 6 Meter breit, 5 Meter lang und 3 Meter hoch.
Wie viel Quadratmeter Bodenfläche hat das Wohnzimmer?

A. 90 m²
B. 36 m²
C. 30 m²
D. 15 m²
E. Keine Antwort ist richtig.

464. Wie viel Kubikmeter Volumen hat das Wohnzimmer?

A. 90 m³
B. 36 m³
C. 30 m³
D. 15 m³
E. Keine Antwort ist richtig.

465. Wie viel muss Herr Mayer pro Quadratmeter Teppichboden zahlen, wenn der Gesamtpreis 360 € beträgt?

A. 9 €
B. 10 €
C. 11 €
D. 12 €
E. Keine Antwort ist richtig.

466. Herr Mayer hat seinen beiden Kindern und der Ehefrau einen Besuch in einem Freizeitpark versprochen. Ihm stehen dafür 200 € zu Verfügung. Freizeitpark A bietet eine Familienkarte für 110 € an. Die Fahrtkosten für den Bus belaufen sich auf 22 €. Welcher Betrag bleibt jedem Familienmitglied für den Ausflug zur Verpflegung?

A. 14 €
B. 16 €
C. 17 €
D. 19 €
E. Keine Antwort ist richtig.

467. Welchen Gesamtbetrag muss Herr Mayer aufbringen, damit jedem Familienmitglied 25 € Essens- und Taschengeld zu Verfügung stehen?

A. 200 €
B. 232 €
C. 300 €
D. 302 €
E. Keine Antwort ist richtig.

468. Herr Mayer findet über das Internet ein Sonderangebot für Freizeitpark B. Dort kostet die Familienkarte nur 50 €, allerdings müsste er dafür insgesamt mit dem Auto, das 9 l pro 100 km verbraucht, 260 km fahren. Der Benzinpreis beträgt 1,5 € pro Liter.
Wie viel € müsste Herr Mayer für Freizeitpark B ausgeben?

A. 35,1 €
B. 46,9 €
C. 55,5 €
D. 85,1 €
E. Keine Antwort ist richtig.

469. Herr Mayer entscheidet sich für den Freizeitpark B. Wie lange dauert die Hinfahrt, wenn er im Durchschnitt 130 km/h fährt?

A. 100 min

B. 120 min

C. 60 min

D. 70 min

E. Keine Antwort ist richtig.

470. Wie viel Zeit benötigt Herr Mayer für die Rückfahrt, wenn er nur 100 km/h fährt?

A. 60 min

B. 68 min

C. 78 min

D. 82 min

E. Keine Antwort ist richtig.

Mathematisches Verständnis

Gemischte Aufgaben   *Bearbeitungszeit 20 Minuten*

Beantworten Sie bitte die folgenden Aufgaben, indem Sie jeweils den richtigen Buchstaben markieren.

471. Addiert man ein Viertel, ein Sechstel und ein Drittel einer Zahl, so erhält man die Zahl 75. Wie lautet die gesuchte Zahl?

A. 6
B. 65
C. 75
D. 100
E. Keine Antwort ist richtig.

472. Addiert man zu einer Zahl sechs und multipliziert die Summe daraus mit zwei, so erhält man die Zahl 120. Welche Zahl wird gesucht?

A. 8
B. 28
C. 54
D. 48
E. Keine Antwort ist richtig.

473. Wie lautet die Quadratzahl von 16?

A. 32
B. 225
C. 196
D. 256
E. Keine Antwort ist richtig.

474. Sie schauen in den Spiegel und sehen die gespiegelten Zeiger einer Uhr. Das Spiegelbild zeigt 9 Uhr an. Was zeigt die Uhr tatsächlich an?

A. 2 Uhr
B. 6 Uhr
C. 1 Uhr
D. 3 Uhr
E. Keine Antwort ist richtig.

475. Eine natürliche Zahl ist nur dann durch 3 teilbar, …

A. wenn sie mit einer geraden Ziffer endet.
B. wenn sie mit der Ziffer 3 endet.
C. wenn sie mit einer ungeraden Zahl endet.
D. wenn ihre Quersumme durch 3 teilbar ist.
E. Keine Antwort ist richtig.

476. Eine natürliche Zahl ist nur dann durch 2 teilbar, …

A. wenn sie mit einer geraden Ziffer endet.
B. wenn sie mit der Ziffer 5 endet.
C. wenn sie mit einer ungeraden Zahl endet.
D. wenn ihre Quersumme durch 3 teilbar ist.
E. Keine Antwort ist richtig.

477. Welche der unten aufgeführten Funktionen entspricht der Geraden im Koordinatensystem?

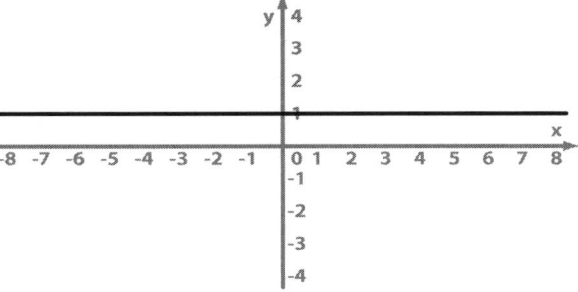

A. $y = -2x$
B. $y = x$
C. $y = -x$
D. $y = 1$
E. Keine Antwort ist richtig.

478. Addieren Sie die Zahlenreihe. Wie lautet die Summe der fünf Zahlen?

9   12   6   7   11   ?

A. 35
B. 43
C. 45
D. 42
E. Keine Antwort ist richtig.

479. Addieren Sie alle Ziffern der Zahlenreihe. Wie lautet diese Quersumme?

9   12   6   7   11   ?

A. 45
B. 36
C. 35
D. 27
E. Keine Antwort ist richtig.

480. Berechnen Sie folgende Aufgabe:

$20 \div 0,5 + 20 = ?$

A. 30

B. 40

C. 50

D. 60

E. Keine Antwort ist richtig.

481. Berechnen Sie folgende Aufgabe:

$\dfrac{1}{5} = ?$

A. 0,20

B. 0,50

C. 0,75

D. 1,00

E. Keine Antwort ist richtig.

482. Berechnen Sie folgende Aufgabe:

$\dfrac{4}{2} + \dfrac{1}{3} = ?$

A. 2

B. $2\dfrac{1}{3}$

C. 2,5

D. $2\dfrac{2}{3}$

E. Keine Antwort ist richtig.

483. Welches Ergebnis erhalten Sie, wenn Sie die Gleichung nach x auflösen?

$3x - 9 = 11 - 2x$

A. 1

B. 2

C. 3

D. 4

E. Keine Antwort ist richtig.

484. Welches Ergebnis erhalten Sie, wenn Sie die Gleichung nach x auflösen?

$4x \div 10 = 4$

A. 5

B. 10

C. 15

D. 20

E. Keine Antwort ist richtig.

485. Gegeben sind zwei Gleichungen.

Gleichung 1: $a = \dfrac{y}{b}$

Gleichung 2: $x = a \times y$

Wie muss eine Gleichung lauten, bei der man x durch die Größen a und b berechnen kann, ohne y zu kennen?

A. $x = a^2 \times b$

B. $x = a \times b^2$

C. $x = a^2 \times b^2$

D. $x = a \times b$

E. Keine Antwort ist richtig.

486. Wie lautet das Ergebnis für folgende Aufgabe?

$8 - 4 + 3 \times 4 = ?$

A. 4

B. 16

C. 18

D. 28

E. Keine Antwort ist richtig.

487. Wie lautet das Ergebnis für folgende Aufgabe?

$9 - (2 + 4) \times 4 = ?$

A. −15

B. −9

C. 12

D. 44

E. Keine Antwort ist richtig.

488. Wie lautet das Ergebnis für folgende Aufgabe?

$(7 - (4 + 2)) \times 4 = ?$

A. −9

B. 4

C. 9

D. 15

E. Keine Antwort ist richtig.

489. Wie lautet das Ergebnis für folgende Aufgabe?

$(-4)^3 = ?$

A. −64

B. −12

C. 12

D. 64

E. Keine Antwort ist richtig.

490. Wie lautet das Ergebnis für folgende Aufgabe?

$(-3)^4 = ?$

A. −81
B. −12
C. 12
D. 81
E. Keine Antwort ist richtig.

491. Wie lautet das Ergebnis für folgende Aufgabe?

$(-3) \times 4 + 4 \times (-4) - 4 = ?$

A. 0
B. −32
C. 32
D. 8
E. Keine Antwort ist richtig.

492. Wie lautet das Ergebnis für folgende Aufgabe?

$(-5) \times 3 - (-2) \times 3 = ?$

A. −39
B. −9
C. 51
D. 90
E. Keine Antwort ist richtig.

493. Wie lautet das Ergebnis für folgende Aufgabe?

$(4 + 3) \times 3 \, (6 - 2) \times 2 = ?$

A. −39
B. −9
C. 51
D. 168
E. Keine Antwort ist richtig.

494. Wie lautet das Ergebnis für folgende Aufgabe?

$[(4 + 3) \times 3 \, (6 - 2)] \times 2 = ?$

A. 34
B. 124
C. 168
D. 192
E. Keine Antwort ist richtig.

495. Wie lautet das Ergebnis für folgende Aufgabe?

$4{,}8 \times 2{,}5 + 4{,}15 \div 0{,}05 = ?$

A. 20,3
B. 95
C. 244,15
D. 323
E. Keine Antwort ist richtig.

Mathematisches Verständnis

Grundrechenarten ohne Taschenrechner

Bearbeitungszeit 15 Minuten

Die Aufgaben sind **ohne Taschenrechner** zu lösen, **unter Berücksichtigung der Punkt-vor-Strich-Regel**. Benutzen Sie für Nebenrechnungen nur Schmierpapier und einen Stift.

Beantworten Sie bitte die folgenden Aufgaben, indem Sie jeweils den richtigen Buchstaben markieren.

496. Wie lautet das Ergebnis für folgende Aufgabe?

$8.648 + 9.576 + 978 = ?$

A. 18.304
B. 18.302
C. 19.202
D. 20.202
E. Keine Antwort ist richtig.

497. Wie lautet das Ergebnis für folgende Aufgabe?

$8.948,75 + 8.795,25 = ?$

A. 14.744
B. 15.844
C. 16.944
D. 17.744
E. Keine Antwort ist richtig.

498. Wie lautet das Ergebnis für folgende Aufgabe?

$654.646 - 136.243 = ?$

A. 516.403
B. 507.403
C. 518.403
D. 529.403
E. Keine Antwort ist richtig.

499. Wie lautet das Ergebnis für folgende Aufgabe?

$567.616 - 564.854 = ?$

A. 2.662
B. 2.762
C. 2.862
D. 3.762
E. Keine Antwort ist richtig.

500. Wie lautet das Ergebnis für folgende Aufgabe?

$8.947,66 - 8.678,16 = ?$

A. 258,50
B. 259,70
C. 269,25
D. 269,50
E. Keine Antwort ist richtig.

501. Wie lautet das Ergebnis für folgende Aufgabe?

$8.127 \times 3.218 = ?$

A. 23.652.686
B. 24.652.686
C. 25.252.686
D. 26.152.686
E. Keine Antwort ist richtig.

502. Wie lautet das Ergebnis für folgende Aufgabe?

$9.648 \times 7.487 = ?$

A. 71.234.576
B. 72.234.576
C. 73.334.576
D. 74.344.576
E. Keine Antwort ist richtig.

503. Wie lautet das Ergebnis für folgende Aufgabe?

$325,25 \times 457,4 = ?$

A. 147.769,35
B. 148.769,15
C. 148.769,35
D. 149.769,35
E. Keine Antwort ist richtig.

504. Wie lautet das Ergebnis für folgende Aufgabe?

$92.880 \div 645 = ?$

A. 142
B. 144
C. 146
D. 156
E. Keine Antwort ist richtig.

505. Wie lautet das Ergebnis für folgende Aufgabe?

$546.784 \div 14 = ?$

A. 38.056
B. 38.156
C. 39.056
D. 39.156
E. Keine Antwort ist richtig.

Mathematisches Verständnis

Bruchrechnen ohne Taschenrechner

Bearbeitungszeit 6 Minuten

Die Aufgaben sind **ohne Taschenrechner** zu lösen. Benutzen Sie für Nebenrechnungen nur Schmierpapier und einen Stift.

Beantworten Sie bitte die folgenden Aufgaben, indem Sie jeweils den richtigen Buchstaben markieren.

506. $\dfrac{10}{4} - \dfrac{4}{2} = ?$ A. $\dfrac{6}{4}$ B. $\dfrac{1}{4}$ C. $\dfrac{6}{2}$ D. $0{,}5$ E. Keine Antwort ist richtig.

507. $\dfrac{10}{4} + \dfrac{4}{2} = ?$ A. $\dfrac{14}{4}$ B. $\dfrac{14}{2}$ C. $\dfrac{18}{4}$ D. $\dfrac{14}{6}$ E. Keine Antwort ist richtig.

508. $\dfrac{10}{4} \div \dfrac{4}{2} = ?$ A. $\dfrac{40}{8}$ B. $\dfrac{2}{2}$ C. $\dfrac{5}{4}$ D. $\dfrac{2}{4}$ E. Keine Antwort ist richtig.

509. $\dfrac{10}{4} \times \dfrac{4}{2} = ?$ A. 2 B. 3 C. 4 D. 5 E. Keine Antwort ist richtig.

510. $4\dfrac{8}{4} = ?$ A. 4 B. 6 C. 8 D. 10 E. Keine Antwort ist richtig.

511. $\dfrac{4}{8} \times 3 = ?$ A. $\dfrac{10}{8}$ B. $\dfrac{28}{8}$ C. $\dfrac{4}{24}$ D. $1\dfrac{1}{2}$ E. Keine Antwort ist richtig.

512. $6\dfrac{2}{4} \times 2\dfrac{2}{4} = ?$ A. $\dfrac{260}{4}$ B. 13 C. $16{,}25$ D. 65 E. Keine Antwort ist richtig.

513. $6\dfrac{2}{4} \div 2\dfrac{2}{4} = ?$ A. $3\dfrac{2}{4}$ B. $2{,}6$ C. $\dfrac{1}{4}$ D. 4 E. Keine Antwort ist richtig.

514. $\dfrac{1}{3} - 3 + 3\dfrac{2}{3} - 1{,}5 + 9{,}5 = ?$ A. 8 B. 9 C. 10 D. 11 E. 12

515. $40 \times \dfrac{1}{4} + \dfrac{2}{4} + 1.029 + 0{,}5 = ?$ A. 1.020 B. 1.041 C. 1.051 D. 1.040 E. 1.059

Mathematisches Verständnis

Umrechnen (Maße und Einheiten)

Bearbeitungszeit 5 Minuten

Beantworten Sie bitte die folgenden Aufgaben, indem Sie jeweils den richtigen Buchstaben markieren.

516. Wie viele Kilogramm sind 0,69 Tonnen?

A. 6,9
B. 690
C. 6.900
D. 69.000
E. Keine Antwort ist richtig.

517. Wie viele Deziliter sind 0,25 Liter?

A. 250
B. 25
C. 2,5
D. 5
E. Keine Antwort ist richtig.

518. Wie viele Kubikzentimeter sind 26,5 Liter?

A. 26.500
B. 2.650
C. 265
D. 2,65
E. Keine Antwort ist richtig.

519. Wie viele Quadratdezimeter sind 0,9 Hektar?

A. 900.000
B. 9 Mio.
C. 90.000
D. 9.000
E. Keine Antwort ist richtig.

520. Wie viele Gramm sind 21,7 Tonnen?

A. 21.700
B. 217.000
C. 2.170.000
D. 21.700.000
E. Keine Antwort ist richtig.

521. Wie viele Gramm sind 5 Pfund und 75 Gramm?

A. 1.150
B. 5.075
C. 575
D. 2.575
E. Keine Antwort ist richtig.

522. Wie viele Milligramm sind 0,078 Gramm?

A. 78
B. 7,8
C. 780
D. 0,78
E. Keine Antwort ist richtig.

523. Wie viel Zentimeter sind 385 Kilogramm?

A. 3,85
B. 7,7
C. 38.500
D. 3.850
E. Keine Antwort ist richtig.

524. Wie viele Dezimeter sind 38,5 Kubikmillimeter?

A. 3,845
B. 0,3845
C. 0,03845
D. 0,003845
E. Keine Antwort ist richtig.

525. Wie viele Zentner sind 425 Kilogramm?

A. 8,5
B. 85
C. 42,5
D. 4,25
E. Keine Antwort ist richtig.

Mathematisches Verständnis

Kettenrechnung

Bearbeitungszeit 10 Minuten

Bei dieser Aufgabe geht es darum, einfache Rechnungen im Kopf zu lösen.

Bitte benutzen Sie **keinen Taschenrechner**, die **Punkt- vor Strichrechnung gilt hier nicht!**

Beantworten Sie die folgenden Aufgaben, indem Sie jeweils die richtige Lösung ins Feld eintragen.

526. $27 \div 3 + 18 \div 3 \times 2 + 118 - 30 \div 2 + 3 \div 7 \div 2 + 16 =$

527. $30 \div 6 + 23 + 46 - 2 \div 8 \times 9 + 9 + 909 \div 3 =$

528. $1.550 - 26 + 12 \div 3 \times 2 \div 4 - 156 - 20 \div 16 =$

529. $13 - 5 \times 6 \div 4 \div 3 + 4 + 6 - 3 \times 2 + 17 \div 3 + 12 \div 5 + 6 \times 2 =$

530. $57 - 12 \div 9 + 12 - 3 \div 2 - 3 \times 5 + 6 \div 2 \times 3 - 3 \div 6 =$

531. $2 \times 2 + 2 \div 2 + 2 \times 2 - 2 + 22 \div 2 + 2 \times 2 - 2 \times 2 + 2 =$

532. $2 \times 4 + 5 \times 6 - 8 \div 2 - 2 \div 3 + 4 \div 5 + 9 \times 3 + 5 - 7 \div 2 =$

533. $4 + 8 \times 6 + 5 \div 7 + 6 \times 4 - 16 \div 4 + 12 \div 5 \times 4 + 3 - 7 \times 3 =$

534. $14 \times 3 \div 6 \times 7 + 7 \div 8 + 9 \div 8 \times 7 + 9 \times 2 + 5 \div 3 =$

535. $5 \times 5 + 3 \div 4 + 2 \times 2 - 3 \times 3 \div 9 + 9 \times 6 - 6 - 8 \div 7 =$

536. $8 \times 8 - 8 \div 8 + 7 + 11 \div 5 \times 6 + 4 \div 2 + 1 \div 3 =$

537. $9 \times 2 + 9 \div 3 \times 9 - 3 \div 6 + 15 \div 4 \times 5 + 11 \div 2 - 5 \div 6 + 78 \div 9 =$

538. $84 + 14 \div 7 + 12 \div 2 \times 7 + 8 \div 3 - 5 \times 2 + 44 =$

539. $24 + 17 \times 2 + 3 \div 5 + 4 \div 7 \times 2 + 19 \div 5 + 1 \times 8 + 7 =$

540. $9 \times 4 \div 6 \times 3 + 4 - 3 \times 2 + 4 \div 6 \times 5 + 2 =$

541. $18 + 4 \div 2 + 9 - 3 \times 4 - 2 \div 2 + 2 - 5 \div 5 \times 3 \div 2 =$

542. $1 \times 2 + 3 \times 4 - 5 \times 2 + 15 \div 9 \times 10 - 11 \div 3 =$

543. $9 \times 8 \div 6 - 5 \times 7 + 6 \div 5 + 9 \times 3 \div 2 - 1 =$

544. $4 + 8 \times 3 \div 6 + 9 \div 5 + 6 - 5 \times 4 + 4 \div 5 \times 6 =$

545. $3 \times 6 \div 9 + 3 \times 9 \div 3 \times 2 - 3 \times 2 \div 9 =$

Mathematisches Verständnis

Schätzung   *Bearbeitungszeit 10 Minuten*

In diesem Abschnitt erhalten Sie Rechenaufgaben, die Sie nicht ausrechnen, sondern schätzen sollen.

Bitte benutzen Sie dafür **keinen Taschenrechner**. Sie erhalten das Ergebnis, indem Sie es schätzen oder kurze rechnerische Überlegungen anstellen. Die Aufgaben sind so gestellt, dass Sie die Möglichkeit haben, durch rechnerische Anhaltspunkte auf das richtige Ergebnis zu kommen, ohne aber die Aufgabe vollständig zu berechnen.

Beantworten Sie bitte die folgenden Aufgaben, indem Sie jeweils den richtigen Buchstaben markieren.

546. 23.888 − 13.966 − 712 = ?
 - A. 9.210
 - B. 10.120
 - C. 9.046
 - D. 11.228
 - E. Keine Antwort ist richtig.

547. 11.249 + 22.336 + 908 = ?
 - A. 34.383
 - B. 34.493
 - C. 35.344
 - D. 34.954
 - E. Keine Antwort ist richtig.

548. 1.645 × 3.987 = ?
 - A. 3.661.196
 - B. 6.558.615
 - C. 111.965.515
 - D. 987.435
 - E. Keine Antwort ist richtig.

549. 12.112 + 25.987 + 19.945 = ?
 - A. 60.035
 - B. 56.384
 - C. 56.034
 - D. 58.044
 - E. Keine Antwort ist richtig.

550. 824 × 886 = ?
 - A. 730.064
 - B. 1.098.724
 - C. 654.068
 - D. 834.235
 - E. Keine Antwort ist richtig.

551. $^5/_{14} + {}^4/_{27} = ?$
 - A. 0,992
 - B. 1,202
 - C. 0,848
 - D. 0,505
 - E. Keine Antwort ist richtig.

552. 467,45 − 276,5 + 1.235,55 = ?
 - A. 1.508,65
 - B. 1.492
 - C. 1.426,5
 - D. 1.284,5
 - E. Keine Antwort ist richtig.

553. 73,2 % von 845 = ?
 - A. 388,6
 - B. 546,99
 - C. 764,88
 - D. 618,54
 - E. Keine Antwort ist richtig.

554. 36 × 45 + 208 = ?
 - A. 1.828
 - B. 1.198
 - C. 2.005
 - D. 1.926
 - E. Keine Antwort ist richtig.

555. 151,23 × 21,44 = ?
 - A. 3.476,98
 - B. 3.398,358
 - C. 2.998,12
 - D. 3.242,3712
 - E. Keine Antwort ist richtig.

556. 8.306.258 + 2.118.987 = ?
 - A. 10.245.524
 - B. 104.425
 - C. 104.254
 - D. 10.425.245
 - E. Keine Antwort ist richtig.

557. 8.348 − 6.405,66 + 1.671 = ?
 - A. 3.613,34
 - B. 3.505,33
 - C. 2.958,45
 - D. 3.905,34
 - E. Keine Antwort ist richtig.

558. 86,6 % von 2.954 = ?

    A. 2.864,93

    B. 2.558,164

    C. 2.798,34

    D. 2.277,64

    E. Keine Antwort ist richtig.

559. 12 × 14 × 3,6 = ?

    A. 504,3

    B. 702,6

    C. 618

    D. 604,8

    E. Keine Antwort ist richtig.

560. 77 % von 130 % = ?

    A. 95,2 %

    B. 100,1 %

    C. 114 %

    D. 112,8 %

    E. Keine Antwort ist richtig.

561. 7.748 + 3.450 − 762 = ?

    A. 10.436

    B. 9.896

    C. 10.876

    D. 11.126

    E. Keine Antwort ist richtig.

562. 7,872 × 3,988 = ?

    A. 22,86

    B. 32,125616

    C. 31,393536

    D. 23,1745345

    E. Keine Antwort ist richtig.

563. 3.987.346 − 1.267.645 = ?

    A. 2.898.402

    B. 2.889.761

    C. 2.456.941

    D. 2.719.701

    E. Keine Antwort ist richtig.

564. 2.355 × 1.872 = ?

    A. 991.990

    B. 4.408.560

    C. 4.638.106

    D. 5.440.327

    E. Keine Antwort ist richtig.

565. 9,757 − 3,649 = ?

    A. 6,108

    B. 5,808

    C. 6,206

    D. 7,456

    E. Keine Antwort ist richtig.

Mathematisches Verständnis

Rechenoperatoren ergänzen

Bearbeitungszeit 10 Minuten

Welche Rechenoperationen (+, –, ×, ÷) müssen in die Felder eingefügt werden, um auf das jeweilige Endergebnis zu kommen?

Bedenken Sie, dass dabei Punkt- vor Strichrechnung gilt.

Beispiel:

1.   2 ☐ 6 ☐ 3 = 15

Die einzige Möglichkeit, diese Aufgabe korrekt zu vervollständigen, ist: $2 \times 6 + 3 = 12 + 3 = 15$

Beantworten Sie bitte die folgenden Aufgaben, indem Sie jeweils die richtigen Operatoren in die Felder eintragen.

566. 7 ☐ 2 ☐ 3 = 1

567. 15 ☐ 3 ☐ 4 = 9

568. 2 ☐ 8 ☐ 7 = 9

569. 9 ☐ 3 ☐ 4 = 12

570. 6 ☐ 4 ☐ 5 = 19

571. 12 ☐ 2 ☐ 8 = 16

572. 3 ☐ 6 ☐ 2 = 9

573. 17 ☐ 9 ☐ 3 = 11

574. 11 ☐ 6 ☐ 2 = 8

575. 7 ☐ 2 ☐ 9 = 5

576. 2 ☐ 3 ☐ 2 = 12

577. 8 ☐ 7 ☐ 4 = 14

578. 9 ☐ 3 ☐ 5 = 8

579. 7 ☐ 8 ☐ 4 = 5

580. 16 ☐ 2 ☐ 6 = 14

581. 1 ☐ 4 ☐ 4 = 17

582. 7 ☐ 9 ☐ 3 = 10

583. 8 ☐ 2 ☐ 1 = 7

584. 14 ☐ 2 ☐ 7 = 4

585. 18 ☐ 3 ☐ 2 = 4

Mathematisches Verständnis

Gleichungen bilden   *Aufgabenerklärung*

Bei dieser Aufgabe geht es um Ihre rechnerische Sicherheit.

Erstellen Sie aus den vorgegebenen Zahlen – durch die Verwendung der Grundrechenarten (+, –, ×, ÷) – möglichst viele Gleichungen. Jede Zahl kann dafür beliebig oft verwendet werden, aber Vorsicht: Das Ergebnis darf ebenfalls nur aus den angegebenen Zahlen bestehen und muss natürlich korrekt sein.

Hierzu ein Beispiel:

Aufgabe

Zahlenmenge: 1,2,3

1.   Ihre Lösungen:

$$1 + 2 = 3$$

$$1 + 1 + 2 - 3 = 2 - 1$$

$$3 \times 2 - 3 = (3 + 3) \div 2$$

Gleichungen bilden

Bitte bilden Sie in den nächsten **2 Minuten** aus den folgenden Zahlen so viele eigene Gleichungen wie möglich.

Zahlenmenge: 2, 3, 4, 5, 7, 8, 10, 11, 16, 20

586. Ihre Lösungen:

	=				=	
	=				=	
	=				=	
	=				=	
	=				=	
	=				=	
	=				=	
	=				=	
	=				=	
	=				=	
	=				=	
	=				=	
	=				=	
	=				=	
	=				=	

Mathematisches Verständnis

Zahlenmatrizen und Zahlenpyramiden

Bearbeitungszeit 10 Minuten

Die Zahlen in den folgenden Matrizen und Pyramiden sind nach festen Regeln zusammengestellt.

Ihre Aufgabe besteht darin, eine Zahl zu finden, die im sinnvollen Verhältnis zu den übrigen Zahlen steht.

Beantworten Sie bitte die folgenden Aufgaben, indem Sie jeweils den richtigen Buchstaben markieren.

587. Durch welche Zahl muss das Fragezeichen ersetzt werden, damit die Zahlen in der Tabelle in einem sinnvollen Verhältnis zueinander stehen?

7	2	13	12
9	16	3	6
4	5	?	15
14	11	8	1

A. 7
B. 12
C. 15
D. 10
E. Keine Antwort ist richtig.

588. Durch welche Zahl muss das Fragezeichen ersetzt werden, damit die Zahlen in der Tabelle in einem sinnvollen Verhältnis zueinander stehen?

?	11	4	16
14	6	12	5
14	6	13	4
3	14	8	12

A. 3
B. 6
C. 9
D. 12
E. Keine Antwort ist richtig.

589. Folgende Zahlenpyramide ist nach einer festen Regel aufgebaut. Durch welche Zahl muss das Fragezeichen ersetzt werden, damit die Pyramide sinnvoll aufgestellt ist?

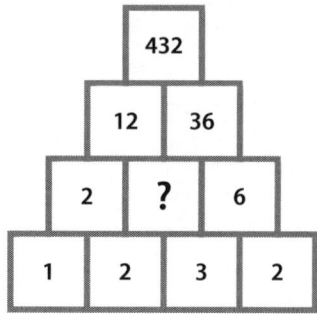

A. 3
B. 4
C. 8
D. 6
E. Keine Antwort ist richtig.

590. Folgende Zahlenpyramide ist nach einer festen Regel aufgebaut. Durch welche Zahl muss das Fragezeichen ersetzt werden, damit die Pyramide sinnvoll aufgestellt ist?

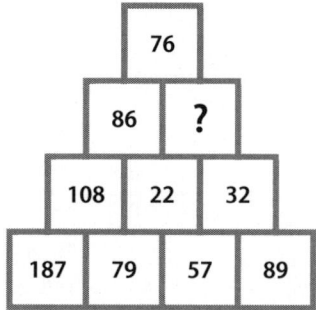

A. 10
B. 14
C. 28
D. 46
E. Keine Antwort ist richtig.

591. Durch welche Zahl muss das Fragezeichen ersetzt werden, damit die Zahlen in der Tabelle in einem sinnvollen Verhältnis zueinander stehen?

10	5	5	4
2	10	10	5
5	4	?	5
10	5	2	10

A. 5
B. 4
C. 2
D. 10
E. Keine Antwort ist richtig.

593. Durch welche Zahl muss das Fragezeichen ersetzt werden, damit die Zahlen in der Tabelle in einem sinnvollen Verhältnis zueinander stehen?

15	4	9	12
3	−11	5	3
0	−14	?	−2
2	−14	30	−18

A. 16
B. −6
C. −16
D. 6
E. Keine Antwort ist richtig.

592. Durch welche Zahl muss das Fragezeichen ersetzt werden, damit die Zahlen in der Tabelle in einem sinnvollen Verhältnis zueinander stehen?

10	4	1	5
2	?	10	2
1	2	10	10
10	5	2	2

A. 2
B. 1
C. 5
D. 4
E. Keine Antwort ist richtig.

594. Durch welche Zahl muss das Fragezeichen ersetzt werden, damit die Zahlen in der Tabelle in einem sinnvollen Verhältnis zueinander stehen?

2	3	4	5
7	5	7	9
16	12	12	16
32	?	24	28

A. 24
B. 28
C. 30
D. 32
E. Keine Antwort ist richtig.

595. Durch welche Zahl muss das Fragezeichen ersetzt werden, damit die Zahlen in der Tabelle in einem sinnvollen Verhältnis zueinander stehen?

$2/3$	$1/2$	$3/2$	$3/4$
$1/2$	$3/4$	$10/5$	$1/2$
$1/2$	$3/2$	$1/4$	$6/3$
$9/4$	**?**	$1/2$	$1/2$

A. $1/3$

B. $1/2$

C. $2/3$

D. $3/4$

E. Keine Antwort ist richtig.

Mathematisches Verständnis

Symbolrechnen

In jeder Aufgabe stehen gleiche Symbole für gleiche Zahlen. Ein Symbol repräsentiert eine Zahl von 0–9, zwei zusammengezogene Symbole entsprechen zweistelligen Zahlen.

Welche Zahl wird durch das gesuchte Symbol repräsentiert?

Beginnen Sie bitte jetzt mit den Aufgaben und markieren Sie den entsprechenden Lösungsbuchstaben.

596. Für welche Zahl steht das Symbol Δ?

$\Delta\Delta \times \Pi = \Pi\Pi$

A. 1
B. 2
C. 4
D. 8
E. Keine Antwort ist richtig.

597. Für welche Zahl steht das Symbol Ψ?

$\Pi\Pi + \Pi = \Pi\Psi$

A. 1
B. 7
C. 5
D. 4
E. Keine Antwort ist richtig.

598. Für welche Zahl steht das Symbol Δ?

$\Delta \times \Pi = 2\Delta$

A. 4
B. 6
C. 8
D. 5
E. Keine Antwort ist richtig.

599. Für welche Zahl steht das Symbol Δ?

$\Delta 2 - 1\Delta = \Psi 8$

A. 1
B. 2
C. 4
D. 8
E. Keine Antwort ist richtig.

600. Für welche Zahl steht das Symbol Π?

$\Pi 5 \times \Pi + \Pi = 5\Pi$

A. 3
B. 1
C. 6
D. 2
E. Keine Antwort ist richtig.

601. Für welche Zahl steht das Symbol Ψ?

$\Psi\Omega \div \Omega = \Omega$

A. 7
B. 2
C. 8
D. 4
E. Keine Antwort ist richtig.

602. Für welche Zahl steht das Symbol Π?

$(\Omega + 1) \times \Pi = \Omega + 2 + \Omega$

A. 1
B. 9
C. 2
D. 3
E. Keine Antwort ist richtig.

603. Für welche Zahl steht das Symbol Ω?

$\Omega 4 + \Delta\Delta = \Pi\Pi$

A. 7
B. 2
C. 9
D. 4
E. Keine Antwort ist richtig.

604. Für welche Zahl steht das Symbol Δ?

$\Pi^2 = \Pi\Pi - \Pi\Delta$

A. 9
B. 8
C. 0
D. 6
E. Keine Antwort ist richtig.

605. Für welche Zahl steht das Symbol Ω?

$\sqrt{\Delta\Psi\Omega} = 1\Omega$

A. 6
B. 3
C. 9
D. 8
E. Keine Antwort ist richtig.

Mathematisches Verständnis

Datenanalyse

Bearbeitungszeit 10 Minuten

Bitte lösen Sie die folgenden Aufgaben mithilfe des Schaubilds.

Beantworten Sie bitte die folgenden Fragen, indem Sie jeweils den richtigen Buchstaben markieren.

Bundestagswahl 2009

Ergebnisse der Bundestagswahl am 27. September 2009, Zweitstimmenanteile in Prozent. Wahlberechtigt waren rund 62,17 Millionen Menschen.

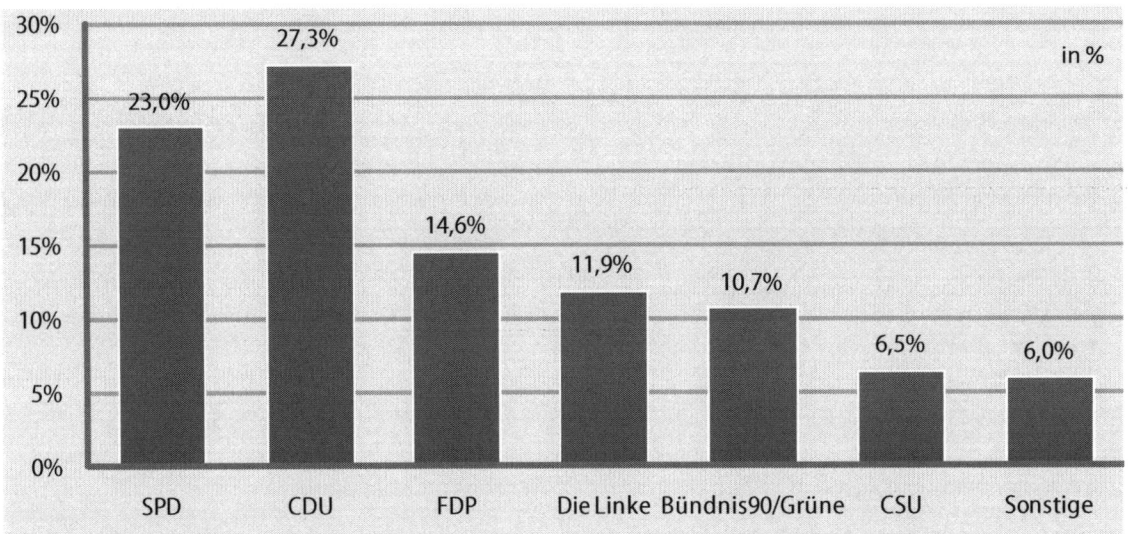

Quelle: Bundeswahlleiter

606. **Die Wahlbeteiligung lag bei rund 70,8 %. Wie viele Menschen haben demnach ihre Stimme abgegeben? Runden Sie das Ergebnis bitte auf zwei Nachkommastellen.**

   A. 44,01 Mio.

   B. 56,23 Mio.

   C. 38,45 Mio.

   D. 47,91 Mio.

   E. Keine Antwort ist richtig.

607. **Wie viele Wahlberechtigte haben für eine Partei gestimmt, die den Sprung über die Fünf-Prozent-Hürde zum Einzug in den Bundestag nicht geschafft hat? Runden Sie das Ergebnis bitte auf zwei Nachkommastellen.**

   A. 5,89 Mio.

   B. 2,64 Mio.

   C. 6,35 Mio.

   D. 3,48 Mio.

   E. Keine Antwort ist richtig.

608. **Die CDU kam als stärkste Partei auf einen Zweitstimmenanteil von 27,3 Prozent. Wie groß wäre der Anteil, wenn dieser nicht auf die Zahl der abgegebenen Stimmen, sondern auf die Gesamtzahl aller Wahlberechtigten bezogen würde? Runden Sie das Ergebnis bitte auf zwei Nachkommastellen.**

   A. 14,64 %

   B. 28,52 %

   C. 25,44 %

   D. 19,32 %

   E. Keine Antwort ist richtig.

609. **Bei der Bundestagswahl 2005 erhielt die CDU 27,8 % der abgegebenen Stimmen. Wahlberechtigt waren damals 61,87 Millionen Bundesbürger, die Wahlbeteiligung lag bei 77,7 %. Wie viele Wählerstimmen hat die Partei im Vergleich von 2005 zu 2009 absolut verloren? Runden Sie das Ergebnis bitte auf zwei Nachkommastellen.**

   A. 0,68 Mio. Stimmen

   B. 0,95 Mio. Stimmen

   C. 1,35 Mio. Stimmen

   D. 1,86 Mio. Stimmen

   E. Keine Antwort ist richtig.

610. Ohne die so genannten Überhangmandate verfügt
der Bundestag über 598 Sitze. Wie viele Sitze entfal-
len dem Zweitstimmenanteil nach auf die SPD?

A. 123

B. 146

C. 85

D. 234

E. Keine Antwort ist richtig.

Mathematisches Verständnis

Textaufgaben mit Diagramm

Bearbeitungszeit 10 Minuten

Welche Informationen liefern die Diagramme?

Beantworten Sie bitte die folgenden Aufgaben, indem Sie jeweils den richtigen Buchstaben markieren.

Anteil der Energieträger an der Stromerzeugung in Deutschland

Vergleich 1998–2008, Angaben in Milliarden Kilowattstunden (kWh)

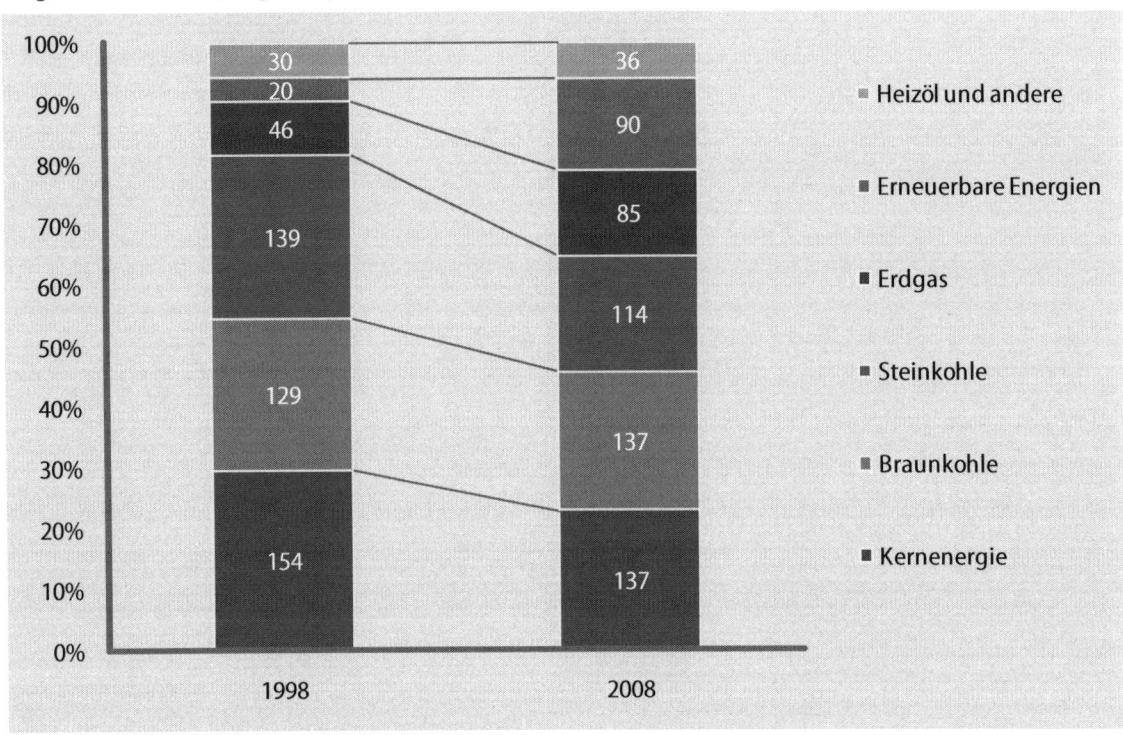

Quelle: Bundesverband der Energie- und Wasserwirtschaft e.V.

611. Wie groß war die Jahresmenge der Energieerzeugung in Deutschland 2008?

- A. 636 Mrd. kWh
- B. 542 Mrd. kWh
- C. 599 Mrd. kWh
- D. 609 Mrd. kWh
- E. Keine Antwort ist richtig.

612. Wie groß war die durchschnittliche Monatsmenge der Energieerzeugung im Jahr 1998? Runden Sie das Ergebnis bitte auf zwei Nachkommastellen.

- A. 46,51 Mrd. kWh
- B. 43,17 Mrd. kWh
- C. 37,64 Mrd. kWh
- D. 47,34 Mrd. kWh
- E. Keine Antwort ist richtig.

613. Wie hat sich der prozentuale Anteil des Energieträgers Braunkohle an der insgesamt erzeugten Energiemenge von 1998 bis 2008 entwickelt?

- A. Um mehr als 5 Prozentpunkte gestiegen
- B. Um weniger als 5 Prozentpunkte gestiegen
- C. Auf gleichem Niveau geblieben (± 0,01 Prozentpunkte Abweichung)
- D. Um weniger als 5 Prozentpunkte gesunken
- E. Keine Antwort ist richtig.

614. Wie stark nahm die durch Erdgas erzeugte Energiemenge von 1998 bis 2008 zu, prozentual auf die Erzeugungsmenge von 1998 bezogen? Runden Sie das Ergebnis bitte auf zwei Nachkommastellen.

- A. 89,65 %
- B. 84,78 %
- C. 79,45 %
- D. 85,34 %
- E. Keine Antwort ist richtig.

615. **Die Windkraft war 2008 mit rund 45 % der größte Erzeuger im Bereich erneuerbare Energien. Wie groß war die durch sie erzeugte Jahresmenge an Energie?**

  A. 40,5 Mrd. kWh

  B. 37,6 Mrd. kWh

  C. 32,8 Mrd. kWh

  D. 43,7 Mrd. kWh

  E. Keine Antwort ist richtig.

Trinkwasserverwendung im Haushalt

Durchschnittswerte in Deutschland 2008 pro Einwohner und Tag, Angaben in Liter.

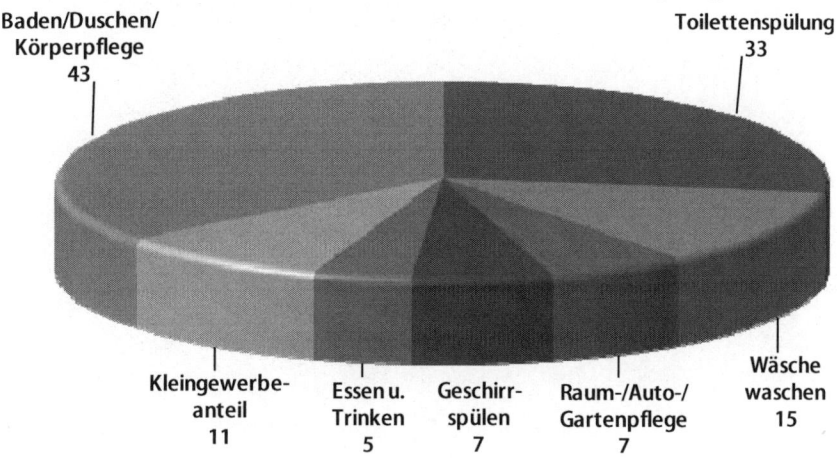

Baden/Duschen/
Körperpflege
43

Toilettenspülung
33

Kleingewerbe-
anteil
11

Essen u.
Trinken
5

Geschirr-
spülen
7

Raum-/Auto-/
Gartenpflege
7

Wäsche
waschen
15

Quelle: Bundesverband der Energie- und Wasserwirtschaft e. V.

616. **Wie viele Liter Wasser werden pro Kopf und Tag durchschnittlich verbraucht?**

  A. 121 l

  B. 95 l

  C. 143 l

  D. 105 l

  E. Keine Antwort ist richtig.

617. **Wie groß ist der Anteil der Toilettenspülung am durchschnittlichen Wasserverbrauch (in Prozent)? Runden Sie das Ergebnis bitte auf zwei Nachkommastellen.**

  A. 30,25 %

  B. 19,75 %

  C. 23,54 %

  D. 27,27 %

  E. Keine Antwort ist richtig.

618. **Wie viele Liter Wasser verbraucht eine vierköpfige Familie im Monat (30 Tage) allein zum Essen und Trinken?**

  A. 450 l

  B. 600 l

  C. 720 l

  D. 780 l

  E. Keine Antwort ist richtig.

619. **Der Wasserpreis liegt bei 3,90 € pro Kubikmeter. Wie viel Geld gibt eine vierköpfige Familie durchschnittlich am Tag für Baden, Duschen und Körperpflege aus? Runden Sie bitte auf 1/10 Cent.**

  A. 101,5 Cent

  B. 84,8 Cent

  C. 76,4 Cent

  D. 67,1 Cent

  E. Keine Antwort ist richtig.

620. **Wie hoch sind die Ausgaben der Familie für den jährlichen Wasserverbrauch (365 Tage)?**

  A. 753,60 €

  B. 688,97 €

  C. 430,36 €

  D. 980,67 €

  E. Keine Antwort ist richtig.

Konzentrationsvermögen

Codierte Wörter

Nun wird Ihr Konzentrationsvermögen getestet.

Setzen Sie aus den angegebenen Städte- und Einrichtungscodes die jeweils richtige Zahlenkombination zusammen.

Code-Tabelle

Einrichtung	Code		Stadt	Code
Krankenhaus	01		Köln	01
Bibliothek	02		Mannheim	02
Schule	03		Düsseldorf	03
Rathaus	04		Dortmund	04
Ordnungsamt	05		Aachen	05
Kindertagesstätte	06		Erfurt	06
Kirchengemeinde	07		Dresden	07
Feuerwehr	08		Kiel	08
Polizei	09		Bochum	09
Zollamt	10		Leipzig	10

Notieren Sie für jede der öffentlichen Einrichtungen in der rechten Tabellenspalte die entsprechende Zahlenkombination.

Hierzu ein Beispiel:

Aufgabe

1. **Wie lautet der Code für die Schule in Kiel?**

$\boxed{0308}$

03 (Code für Schule) + 08 (Code für Kiel) = **0308**

Codierte Wörter

Bearbeitungszeit 3 Minuten

Beantworten Sie bitte die folgenden Aufgaben, indem Sie jeweils den richtigen Code eintragen.

621. Wie lautet der Code für die Polizei in Dresden?

622. Wie lautet der Code für die Bibliothek in Düsseldorf?

623. Wie lautet der Code für das Rathaus in Kiel?

624. Wie lautet der Code für die Schule in Aachen?

625. Wie lautet der Code für das Rathaus in Dortmund?

626. Wie lautet der Code für die Schule in Erfurt?

627. Wie lautet der Code für das Rathaus in Bochum?

628. Wie lautet der Code für die Kindertagesstätte in Bochum?

629. Wie lautet der Code für die Feuerwehr in Kiel?

630. Wie lautet der Code für die Polizei in Bochum?

631. Wie lautet der Code für das Zollamt in Dresden?

632. Wie lautet der Code für die Feuerwehr in Dortmund?

633. Wie lautet der Code für die Kindertagesstätte in Aachen?

634. Wie lautet der Code für die Schule in Bochum?

635. Wie lautet der Code für die Polizei in Aachen?

636. Wie lautet der Code für das Krankenhaus in Köln?

637. Wie lautet der Code für die Kindertagesstätte in Dresden?

638. Wie lautet der Code für die Feuerwehr in Bochum?

639. Wie lautet der Code für die Bibliothek in Köln?

640. Wie lautet der Code für die Schule in Dortmund?

641. Wie lautet der Code für das Krankenhaus in Dresden?

642. Wie lautet der Code für die Polizei in Erfurt?

643. Wie lautet der Code für die Kindertagesstätte in Düsseldorf?

644. Wie lautet der Code für die Feuerwehr in Erfurt?

645. Wie lautet der Code für die Bibliothek in Dresden?

646. Wie lautet der Code für das Rathaus in Erfurt?

647. Wie lautet der Code für das Zollamt in Kiel?

648. Wie lautet der Code für die Kindertagesstätte in Mannheim?

649. Wie lautet der Code für die Polizei in Dortmund?

650. Wie lautet der Code für das Krankenhaus in Kiel?

651. Wie lautet der Code für die Feuerwehr in Leipzig?

652. Wie lautet der Code für die Kindertagesstätte in Köln?

653. Wie lautet der Code für das Rathaus in Aachen?

654. Wie lautet der Code für die Bibliothek in Erfurt?

655. Wie lautet der Code für das Krankenhaus in Düsseldorf?

656. Wie lautet der Code für die Polizei in Leipzig?

657. Wie lautet der Code für das Krankenhaus in Mannheim?

658. Wie lautet der Code für die Kindertagesstätte in Leipzig?

659. Wie lautet der Code für die Feuerwehr in Düsseldorf?

660. Wie lautet der Code für die Bibliothek in Dortmund?

Code-Tabelle *(Wiederholung)*

Einrichtung	Code		Stadt	Code
Krankenhaus	01		Köln	01
Bibliothek	02		Mannheim	02
Schule	03		Düsseldorf	03
Rathaus	04		Dortmund	04
Ordnungsamt	05		Aachen	05
Kindertagesstätte	06		Erfurt	06
Kirchengemeinde	07		Dresden	07
Feuerwehr	08		Kiel	08
Polizei	09		Bochum	09
Zollamt	10		Leipzig	10

Konzentrationsvermögen

b, d, p und q-Test

Aufgabenerklärung

In diesem Abschnitt werden Ihre Schnelligkeit und Genauigkeit geprüft.

Sie erhalten in jeder Buchstabenzeile bis zu vier Buchstaben, nämlich „p", „b", „d" und „q".

Ihre Aufgabe besteht darin, in jeder Buchstabenzeile den Buchstaben „q" zu finden und die Anzahl gefundener „q"s in der rechten Spalte einzutragen.

Hierzu ein Beispiel

Aufgabe

Aufgabe	1	2	3	4	5	6	7	8	9	10	11	12	13	14	15	16	17	18	19	20	Anzahl
1.	p	b	d	q	p	b	d	q	p	b	d	q	p	b	d	q	p	b	d	q	
2.	q	d	b	p	q	d	b	p	q	d	b	p	q	d	b	p	q	d	b	p	
3.	d	q	p	b	d	q	p	b	d	q	p	b	d	q	p	b	d	q	p	b	

Antwort

Aufgabe	1	2	3	4	5	6	7	8	9	10	11	12	13	14	15	16	17	18	19	20	Anzahl
1.	p	b	d	q	p	b	d	q	p	b	d	q	p	b	d	q	p	b	d	q	5
2.	q	d	b	p	q	d	b	p	q	d	b	p	q	d	b	p	q	d	b	p	5
3.	d	q	p	b	d	q	p	b	d	q	p	b	d	q	p	b	d	q	p	b	5

b, d, p und q-Test

Bitte beginnen Sie nun mit der Aufgabe und notieren Sie die Zahl der pro Zeile gefundenen „q"s in der rechten Spalte. Die Bearbeitungszeit für die Aufgaben beträgt 3 Minuten.

Aufgabe	1	2	3	4	5	6	7	8	9	10	11	12	13	14	15	16	17	18	19	20	Anzahl
661.	p	p	q	b	p	q	p	b	q	p	p	q	b	q	p	d	p	q	p	q	
662.	p	p	b	d	p	p	q	p	d	q	p	q	d	q	p	b	p	q	p	q	
663.	p	b	p	q	p	d	d	p	q	p	b	p	q	d	q	p	d	p	q	p	
664.	p	d	p	b	p	q	p	p	b	p	q	p	q	q	p	d	q	p	q	q	
665.	p	d	q	p	d	q	p	b	q	p	q	b	q	d	q	p	q	d	q	p	
666.	d	p	p	d	p	b	b	p	d	p	q	p	q	q	q	p	q	p	q	q	
667.	b	p	d	q	p	q	p	d	p	p	q	d	q	p	b	q	p	q	q	q	
668.	d	p	d	p	p	q	p	q	b	q	q	p	b	q	d	p	p	q	d	p	
669.	p	p	q	q	d	q	q	p	q	p	d	p	b	p	q	b	p	d	p	d	
670.	p	d	d	p	q	p	b	q	p	b	q	p	q	p	b	p	q	p	q	b	
671.	p	p	d	p	d	p	q	p	q	p	d	p	q	q	b	p	b	p	q	q	
672.	p	q	q	p	q	p	d	p	d	p	p	d	q	p	p	d	p	b	q	p	
673.	p	b	p	d	d	p	d	p	p	q	p	d	p	q	p	b	p	b	p	q	
674.	p	b	b	p	d	p	d	p	q	d	q	p	d	q	q	d	p	p	q	q	
675.	p	p	d	p	b	p	b	b	p	d	p	p	q	q	p	q	p	p	q	q	
676.	p	d	p	b	q	p	b	q	p	q	p	b	q	q	p	d	p	p	q	q	
677.	p	p	q	p	q	p	q	b	p	q	q	d	q	p	q	d	q	p	q	p	
678.	p	p	b	b	p	d	q	p	q	q	q	p	d	d	p	b	q	p	b	p	
679.	p	p	p	b	p	b	d	p	d	p	q	p	b	p	q	p	q	b	p	p	
680.	p	p	b	p	b	p	d	q	p	q	p	p	q	q	p	d	b	p	q	q	
681.	p	p	b	q	p	b	q	p	q	q	p	q	p	d	p	d	p	q	p	p	
682.	p	p	q	q	p	b	q	q	p	b	q	q	p	d	d	p	q	q	p	p	
683.	p	p	p	b	p	b	p	q	b	q	p	q	d	q	p	d	p	q	p	q	
684.	p	d	p	b	p	d	p	p	b	p	p	q	q	q	p	b	p	q	q	q	
685.	b	p	b	p	d	p	d	p	d	p	p	b	p	q	q	p	p	b	d	q	
686.	p	b	p	b	b	p	p	d	q	p	q	b	q	q	p	d	q	p	q	q	
687.	p	d	p	b	p	p	b	p	q	p	q	p	p	q	p	d	p	p	q	p	
688.	q	p	q	q	p	p	q	p	p	q	p	p	p	p	p	p	p	p	p	q	
689.	p	q	p	d	p	d	p	b	b	p	q	p	q	p	b	d	q	p	q	p	
690.	p	q	p	q	b	q	p	b	p	d	q	d	q	q	p	b	q	p	q	q	
691.	p	p	b	d	d	q	b	q	p	q	p	d	q	p	d	b	p	p	q	p	
692.	p	p	p	p	d	b	d	p	b	q	p	b	q	q	q	p	b	p	q	q	
693.	p	p	p	b	p	b	d	p	d	p	p	p	p	q	p	p	d	p	p	p	
694.	q	p	q	q	q	q	p	d	p	q	p	p	p	p	p	d	b	b	b	q	
695.	p	q	q	p	p	q	q	p	d	q	p	q	p	d	b	b	p	q	p	p	
696.	p	d	p	q	q	p	q	q	q	p	b	d	p	p	q	p	b	d	d	p	
697.	q	q	q	p	q	p	p	q	d	q	d	q	b	q	p	b	p	q	p	q	
698.	p	q	p	p	q	q	p	p	q	p	q	p	b	p	q	b	q	p	b	p	
699.	p	p	q	q	q	p	p	q	p	b	p	b	d	d	q	p	p	d	p	p	
700.	p	p	q	p	p	p	p	p	b	d	b	p	b	p	q	p	d	d	p	p	

Konzentrationsvermögen

Original und Abschrift

Bearbeitungszeit 3 Minuten

Bei dieser Aufgabe geht es darum, Zahlen- und/oder Buchstabenfolgen miteinander zu vergleichen.

Sie erhalten pro Aufgabe jeweils eine Originalreihe und eine Abschrift.

Überprüfen Sie die Abschriften bitte – Stelle für Stelle – auf Tippfehler und tragen Sie die Anzahl der in einer Zeile gefundenen Fehler in das rechte Kästchen ein.

Original	Abschrift	Fehler		Original	Abschrift	Fehler
701. 2158318	2156316		721. HGRFLED	HGRFLEB	
702. 6458482	6258284		722. RAGSEFA	RAGBEEA	
703. 1859782	1869762		723. JAHWERS	JAHVERS	
704. 3587197	3287187		724. HATWRSD	HATWBSD	
705. 5784986	5789486		725. ÖAJRSFAJ	OAJRSEAJ	
706. 2258791	2258797		726. JAHWNMN	JAHVMNN	
707. 5478615	5478916		727. MNMNNMM	MNNNMMM	
708. 7945874	7943874		728. kjhdHJGG	kjhbHJgG	
709. 6487459	6481456		729. lkjdsURT	lkjDsuRT	
710. 3124587	8124531		730. ncHgsTG	ncHgStg	
711. 5487951	5487851		731. jbdEF>E=	jdbEE>E=	
712. 6547894	6541894		732. QoOqbpBD	QOOqdpbD	
713. 3249782	3248788		733. JA54zR7CD	JJA54zR7C	
714. 3597874	3597824		734. JY23BDQO	JYY23BDO	
715. 3549872	3649612		735. GA+32BBD>	GA+82BDD>	
716. 0054862	0005486		736. &%G?ARV	&%$%§RV	
717. 0010124	0010012		737. FIE§§!5 668	FIE§$!5 868	
718. 1115482	1154822		738. ÜüÖöOoUu	ÜüöÖoOUu	
719. 2211223	2221113		739. ÖöÜüQqOo	ÖöÜüObOo	
720. 3344556	3344456		740. bddbdbdb	bdbbdddb	

Konzentrationsvermögen

Ein Buchstabe fehlt

Bearbeitungszeit 1 Minute

Im Folgenden wird Ihre Arbeitsgeschwindigkeit geprüft.

Jedem Wort fehlt ein Buchstabe – bitte tragen Sie ihn ein. Das Zeitlimit ist ziemlich knapp bemessen, arbeiten Sie daher so schnell wie möglich.

Hierzu ein Beispiel:

Aufgabe

1. Ber___f

2. N___me

Antwort

1. Ber _u_ f

2. N _a_ me

Bitte vervollständigen Sie nun die Wörter.
Der Zeitansatz dafür beträgt **1 Minute**.

741. Pap___e

742. S___adt

743. Mil___h

744. F___uer

745. Tech___ik

746. Ge___irge

747. Ausd___uck

748. K___mel

749. Tann___

750. Fur___ht

751. R___ifen

752. Ga___el

753. La___erne

754. A___walt

755. D___kument

756. B___ief

757. Ph___sik

758. Te___efon

759. P___astik

760. Er___nnerung

761. P___pier

762. Bret___

763. Fuß___oden

764. P___licht

765. ___uswahl

766. Gedan___e

767. Pa___ifik

768. Asi___n

769. ___trom

770. Re___orm

771. Fi___anzen

772. Gest___lt

773. N___chmittag

774. Sü___en

775. Dec___el

776. Ge___chenk

777. St___rke

778. W___rbung

779. Z___ang

780. Au___sage

781. F___age

782. ___irkung

783. S___hrift

784. Hant___l

785. Doch___

786. T___eppe

787. ___tuhl

788. Auss___cht

789. W___tter

790. ___erät

791. Se___fe

792. G___ns

793. Gart___n

794. Gem___se

795. Pr___fung

796. Tor___ado

797. Wür___el

798. Me___sch

799. Beri___ht

800. Si___nal

801. Ve___trauen

802. B___ndnis

803. Erg___bnis

804. Kabe___

805. B___and

806. K___mpf

807. K___rte

808. O___dnung

809. P___otest

810. Zw___rg

Konzentrationsvermögen

Zugehörigkeiten entdecken

Nun geht es um Ihr Sprachverständnis und Ihr Konzentrationsvermögen.

Die folgende Tabelle besteht aus scheinbar beliebig aufgelisteten Wörtern. Manche Wörter stellen jedoch einen Oberbegriff des direkt darunter stehenden Begriffs dar. Welche Zugehörigkeiten finden Sie? Gehen Sie jede Spalte von oben nach unten durch und kreuzen Sie den jeweiligen Oberbegriff an.

Hierzu ein Beispiel

Aufgabe		*Antwort*	
1. Sonnensystem	☐	1. Sonnensystem	☒
2. Erde	☐	2. Erde	☐
3. Gerät	☐	3. Gerät	☐
4. Baum	☐	4. Baum	☒
5. Tanne	☐	5. Tanne	☐

Die Tanne ist eine Baumart, die Erde ist ein Teil unseres Sonnensystems.

Zugehörigkeiten entdecken

Bitte markieren Sie nun jedes Wort, das einen Oberbegriff des direkt darunter stehenden Wortes darstellt.
Die Bearbeitungszeit beträgt **1 Minute**.

811. Mütze ☐	836. Alkohol ☐	861. Schraube ☐
812. Hantel ☐	837. Landkarte ☐	862. Gewinde ☐
813. Besteck ☐	838. Tankstelle ☐	863. Diode ☐
814. Teppich ☐	839. Benzin ☐	864. Dübel ☐
815. Wecker ☐	840. Kolibri ☐	865. Edelmetall ☐
816. Geländer ☐	841. Flügel ☐	866. Gold ☐
817. Geschirr ☐	842. Computer ☐	867. Henkel ☐
818. Schuh ☐	843. Maus ☐	868. Eimer ☐
819. Handtuch ☐	844. Regenschirm ☐	869. Butter ☐
820. Faser ☐	845. Taschenlampe ☐	870. Strauch ☐
821. Gitarre ☐	846. Fernseher ☐	871. Wasser ☐
822. Saite ☐	847. Zange ☐	872. Goldfisch ☐
823. Tür ☐	848. Mikrowelle ☐	873. Acker ☐
824. Fahrrad ☐	849. Wasserrohr ☐	874. Gerüst ☐
825. Klingel ☐	850. Gitterrost ☐	875. Bauernhof ☐
826. Zeitschrift ☐	851. Holzspan ☐	876. Schleuse ☐
827. Violine ☐	852. Lautsprecher ☐	877. Seil ☐
828. Metall ☐	853. Sägeblatt ☐	878. Sportwagen ☐
829. Schwert ☐	854. Taschenrechner ☐	879. Reifen ☐
830. Zahn ☐	855. Leiter ☐	880. Messer ☐
831. Brille ☐	856. Sprosse ☐	
832. Asphalt ☐	857. Wasserhahn ☐	
833. Zahnstocher ☐	858. Aufzug ☐	
834. Blut ☐	859. Gewürz ☐	
835. Teller ☐	860. Oregano ☐	

Konzentrationsvermögen

Figur hat einen Fehler   *Bearbeitungszeit 4 Minuten*

Mit diesen Aufgaben wird Ihre Fähigkeit zur Erkennung von Details geprüft.

Sie erhalten eine Reihe mit scheinbar identischen Figuren. Aber eine Figur unterscheidet sich geringfügig von den anderen.

Beantworten Sie bitte die folgenden Aufgaben, indem Sie in jeder Reihe die fehlerhafte Figur erkennen und markieren.

Block A: Gesichter

Für diesen Aufgabenblock haben Sie **2 Minuten** Zeit.

Welche der fünf Figuren unterscheidet sich von den anderen in der Reihe?

881.   A   B   C   D   E

882.   A   B   C   D   E

883.   A   B   C   D   E

884.   A   B   C   D   E

885.   A   B   C   D   E

Block B: Käfer

Für diesen Aufgabenblock haben Sie **2 Minuten** Zeit.

Welche der fünf Figuren unterscheidet sich von den anderen in der Reihe?

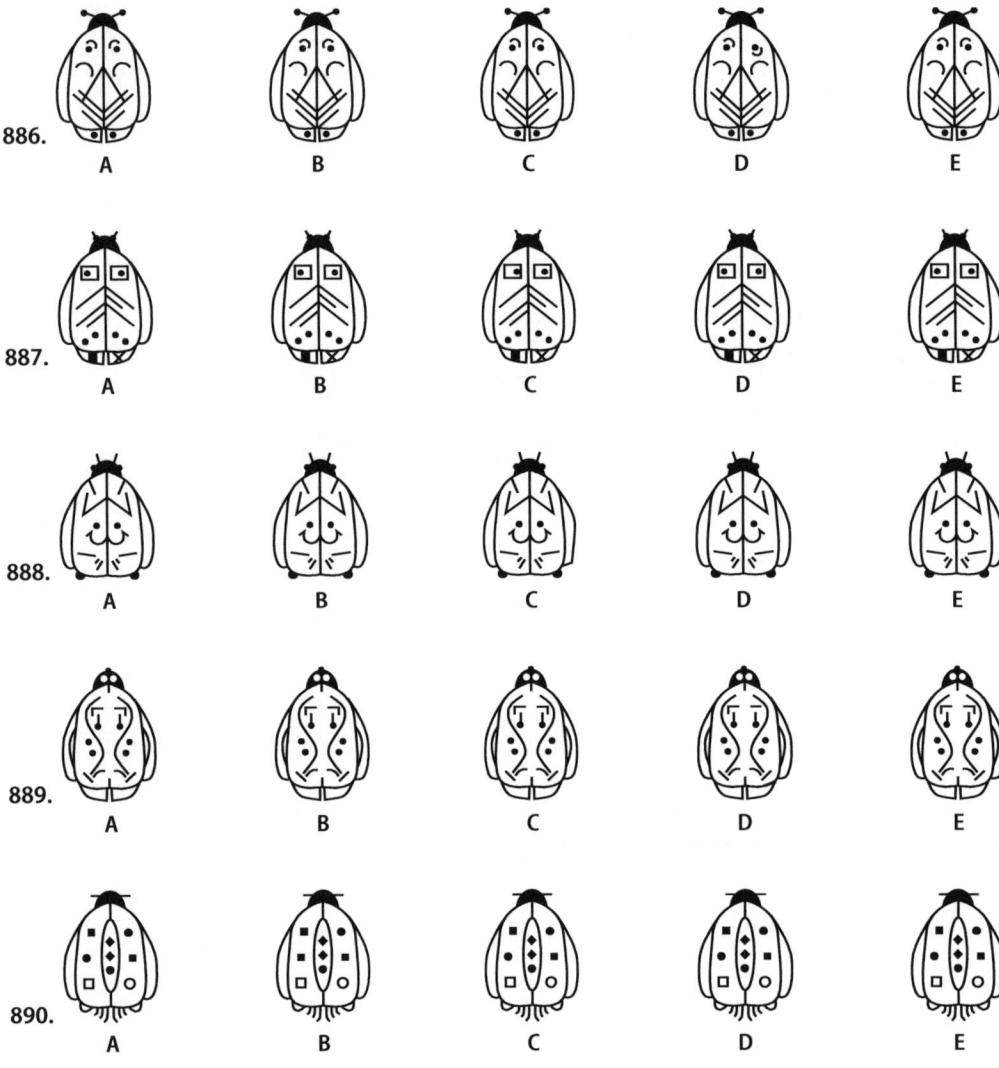

886.

A   B   C   D   E

887.

A   B   C   D   E

888.

A   B   C   D   E

889.

A   B   C   D   E

890.

A   B   C   D   E

Konzentrationsvermögen

Zahlenkarten kategorisieren

In dieser Aufgabe wird Ihr Leistungsvermögen unter hohem Zeitdruck geprüft.

Jeder Aufgabenblock konfrontiert Sie mit verschiedenen Zahlenkarten, auf denen jeweils zwei Zahlen angegeben sind. Entscheiden Sie anhand der angegebenen Bedingungen, in welche von drei Kategorien die Zahlenkarten einzusortieren sind.

Hierzu ein Beispiel:

Kategorietabelle

Kategorie A	Obere Zahl > 200	Untere Zahl < 0,042
Kategorie B	Obere Zahl < 200	Untere Zahl > 0,042
Kategorie C	Alle anderen Zahlenkarten	

Aufgabe

Aufgabe	1.	2.	3.
Obere Zahl	202	120	202
Untere Zahl	0,011	0,082	0,089
Kategorie ?	A	B	C

Zahlenkarten kategorisieren

Ordnen Sie nun jede Zahlenkarte der richtigen Kategorie zu, indem Sie unter jede Karte den Buchstaben A, B oder C eintragen. Sie können in der vorgegebenen Zeit wahrscheinlich nicht alle Aufgaben lösen.

Kategorietabelle

Die Bearbeitungszeit für die 40 Aufgaben beträgt **5 Minuten**.

Kategorie A	Obere Zahl > 150	Untere Zahl < 0,087
Kategorie B	Obere Zahl < 150	Untere Zahl > 0,087
Kategorie C	Alle anderen Zahlenkarten	

Block A:

Aufgabe	891.	892.	893.	894.	895.	896.	897.	898.
Obere Zahl	240	202	147	169	174	187	139	126
Untere Zahl	0,032	0,011	0,099	0,067	0,035	0,015	0,088	0,91
Kategorie ?								

Block B:

Aufgabe	899.	900.	901.	902.	903.	904.	905.	906.
Obere Zahl	151	140	178	203	125	87	197	129
Untere Zahl	0,064	0,98	0,044	0,086	0,87	15	0,08	0,07
Kategorie ?								

Block C:

Aufgabe	907.	908.	909.	910.	911.	912.	913.	914.
Obere Zahl	147,8	64	165	97	137	143	171	100
Untere Zahl	0,95	0,0087	0,049	0,97	0,0067	0,097	0,078	100
Kategorie ?								

Block D:

Aufgabe	915.	916.	917.	918.	919.	920.	921.	922.
Obere Zahl	15	150,5	148	163	228	147	87	174
Untere Zahl	8,7	0,0088	0,048	0,08	0,054	0,0048	149,9	0,089
Kategorie ?								

Block E:

Aufgabe	923.	924.	925.	926.	927.	928.	929.	930.
Obere Zahl	15,0	148,7	0,151	150,1	154,1	124	0,987	155,5
Untere Zahl	0,86	0,0086	0,807	0,009	0,095	0,064	138	0,099
Kategorie ?								

Konzentrationsvermögen

Zahlen unterstreichen nach Rechenregeln   *Aufgabenerklärung*

In dieser Aufgabe werden Ihre Konzentration und Ihr mathematisches Verständnis unter Zeitdruck geprüft.

Zu Beginn jeder Aufgabe wird Ihnen ein bestimmtes mathematisches Prinzip oder eine bestimmte Rechenregel vorgestellt.

Unterstreichen Sie alle Zahlen in den jeweiligen Zahlenreihen, für die das angegebene Prinzip bzw. die vorgegebene Regel gilt.

Hierzu ein Beispiel:

Aufgabe

Unterstreichen Sie in der folgenden Tabelle alle Zahlen, die durch die Zahl 2 teilbar sind.

Block	A	B	C	D	E	F	G	H	I	J
1.	4	8	9	25	67	86	3	81	43	32
2.	76	90	27	69	76	45	55	61	44	18

Zahlen unterstreichen nach Rechenregeln

Unterstreichen Sie alle Zahlen in den jeweiligen Zahlenreihen, für die das angegebene Prinzip bzw. die vorgegebene Regel gilt.

Unterstreichen Sie in der folgenden Tabelle alle Primzahlen, d. h. alle Zahlen, die genau durch zwei natürliche Zahlen – nämlich die Zahl 1 und sich selbst – teilbar sind.

Block A	A	B	C	D	E	F	G	H	I	J
931.	4	12	2	9	6	3	15	11	21	22
932.	24	8	7	10	25	13	5	26	27	44
933.	32	23	33	36	35	19	38	17	50	45
934.	49	55	29	48	51	39	46	37	40	52
935.	56	41	54	43	57	68	47	58	62	69
936.	70	64	59	80	65	76	63	67	78	81
937.	71	75	82	85	73	88	77	86	79	91
938.	83	74	84	89	90	92	97	93	87	94
939.	95	96	99	98	61	18	14	18	20	15
940.	28	30	53	34	16	42	31	48	50	54

Unterstreichen Sie in der folgenden Tabelle alle Zahlen, die um 8 kleiner sind als die vorherige Zahl.

Block B	A	B	C	D	E	F	G	H	I	J
941.	1	36	28	9	11	38	15	7	50	53
942.	33	25	7	19	23	15	5	41	33	44
943.	32	25	17	12	35	10	3	17	9	2
944.	55	49	39	48	51	43	46	38	26	18
945.	56	39	31	43	35	68	47	39	62	54
946.	70	64	56	88	65	76	68	67	74	66
947.	71	63	61	53	53	45	77	86	78	91
948.	83	75	68	89	81	92	84	93	85	94
949.	95	87	5	−3	82	18	14	6	−2	−9
950.	28	22	14	34	26	42	34	26	50	42

Konzentrationsvermögen

Wortfindung: Anfangs- und Endbuchstaben   *Aufgabenerklärung*

In diesem Abschnitt wird Ihr Wortschatz auf die Probe gestellt.

Bilden Sie Wörter mit den jeweils vorgegebenen Anfangs- und Endbuchstaben. Alle deutschen Begriffe und Wörter (Adjektive, Verben, Substantive, Namen usw.) sowie deren Abwandlungen (Singular, Plural, Präsens, Perfekt usw.) sind erlaubt. Nicht zugelassen sind dagegen im Deutschen ungebräuchliche Fremdwörter und Ausdrücke in Dialekten, Personennamen, sinnlose Wörter oder Wörter, die willkürlich gebildet werden und nicht existieren.

Hierzu ein Beispiel:

Aufgabe

1.   **Anfangsbuchstabe: A | Endbuchstabe: G**

   1. | _Anfang_ |
   2. | _Anhang_ |

Wortfindung: Anfangs- und Endbuchstaben

Bearbeitungszeit 10 Minuten

Beginnen Sie bitte jetzt mit den Aufgaben und tragen Sie die gefundenen Wörter in die Felder ein.

951. Anfangsbuchstabe: S | Endbuchstabe: E

1.
2.
3.
4.
5.

955. Anfangsbuchstabe: W | Endbuchstabe: R

1.
2.
3.
4.
5.

952. Anfangsbuchstabe: R | Endbuchstabe: E

1.
2.
3.
4.
5.

956. Anfangsbuchstabe: S | Endbuchstabe: M

1.
2.
3.
4.
5.

953. Anfangsbuchstabe: N | Endbuchstabe: R

1.
2.
3.
4.
5.

957. Anfangsbuchstabe: E | Endbuchstabe: O

1.
2.
3.
4.
5.

954. Anfangsbuchstabe: M | Endbuchstabe: S

1.
2.
3.
4.
5.

958. Anfangsbuchstabe: G | Endbuchstabe: G

1.
2.
3.
4.
5.

959. Anfangsbuchstabe: K | Endbuchstabe: D

1.
2.
3.
4.
5.

960. Anfangsbuchstabe: R | Endbuchstabe: D

1.
2.
3.
4.
5.

Konzentrationsvermögen

Wortfindung: Wortanfang vorgegeben   *Aufgabenerklärung*

In diesem Abschnitt wird Ihr Wortschatz auf die Probe gestellt.

Bilden Sie Wörter, die mit dem jeweils vorgegebenen Wortanfang beginnen. Alle deutschen Begriffe und Wörter (Adjektive, Verben, Substantive, Namen usw.) sowie deren Abwandlungen (Singular, Plural, Präsens, Perfekt usw.) sind erlaubt. Nicht zugelassen sind dagegen im Deutschen ungebräuchliche Fremdwörter und Ausdrücke in Dialekten, Personennamen, sinnlose Wörter oder Wörter, die willkürlich gebildet werden und nicht existieren.

Hierzu ein Beispiel:

Aufgabe

1.   **Wortanfang: Auto…**

    1. | _Autobahn_ |

    2. | _Automat_ |

Wortfindung: Wortanfang vorgegeben

Bearbeitungszeit 10 Minuten

Beginnen Sie bitte jetzt mit den Aufgaben und tragen Sie die gefundenen Wörter in die Felder ein.

961. Wortanfang: Wasch...

1.
2.
3.
4.
5.

965. Wortanfang: Polizei...

1.
2.
3.
4.
5.

962. Wortanfang: Haus...

1.
2.
3.
4.
5.

966. Wortanfang: Unter...

1.
2.
3.
4.
5.

963. Wortanfang: Marketing...

1.
2.
3.
4.
5.

967. Wortanfang: Werbe...

1.
2.
3.
4.
5.

964. Wortanfang: Boden...

1.
2.
3.
4.
5.

968. Wortanfang: Mittel...

1.
2.
3.
4.
5.

969. Wortanfang: Hosen…

1.
2.
3.
4.
5.

970. Wortanfang: See…

1.
2.
3.
4.
5.

Ausbildungspark Verlag

Bettinastraße 69 • 63067 Offenbach
Tel.: (069) 40 56 49 73 • Fax: (069) 43 05 86 02
E-Mail: kontakt@ausbildungspark.com
Internet: www.ausbildungspark.com

Eignungstest
Polizei und Zoll

Prüfung 4

Logisches Denkvermögen
Orientierungsvermögen

POL 1P (A4) – P4

Kurt Guth / Marcus Mery
Der Eignungstest / Einstellungstest
zur Ausbildung bei der Polizei
Mit den Prüfungsfragen sicher
durch den Einstellungstest

Ausgabe 2016

4. Auflage

Herausgeber: Ausbildungspark Verlag,
Gültekin & Mery GbR, Offenbach, 2016

Das Autorenteam dankt Andreas Mohr
für die Unterstützung.

Umschlaggestaltung: SB Design, bitpublishing

Bildnachweis: Archiv des Verlages
Illustrationen: bitpublishing
Grafiken: bitpublishing, SB Design
Lektorat: Virginia Kretzer

Beiwerk:

Eignungstest
Polizei und Zoll
Prüfung 4

Bibliografische Information der Deutschen Nationalbibliothek –
Die Deutsche Nationalbibliothek verzeichnet diese Publikation in der Deutschen Nationalbibliografie; detaillierte bibliografische Daten sind im Internet über http://dnb.dnb.de abrufbar.

Gedruckt auf chlorfrei gebleichtem Papier

© 2016 Ausbildungspark Verlag
Bettinastraße 69, 63067 Offenbach
Printed in Germany

Satz: bitpublishing, Schwalbach
Druck: Druckerei Sulzmann, Obertshausen ⊘
          Ausbildungspark Verlag, Offenbach ○

ISBN 978-3-941356-25-2

Prüfung 4
Logisches Denkvermögen
Orientierungsvermögen

Prüfungsfragen zum Eignungstest zur Ausbildung
bei Polizei, Feuerwehr, Zoll und Bundeswehr

Bearbeitungszeit: 2,5 Stunden
Hilfsmittel: Bleistift, Radiergummi, Schmierpapier, Taschenrechner

Alle Lösungen mit Bearbeitungstipps und Kommentaren
finden Sie im mitgelieferten Begleitbuch.

Wichtige Hinweise zur richtigen Bearbeitung des Eignungstests

Dieser Test beinhaltet mehrere Aufgabengebiete. Für die Einführung durch den Prüfer, die Bearbeitung und eine kurze Pause benötigen Sie ca. 2½ Stunden.

Die Aufgabenbereiche sind i. d. R. so aufgebaut, dass innerhalb eines Aufgabenbereiches die einfachen Fragen am Anfang stehen und die schwereren Fragen am Ende.

Sie haben für jedes Aufgabengebiet eine feste Zeitvorgabe zur Bearbeitung. Die entsprechenden Zeitvorgaben werden Ihnen in den einzelnen Abschnitten mitgeteilt. Der Prüfer wird Sie durch die Prüfung führen, Ihnen die Zeiten vorgeben und Ihnen ein Zeichen geben, wenn Sie zum nächsten Aufgabengebiet weiterblättern sollen.

Wenn Sie die Aufgaben vor Ablauf der vorgegebenen Zeit gelöst haben, dann dürfen Sie innerhalb einer Aufgaben-gruppe zurückblättern, um ihre Lösungen noch einmal zu überprüfen. Beachten Sie bitte, dass das Umblättern zu einer anderen Aufgabengruppe streng untersagt ist!

Markieren Sie bitte bei jeder Aufgabe einen Lösungsbuchstaben mit Bleistift. Beachten Sie, dass innerhalb einer Aufgabe nur ein Lösungsvorschlag richtig ist. Markieren Sie daher bei jeder Aufgabe nur einen Lösungsvorschlag, ansonsten wird die Antwort als falsch gewertet.

Hierzu ein Beispiel:

Aufgabe

1. Wie viel ergibt 4 × 3?
    A. 12
    B. 17
    C. 19
    D. 10
    E. Keine Antwort ist richtig.

Antwort

 12

Für den Fall, dass Sie eine Antwort versehentlich falsch markiert haben, radieren Sie Ihre Antwort bitte vorsichtig aus und tragen einen neuen Kreis ein.

Sie erhalten zu jedem Aufgabengebiet einen Bearbeitungshinweis. Lesen Sie diese Hinweise bitte gründlich durch, da Sie wichtige Informationen für die Bearbeitung der Aufgaben erhalten. Nutzen Sie außer Bleistift, Radiergummi, Notizpapier und Taschenrechner keine weiteren Hilfsmittel.

Bearbeiten Sie die Fragen schnell und sorgfältig. Halten Sie sich nicht mit Aufgaben auf, die Ihnen schwer fallen. Berücksichtigen sie, dass dieser Test so zusammengestellt ist, dass kaum jemand in der angesetzten Bearbeitungszeit alle Aufgaben richtig lösen kann.

Behalten Sie daher die Ruhe, wenn Sie die eine oder andere Aufgabe aus zeitlichen Gründen nicht lösen können.

Logisches Denkvermögen

Zahlenreihen *Bearbeitungszeit 10 Minuten*

In diesem Abschnitt wird Ihre Fähigkeit hinsichtlich der Erkennung logischer Zusammenhänge von Zahlen geprüft.

Ihre Aufgabe besteht darin, für jede Zahlenreihe die Regel herauszufinden, um die unbekannte Zahl am Ende einer Zahlenreihe zu ermitteln.

Bitte kreuzen Sie die Lösung an, von der Sie denken, dass sie die Reihe am sinnvollsten ergänzt.

971.

- A. 10
- B. 11
- C. 12
- D. 13
- E. Keine Antwort ist richtig.

972.

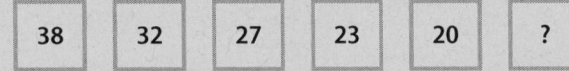

- A. 10
- B. 14
- C. 18
- D. 20
- E. Keine Antwort ist richtig.

973.

- A. $\frac{12}{8}$
- B. 1,5
- C. 12
- D. $\frac{10}{8}$
- E. Keine Antwort ist richtig.

974.

- A. 56
- B. 60
- C. 65
- D. 66
- E. Keine Antwort ist richtig.

975.

| 48 | 40 | 33 | 27 | 22 | ? |

A. 16
B. 18
C. 14
D. 20
E. Keine Antwort ist richtig.

976.

| 400 | 626 | 400 | 646 | 400 | ? |

A. 636
B. 400
C. 666
D. 656
E. Keine Antwort ist richtig.

977.

| 4 | 4 | 8 | 8 | 12 | 16 | 16 | ? |

A. 15
B. 11
C. 32
D. 13
E. Keine Antwort ist richtig.

978.

| 10 | 7 | 28 | 25 | 100 | 97 | ? |

A. 350
B. 378
C. 399
D. 388
E. Keine Antwort ist richtig.

979.

| 5 | 10 | 8 | 16 | 14 | ? |

A. 28
B. 12
C. 32
D. 16
E. Keine Antwort ist richtig.

980.

6	18	21	63	66	?

A. 69
B. 198
C. 98
D. 163
E. Keine Antwort ist richtig.

981.

5	7	11	13	?

A. 15
B. 16
C. 17
D. 19
E. Keine Antwort ist richtig.

982.

96	89	83	78	74	?

A. 69
B. 70
C. 71
D. 72
E. Keine Antwort ist richtig.

983.

294	42	49	7	14	?

A. 1
B. 1,5
C. 2
D. 7
E. Keine Antwort ist richtig.

984.

2	6	14	30	62	?

A. 94
B. 110
C. 116
D. 126
E. Keine Antwort ist richtig.

985.

| 80 | 71 | 63 | 56 | 50 | ? |

A. 42
B. 44
C. 45
D. 46
E. Keine Antwort ist richtig.

986.

| 155 | 185 | 155 | 215 | 155 | ? |

A. 155
B. 185
C. 245
D. 255
E. Keine Antwort ist richtig.

987.

| 6 | 5 | 10 | 7 | 28 | 23 | ? |

A. 17
B. 115
C. 138
D. 161
E. Keine Antwort ist richtig.

988.

| 6 | 2 | 10 | 6 | 30 | 26 | ? |

A. 22
B. 30
C. 130
D. 150
E. Keine Antwort ist richtig.

989.

| 8 | 7 | 9 | 6 | 10 | 5 | ? |

A. 11
B. 10
C. 1
D. 8
E. Keine Antwort ist richtig.

990.

| 4 | 2 | 6 | 4 | 8 | 6 | ? |

A. 11

B. 10

C. 3

D. 6

E. Keine Antwort ist richtig.

Logisches Denkvermögen

Buchstabenreihen   *Bearbeitungszeit 10 Minuten*

In diesem Abschnitt haben Sie Buchstabenfolgen, die nach festen Regeln aufgestellt sind.

Ihre Aufgabe besteht darin, für jede Buchstabenreihe die Regel herauszufinden, um den unbekannten Buchstaben am Ende der Reihe zu ermitteln.

Bitte kreuzen Sie die Lösung an, von der Sie denken, dass sie die Reihe am sinnvollsten ergänzt.

991.

| B | X | C | Y | D | ? |

- A. E
- B. F
- C. V
- D. Z
- E. Keine Antwort ist richtig.

992.

| C | F | I | L | O | ? |

- A. N
- B. M
- C. Q
- D. R
- E. Keine Antwort ist richtig.

993.

| A | Z | B | Y | C | ? |

- A. D
- B. X
- C. F
- D. W
- E. Keine Antwort ist richtig.

994.

| P | Q | P | R | P | ? |

- A. P
- B. T
- C. S
- D. Z
- E. Keine Antwort ist richtig.

995.

| K | K | L | M | M | N | O | ? |

A. P
B. O
C. Q
D. J
E. Keine Antwort ist richtig.

996.

| E | F | C | D | I | J | G | ? |

A. C
B. D
C. E
D. H
E. Keine Antwort ist richtig.

997.

| F | E | D | I | H | G | L | K | J | ? |

A. M
B. N
C. O
D. P
E. Keine Antwort ist richtig.

998.

| M | N | O | O | N | M | P | Q | R | ? |

A. M
B. R
C. N
D. O
E. Keine Antwort ist richtig.

999.

| C | D | X | W | E | F | V | U | G | ? |

A. H
B. S
C. T
D. G
E. Keine Antwort ist richtig.

1000.

| F | G | O | P | I | J | O | P | L | ? |

A. O
B. P
C. M
D. K
E. Keine Antwort ist richtig.

1001.

| Q | O | M | K | I | G | E | ? |

A. D
B. H
C. C
D. F
E. Keine Antwort ist richtig.

1002.

| D | E | F | W | V | ? |

A. T
B. S
C. H
D. U
E. Keine Antwort ist richtig.

1003.

| A | B | F | G | J | K | ? |

A. P
B. Q
C. N
D. M
E. Keine Antwort ist richtig.

1004.

| F | K | H | M | J | O | ? |

A. Q
B. L
C. J
D. K
E. Keine Antwort ist richtig.

1005.

| E | H | F | G | J | H | ? |

A. I
B. L
C. J
D. K
E. Keine Antwort ist richtig.

1006.

| K | H | E | K | H | E | ? |

A. F
B. H
C. E
D. K
E. Keine Antwort ist richtig.

1007.

| C | E | H | L | ? |

A. D
B. Q
C. M
D. U
E. Keine Antwort ist richtig.

1008.

| E | F | D | G | H | F | ? |

A. I
B. G
C. H
D. B
E. Keine Antwort ist richtig.

1009.

| E | J | O | F | K | P | ? |

A. F
B. N
C. G
D. H
E. Keine Antwort ist richtig.

1010.

| T | P | K | E | F | B | W | Q | ? |

A. M
B. L
C. K
D. R
E. Keine Antwort ist richtig.

Logisches Denkvermögen

Wörter erkennen   *Aufgabenerklärung*

In diesem Abschnitt wird Ihre sprachliche Intelligenz geprüft. Im Vordergrund steht Ihr Sprachgefühl. Es wird Ihre Fähigkeit hinsichtlich der Erkennung logischer Zusammenhänge von Buchstaben geprüft.

Ihre Aufgabe besteht darin, Wörter in durcheinander gewürfelten Buchstabenfolgen zu erkennen.

Bitte markieren Sie den Buchstaben, von dem Sie denken, dass es der Anfangsbuchstabe des gesuchten Wortes sein könnte.

Hierzu ein Beispiel:

Aufgabe

1.

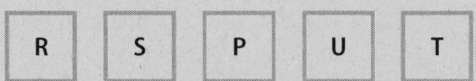

A. R
B. S
C. P
D. U
E. T

Antwort

 S

In dieser Buchstabenreihe versteckt sich das Wort „SPURT" und die richtige Antwort lautet B.

Wörter erkennen

Bitte markieren Sie den Buchstaben, von dem Sie denken, dass er der Anfangsbuchstabe des gesuchten Wortes sein könnte.

1011.

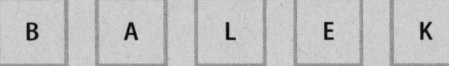

| B | A | L | E | K |

A. B
B. A
C. L
D. E
E. K

1012.

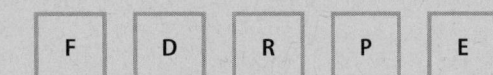

| F | D | R | P | E |

A. F
B. D
C. R
D. P
E. E

1013.

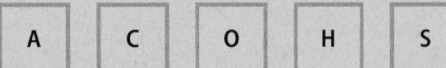

| A | C | O | H | S |

A. A
B. C
C. O
D. H
E. S

1014.

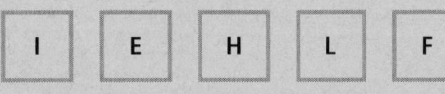

| I | E | H | L | F |

A. I
B. E
C. H
D. L
E. F

1015.

| T | A | F | H | R |

A. T
B. A
C. F
D. H
E. R

1016.

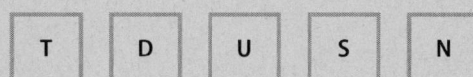

| D | B | N | O | E |

A. D
B. B
C. N
D. O
E. E

1017.

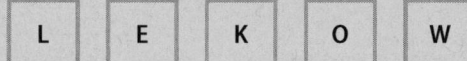

| T | D | U | S | N |

A. T
B. D
C. U
D. S
E. N

1018.

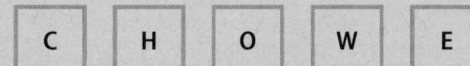

| L | E | K | O | W |

A. L
B. E
C. K
D. O
E. W

1019.

| C | H | O | W | E |

A. C
B. H
C. O
D. W
E. E

1020.

| C | H | R | A | U |

A. C
B. H
C. R
D. A
E. U

1021.

| P | F | R | E | O |

A. P
B. F
C. R
D. E
E. O

1022.

| R | C | K | A | H |

A. R
B. C
C. K
D. A
E. H

1023.

| G | I | H | N | O |

A. G
B. I
C. H
D. N
E. O

1024.

| H | R | L | C | U |

A. H
B. R
C. L
D. C
E. U

1025.

| R | U | N | G | D |

A. R
B. U
C. N
D. G
E. D

1026.

| L | E | H | T | O |

A. L
B. E
C. H
D. T
E. O

1027.

| Z | U | B | E | G |

A. Z
B. U
C. B
D. E
E. G

1028.

| C | H | I | M | L |

A. C
B. H
C. I
D. M
E. L

1029.

| R | I | T | S | N |

A. R
B. I
C. T
D. S
E. N

1030.

| L | E | V | G | O |

A. L
B. E
C. V
D. G
E. O

Logisches Denkvermögen

Sprachanalogien   *Aufgabenerklärung*

In diesem Abschnitt wird Ihre Fähigkeit zu logischem Denken im sprachlichen Bereich geprüft.

In den nächsten Aufgaben werden Ihnen pro Aufgabe zwei Wörter vorgegeben, die in einer bestimmten Beziehung zueinander stehen. Eine ähnliche Beziehung besteht zwischen einem dritten und vierten Wort. Das dritte Wort wird Ihnen in jeder Aufgabe vorgegeben. Das vierte Wort sollen Sie in den Antworten A bis E ermitteln.

Hierzu ein Beispiel:

Aufgabe

1.   dick : dünn   wie   lang : ?
     A. hell
     B. dunkel
     C. schmal
     D. kurz
     E. schlank

Antwort

 kurz

Gesucht wird also ein Begriff, zu dem sich „lang" genauso verhält wie „dick" zu „dünn". Da „dick" das Gegenteil von „dünn" ist, muss ein Begriff gefunden werden, zu dem „lang" das Gegenteil ist. Von den Wahlwörtern kommt somit nur „kurz" infrage; Lösungsbuchstabe ist daher das D.

Sprachanalogien

Bearbeitungszeit 5 Minuten

Beantworten Sie bitte die folgenden Aufgaben, indem Sie jeweils den richtigen Buchstaben markieren.

1031. Obst : Birne wie **Gemüse : ?**
A. Mango
B. Zitrone
C. Salat
D. Apfel
E. Orange

1032. Vater : Mann wie **Mutter : ?**
A. Dame
B. Lady
C. Mädchen
D. Frau
E. Mama

1033. Fahrrad : Schaltung wie **Auto : ?**
A. Motor
B. Lichter
C. Getriebe
D. Reifen
E. Vorwärtsgang

1034. Auto : Flugzeug wie **fahren : ?**
A. schwimmen
B. reiten
C. joggen
D. laufen
E. fliegen

1035. Obst : Gemüse wie **Birne : ?**
A. Apfel
B. Pfirsich
C. Ananas
D. Mango
E. Kartoffel

1036. Flugzeug : Kerosin wie **Auto : ?**
A. Motor
B. Getriebe
C. Benzin
D. Wasser
E. Öl

1037. erinnern : vergessen wie **finden : ?**
A. schweigen
B. vergessen
C. behalten
D. entdecken
E. verlieren

1038. messen : schätzen wie **wissen : ?**
A. raten
B. vermuten
C. behaupten
D. sagen
E. prüfen

1039. Kugel : Würfel wie **Kreis : ?**
A. Quadrat
B. Rechteck
C. Zylinder
D. Viereck
E. Raute

1040. Organismus : Stoffwechsel wie **Motor : ?**
A. Benzin
B. Öl
C. Wasser
D. Gänge
E. Verbrennung

Logisches Denkvermögen

Oberbegriffe   *Bearbeitungszeit 5 Minuten*

Nun wird die Fähigkeit zu logischem Denken im sprachlichen Bereich getestet.

In jeder der folgenden Aufgaben werden Ihnen zwei Begriffe vorgegeben, zu denen Sie einen gemeinsamen Oberbegriff finden sollen.

Beantworten Sie bitte die folgenden Aufgaben, indem Sie jeweils den richtigen Buchstaben markieren.

1041. Butter, Brot
- A. Weizen
- B. Milch
- C. Getreide
- D. Nahrungsmittel
- E. Keine Antwort ist richtig.

1042. Radio, Fernseher
- A. CD-Spieler
- B. Nachrichten
- C. Bildung
- D. Unterhaltungselektronik
- E. Keine Antwort ist richtig.

1043. Schrank, Tisch
- A. Haus
- B. Möbel
- C. Requisiten
- D. Wohnzimmer
- E. Keine Antwort ist richtig.

1044. Masern, Mumps
- A. Bazillen
- B. Fieber
- C. Infektionskrankheit
- D. Röteln
- E. Keine Antwort ist richtig.

1045. Karpfen, Hering
- A. Friedfisch
- B. Raubfisch
- C. Säugetier
- D. Wal
- E. Keine Antwort ist richtig.

1046. Auge, Ohr
- A. Brille
- B. Zähne
- C. Nase
- D. Sinnesorgane
- E. Keine Antwort ist richtig.

1047. Linse, Iris
- A. Hornhaut
- B. Pupille
- C. Auge
- D. Netzhaut
- E. Keine Antwort ist richtig.

1048. Mars, Jupiter
- A. Sonnensystem
- B. Mond
- C. Sonne
- D. Planet
- E. Keine Antwort ist richtig.

1049. Furunkel, Abszess
- A. Rötung
- B. Eiter
- C. Entzündung
- D. Krebs
- E. Keine Antwort ist richtig.

1050. Republik, Monarchie
- A. König
- B. Staatsform
- C. Demokratie
- D. Staat
- E. Keine Antwort ist richtig.

Logisches Denkvermögen

Meinung oder Tatsache *Aufgabenerklärung*

In diesem Abschnitt erhalten Sie verschiedene Aussagen, die Sie dahingehend überprüfen sollen, ob es sich um eine Meinung oder eine Tatsache handelt.

Handelt es sich um eine Meinung, so markieren Sie bitte „A".

Handelt es sich um eine Tatsache, so markieren Sie bitte „B".

Hierzu ein Beispiel:

Aufgabe

1. Alle Katzen sind schwarz.
   A. Meinung
   B. Tatsache

Antwort

Ⓐ Meinung

Es handelt sich um eine subjektive Annahme – noch dazu um eine falsche: Es gibt schließlich auch Katzen mit anderen Haarfarben.

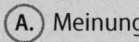

Meinung oder Tatsache

Beantworten Sie bitte die folgenden Aufgaben, indem Sie jeweils den richtigen Buchstaben markieren.

1051. Schlafen gehört zu den natürlichen Bedürfnissen eines Menschen.
   A. Meinung
   B. Tatsache

1052. Das Universum ist göttlich.
   A. Meinung
   B. Tatsache

1053. Jede Aufgabe ist zu lösen, wenn man sich anstrengt.
   A. Meinung
   B. Tatsache

1054. Viele Menschen glauben an das Horoskop.
   A. Meinung
   B. Tatsache

1055. Was im Horoskop steht, trifft fast immer zu.
   A. Meinung
   B. Tatsache

1056. Fernsehen macht die Menschen klüger.
   A. Meinung
   B. Tatsache

1057. Männer sind im Durchschnitt klüger als Frauen.
   A. Meinung
   B. Tatsache

1058. Wenn die Sonne scheint, haben wir gutes Wetter.
   A. Meinung
   B. Tatsache

1059. Im Zentrum unseres Planetensystems befindet sich die Sonne.
   A. Meinung
   B. Tatsache

1060. Der Nil ist ein schöner Fluss in Afrika.
   A. Meinung
   B. Tatsache

1061. Wer reich ist, ist auch gesund.
   A. Meinung
   B. Tatsache

1062. Die Elbe entspringt in Tschechien und mündet in die Nordsee.
   A. Meinung
   B. Tatsache

1063. Sir Winston Churchill war ein einflussreicher Politiker des 20. Jahrhunderts.
   A. Meinung
   B. Tatsache

1064. Sir Winston Churchill hat den Literaturnobelpreis verdient.
   A. Meinung
   B. Tatsache

1065. Ohne Albert Einstein hätte es die Relativitätstheorie nie gegeben.
   A. Meinung
   B. Tatsache

1066. Albert Einstein ist der Vater der Relativitätstheorie.
   A. Meinung
   B. Tatsache

1067. In der Kultur drückt sich der Zeitgeist einer Epoche aus.
   A. Meinung
   B. Tatsache

1068. Die Kultur ist durch Schönheit inspiriert.
   A. Meinung
   B. Tatsache

1069. Der Klügere gibt nach.
   A. Meinung
   B. Tatsache

1070. Rot ist die Farbe der Liebe.
   A. Meinung
   B. Tatsache

Logisches Denkvermögen

Logische Schlussfolgerung   *Bearbeitungszeit 15 Minuten*

In diesem Abschnitt wird Ihre Fähigkeit im Schlussfolgern geprüft.

Zu jeder Aufgabe erhalten Sie eine Aussage, aus der eine Schlussfolgerung gezogen wird. Bitte prüfen Sie, ob diese Folgerung auf Grundlage der getroffenen Aussagen logisch zwingend korrekt ist. Dabei geht es nicht darum, ob die Behauptungen einen sinnvollen Bezug zur Realität haben.

Beantworten Sie bitte die folgenden Aufgaben, indem Sie die jeweils richtige Antwort markieren.

1071. Die Aussage lautet: „Alle Vögel können nicht flie-gen, alle Vögel haben Füße." Daraus wird die Schlussfolgerung gezogen: „Alle Vögel, die Füße haben, können nicht fliegen." Stimmt diese Behauptung?

   A. stimmt

   B. stimmt nicht

1072. Die Aussage lautet: „Hans möchte um 19:00 Uhr entweder Barbara oder Paul besuchen. Hans be-sucht um 19:00 Uhr Paul". Daraus wird die Schluss-folgerung gezogen: „Also besucht Hans um 19:00 Uhr Barbara." Stimmt diese Behauptung?

   A. stimmt

   B. stimmt nicht

1073. Die Aussage lautet: „Marc ist unbegabt. Wenn Marc unbegabt ist, dann malt er gerne." Daraus wird die Schlussfolgerung gezogen: „Marc ist be-gabt und malt nicht gerne." Stimmt diese Behauptung?

   A. stimmt

   B. stimmt nicht

1074. Die Aussage lautet: „Wenn Männer und Frauen nicht gleich aussehen, lassen sich die Geschlechter unterscheiden. Männer und Frauen sehen gleich aus." Daraus wird die Schlussfolgerung gezogen: „Also lassen sich Geschlechter nicht unterscheiden". Stimmt diese Behauptung?

   A. stimmt

   B. stimmt nicht

1075. Die Aussage lautet: „Wenn es regnet, dann wird die Straße nass. Die Straße ist trocken." Daraus wird die Schlussfolgerung gezogen: „Wenn es nass ist, hat es geregnet." Stimmt diese Behauptung?

   A. stimmt

   B. stimmt nicht

1076. Die Aussage lautet: „Wenn Kurt mit der Schule fertig ist, dann macht er eine Ausbildung. Wenn Kurt eine Ausbildung macht, dann kauft er sich ein Auto. Kurt hat kein Auto." Daraus wird die Schluss-folgerung gezogen: „Also ist Kurt nicht mit der Schule fertig und macht keine Ausbildung." Stimmt diese Behauptung?

   A. stimmt

   B. stimmt nicht

1077. Die Aussage lautet: „Wenn Enten Schnecken es-sen, dann essen sie auch Körner. Wenn Enten Was-ser trinken, dann essen sie keine Körner. Enten trin-ken entweder Wasser oder jagen Fische. Enten es-sen Schnecken." Daraus wird die Schlussfolgerung gezogen: „Also jagen Enten Fische." Stimmt diese Behauptung?

   A. stimmt

   B. stimmt nicht

1078. Die Aussage lautet: „Alle Gegenstände, die ver-schickt werden sollen, werden ins rote Fach abge-legt. Gegenstände im roten Fach sind zerbrechlich, im grünen Fach nicht." Daraus wird die Schlussfol-gerung gezogen: „Wenn Gegenstände nicht zer-brechlich sind, dann sind sie nicht zu verschicken."

   A. stimmt

   B. stimmt nicht

1079. Die Aussage lautet: „Kleider können sprechen. Fußbälle können sprechen und alles, was sprechen kann, ist rot." Daraus wird die Schlussfolgerung ge-zogen: „Also sind Kleider Fußbälle." Stimmt diese Schlussfolgerung?

   A. stimmt

   B. stimmt nicht

1080. Die Aussage lautet: „Alle Bilder sind Flaschen. Die meisten Flaschen sind Dosen. Dosen kann man mieten. Bilder kann man sowohl kaufen als auch mieten, was bei Flaschen und Dosen nicht der Fall ist." Daraus wird die Schlussfolgerung gezogen: „Also kann man alle Flaschen mieten." Stimmt diese Behauptung?

    A. stimmt

    B. stimmt nicht

1081. Die Aussage lautet: „Kühe können fliegen, weil sie Flügel haben. Vögel haben keine Flügel." Daraus wird die Schlussfolgerung gezogen: „Also können Vögel nicht fliegen". Stimmt diese Behauptung?

    A. stimmt

    B. stimmt nicht

1082. Die Aussage lautet: „Im Sommer werden nur montags Weihnachtsmänner verschenkt. Montags ist es immer kalt." Daraus wird die Schlussfolgerung gezogen: „Im Sommer ist es kalt, wenn Weihnachtsmänner verschenkt werden."

    A. stimmt

    B. stimmt nicht

1083. Die Aussage lautet: „Alle Löwen sind Fische. Alle Fische können schwimmen." Daraus wird die Schlussfolgerung gezogen: „Alle Fische sind Löwen und können schwimmen." Stimmt diese Behauptung?

    A. stimmt

    B. stimmt nicht

1084. Die Aussage lautet: „Klaus liebt Erdbeereis. Wenn Klaus wüsste, dass in Erdbeereis keine Erdbeeren enthalten sind, würde er sich ärgern. In Erdbeereis sind keine Erdbeeren enthalten." Daraus wird die Schlussfolgerung gezogen: „Also muss sich Klaus ärgern." Stimmt diese Behauptung?

    A. stimmt

    B. stimmt nicht

1085. Die Aussage lautet: „Wenn Claudia Klaus liebt, dann wird sie ihm vorschlagen, gemeinsam eine Wohnung zu mieten. Claudia schlägt Klaus vor, gemeinsam eine Wohnung zu mieten." Daraus wird die Schlussfolgerung gezogen: „Also liebt Claudia Klaus." Stimmt diese Behauptung?

    A. stimmt

    B. stimmt nicht

1086. Die Aussage lautet: „Alle Bilder sind Gemälde. Gemälde sind schön. Einige Gemälde sind Kunst." Daraus wird die Schlussfolgerung gezogen: „Also sind alle Bilder schön und Kunst". Stimmt diese Behauptung?

    A. stimmt

    B. stimmt nicht

1087. Die Aussage lautet: „Peter arbeitet im Garten oder poliert sein Auto. Seine Frau gießt den Rasen. Wenn seine Frau den Rasen gießt, arbeitet er nicht im Garten." Daraus wird die Schlussfolgerung gezogen: „Also poliert Peter sein Auto." Stimmt diese Behauptung?

    A. stimmt

    B. stimmt nicht

1088. Die Aussage lautet: „Wenn Peter das Spiel gewonnen hat, ist Klaus oder Max Zweiter geworden. Wenn Klaus Zweiter geworden ist, hat Peter das Spiel nicht gewonnen. Wenn Alberto Zweiter geworden ist, dann ist es nicht Max geworden. Peter hat das Spiel gewonnen. Daraus wird die Schlussfolgerung gezogen: „Also ist Alberto Zweiter geworden". Stimmt diese Behauptung?

    A. stimmt

    B. stimmt nicht

1089. Die Aussage lautet: „Nur schlechte Schüler bekommen Strafarbeiten oder schlechte Noten. Klaus ist ein guter Schüler." Daraus wird die Schlussfolgerung gezogen: „Also bekommt Klaus eine Strafarbeit." Stimmt die Behauptung?

    A. stimmt

    B. stimmt nicht

1090. Die Aussage lautet: „Manche Sportler sind Fußballer oder Tennisspieler. Fußballer sind häufiger verletzt als Tennisspieler." Daraus wird die Schlussfolgerung gezogen: „Also sind alle verletzten Sportler Fußballer oder Tennisspieler." Stimmt diese Behauptung?

    A. stimmt

    B. stimmt nicht

Logisches Denkvermögen

Flussdiagramm / Ablaufplan   *Aufgabenerklärung*

In diesem Abschnitt wird geprüft, wie gut Sie verschiedene Prozesse strukturell nachvollziehen können. Hierzu erhalten Sie ein Flussdiagramm.

Ein Flussdiagramm ist eine Methode, einen Handlungsprozess mit mehreren Verlaufsalternativen schematisch abzubilden. Diese leicht verständliche Darstellungsform erlaubt es, komplexe und verzweigte Abläufe zu planen, zu steuern und zu erklären.

Hierzu ein Beispiel:

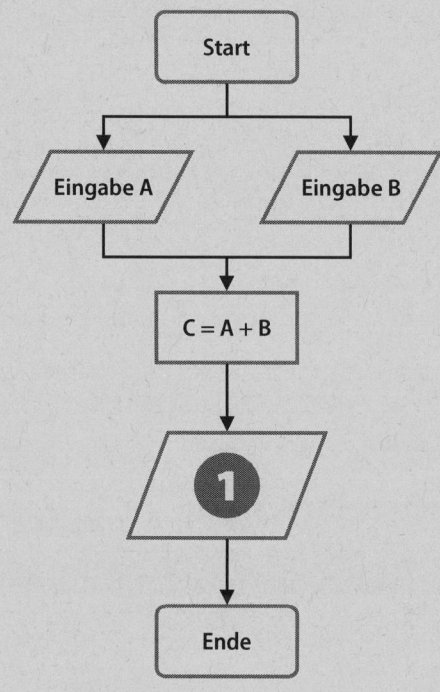

Aufgabe

1. Welche Antwort ersetzt die Zahl 1 im Flussdiagramm sinnvoll?
    A. „Ausgabe C".
    B. „Ausgabe A".
    C. „Ausgabe B".
    D. „Eingabe A".
    E. Keine Antwort ist richtig.

Antwort

(A.) „Ausgabe C".

Hinweis

Ein Flussdiagramm setzt sich aus mit Pfeilen verbundenen Symbolen zusammen, die sich grob in fünf Gruppen einordnen lassen:

¬ Rechtecke mit abgerundeten Ecken stehen für Prozessbeginn und -ende.

¬ Rauten stellen Bedingungen dar.

¬ Rechtecke symbolisieren eigene, in sich geschlossene Abläufe.

¬ Parallelogramme repräsentieren prozessinterne Ein- und Ausgaben (In- und Outputs).

¬ Ovale kennzeichnen Entscheidungen oder Konsequenzen.

Flussdiagramm / Ablaufplan   *Bearbeitungszeit 18 Minuten*

Beantworten Sie bitte die folgenden Aufgaben, indem Sie jeweils den richtigen Buchstaben markieren.

Datenerfassung

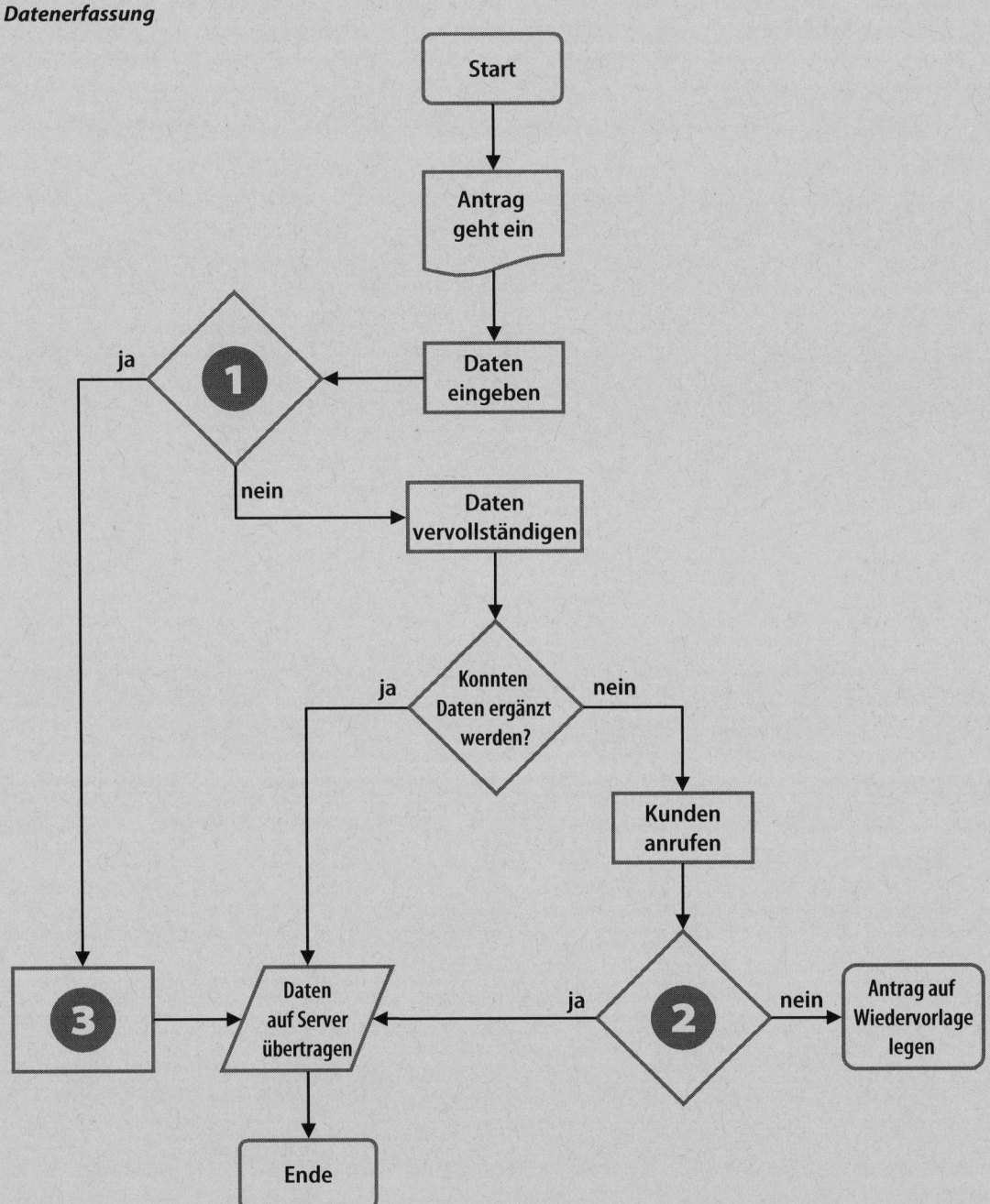

1091. Durch welche der Antworten wird die Zahl 1 im Flussdiagramm sinnvoll ersetzt?

A. Liegen zu viele Daten vor?

B. Kunden anrufen?

C. Daten vollständig?

D. Antrag auf Wiedervorlage legen?

E. Daten auf Server übertragen

1092. Durch welche der Antworten wird die Zahl 2 im Flussdiagramm sinnvoll ersetzt?

A. Daten eingeben

B. Soll Programm beendet werden?

C. Kunde erreicht?

D. Antrag prüfen

E. Automatische Weiterleitung der Daten

1093. Durch welche der Antworten wird die Zahl 3 im Flussdiagramm sinnvoll ersetzt?

A. Daten abfragen?

B. Soll Programm beendet werden?

C. Daten vollständig?

D. Automatische Weiterleitung der Daten

E. Kunde ablehnen?

1094. Welches Ergebnis erhalten Sie, wenn die Antragsdaten vollständig sind?

A. Daten werden zur Sicherheit noch mal abgefragt.

B. Damit die eingegebenen Daten vervollständigt werden können, wird der Kunde angerufen.

C. Der Antrag wird zunächst auf Wiedervorlage gelegt.

D. Die Daten werden auf den Server übertragen.

E. Die Daten werden für Marketingzwecke genutzt.

1095. Welches Ergebnis erhalten Sie, wenn die Antragsdaten unvollständig sind?

A. Daten werden zur Sicherheit gelöscht.

B. Die Daten können nur vervollständigt werden, wenn der Kunde angerufen wird.

C. Der Antrag wird zunächst auf Wiedervorlage gelegt.

D. Die Daten werden auf den Server übertragen.

E. Zunächst versucht man, die Daten zu ergänzen.

Briefversand

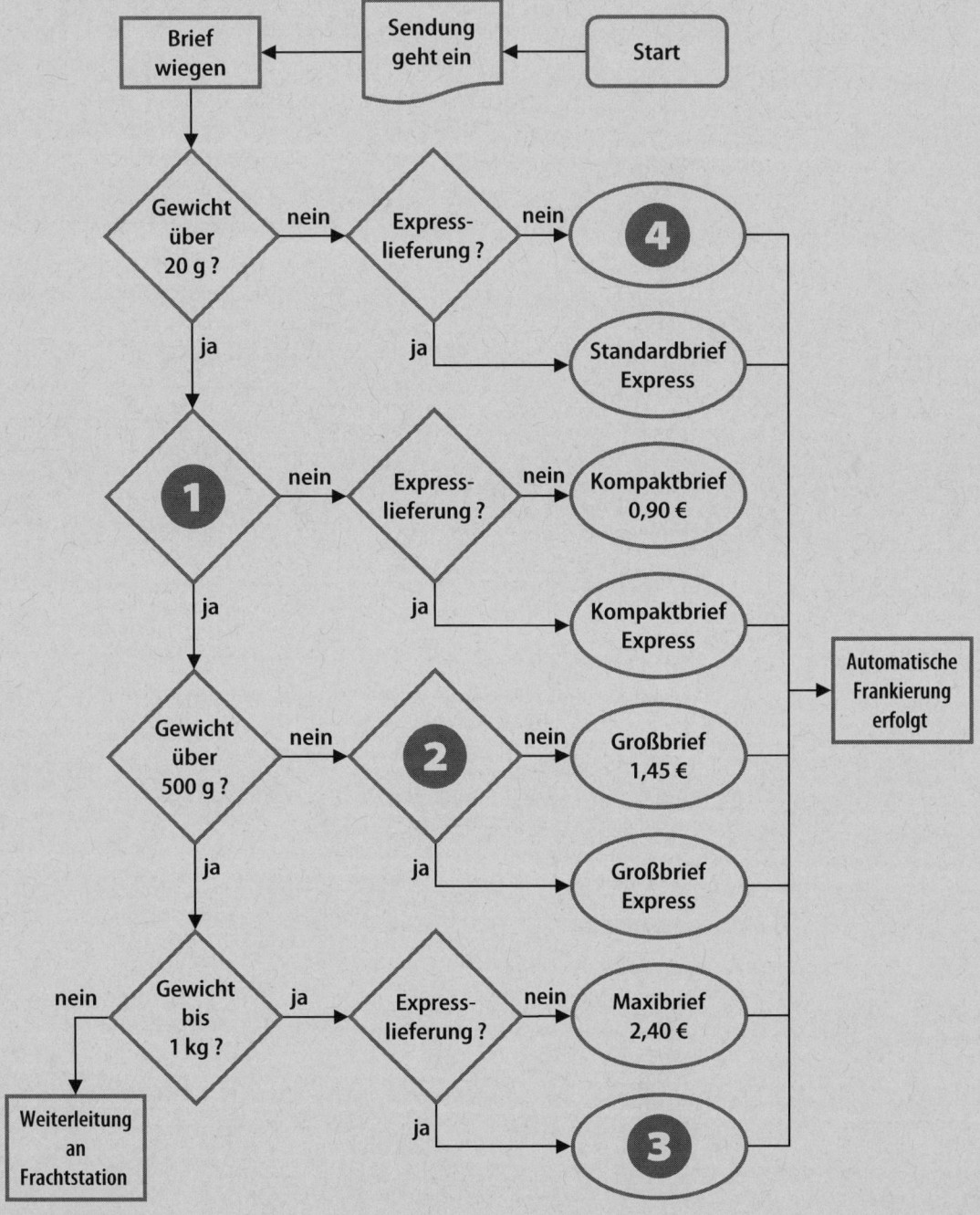

Berücksichtigen Sie zum Lösen der Aufgaben folgende Tabelle:

Artikel	Standardbrief	Kompaktbrief	Großbrief	Maxibrief	Dienstleister
Gewicht	bis 20 g	bis 50 g	bis 500 g	bis 1.000 g	über 1.000 g
Preis	0,60 €	0,90 €	1,45 €	2,40 €	4,10 €

1096. Durch welche der Antworten wird die Zahl 1 im Flussdiagramm sinnvoll ersetzt?

A. Gewicht über 2 kg?

B. Weiterleitung an Frachtstation

C. Expresslieferung?

D. Gewicht über 50 g?

E. Kompaktbrief 0,90 €

1097. Durch welche der Antworten wird die Zahl 2 im Flussdiagramm sinnvoll ersetzt?

A. Gewicht über 2 kg?

B. Weiterleitung an Frachtstation

C. Expresslieferung?

D. Gewicht über 500 g?

E. Großbrief 1,45 €

1098. Durch welche der Antworten wird die Zahl 3 im Flussdiagramm sinnvoll ersetzt?

A. Gewicht über 2 kg?

B. Maxibrief 2,40 €

C. Expresslieferung?

D. Gewicht über 500 g?

E. Maxibrief Express

1099. Durch welche der Antworten wird die Zahl 4 im Flussdiagramm sinnvoll ersetzt?

A. Standardbrief Express

B. Maxibrief 2,40 €

C. Standardbrief 0,60 €

D. Gewicht über 20 g?

E. Automatische Frankierung erfolgt

1100. Wie muss eine Sendung mit einem Gewicht von 1.350 g frankiert werden?

A. Die Sendung muss als Kompaktbrief mit 0,90 € frankiert werden.

B. Die Sendung muss als Großbrief mit 2,40 € frankiert werden.

C. Die Sendung muss als Maxibrief mit 1,45 € frankiert werden.

D. Die Sendung muss als Päckchen mit 4,10 € frankiert werden.

E. Die Sendung wird an die Frachtstation weitergeleitet.

Polizeieinsatz: Verkehrsunfall

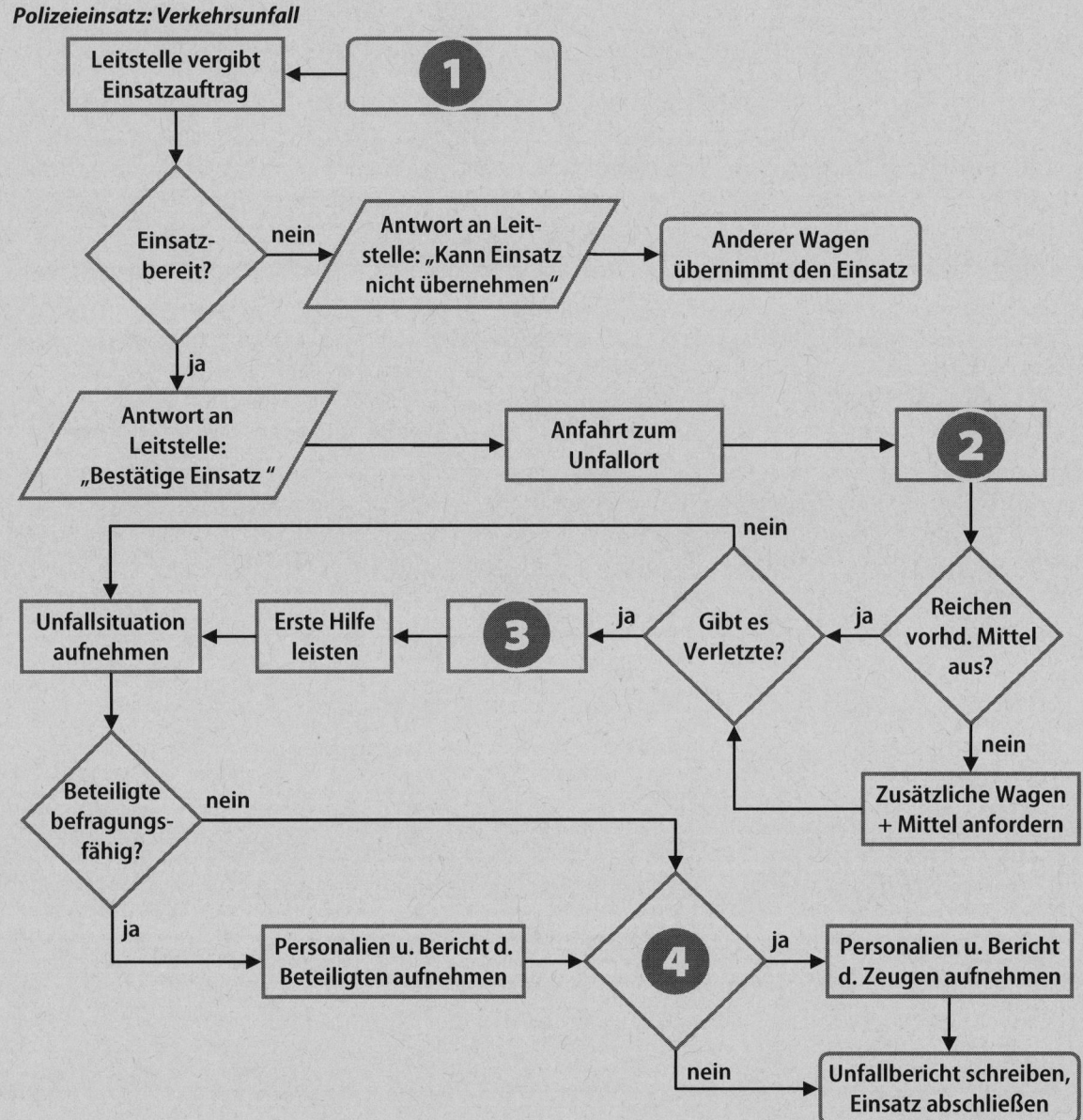

1101. Welche Antwort ersetzt die Zahl 1 im Flussdiagramm sinnvoll?

A. Unfall wird der Leitstelle gemeldet
B. Verkehrsunfall geschehen?
C. Einsatzbefehl erteilt
D. Nachricht an Leitstelle: „Unfall"
E. Unfall von Leitstelle aufgenommen?

1102. Welche Antwort ersetzt die Zahl 2 im Flussdiagramm sinnvoll?

A. Ambulanz anfordern
B. Unfallort sichern
C. Unfallteilnehmer befragen
D. Auf Einsatzleiter warten
E. Erste Hilfe leisten

1103. Welche Antwort ersetzt die Zahl 3 im Flussdiagramm sinnvoll?

A. Ambulanz nötig?
B. Ambulanz einweisen
C. Ambulanz unterstützen
D. Auf Ambulanz warten
E. Ambulanz anfordern

1104. Welche Antwort ersetzt die Zahl 4 im Flussdiagramm sinnvoll?

A. Zeugen ermitteln
B. Beteiligte später befragen
C. Ist der Beteiligtenbericht stichhaltig?
D. Gibt es Zeugen?
E. Ist die Schuldfrage geklärt?

1105. Was geschieht, wenn die Unfallbeteiligten nicht befragt werden können und es keine Zeugen gibt?

A. Der Einsatz kann nicht abgeschlossen werden.
B. Der polizeiliche Unfallbericht beruht auf der Darstellung der Beamten.
C. Die Polizisten können zu dem Unfall keine Aussage treffen.
D. Die Polizisten können den Unfall nicht aufnehmen.
E. Den Unfallbeteiligten wird die gleiche Teilschuld zugesprochen.

Logisches Denkvermögen

Plausible Erklärung wählen *Aufgabenerklärung*

In diesem Abschnitt wird Ihre Fähigkeit zu logischem Denken im sprachlichen Bereich geprüft.

In jeder der folgenden Aufgaben wird ein Sachverhalt beschrieben. Welche der angegebenen Antworten liefert eine plausible Erklärung dafür?

Hierzu ein Beispiel:

Aufgabe

1. **Landwirt Wilhelm hatte dieses Jahr eine gute Ernte.**
   A. Landwirt Wilhelm hat einen neuen LKW erworben.
   B. Landwirt Wilhelm hat Nachwuchs bekommen.
   C. Landwirt Wilhelm hat ein sehr fruchtbares Land.
   D. Landwirt Wilhelm hat die größten Kartoffeln.
   E. Landwirt Wilhelm hat Geld geerbt.

Antwort

   C. Landwirt Wilhelm hat ein sehr fruchtbares Land.

Erklärung:

Was könnte eine sinnvolle Erklärung für Landwirt Wilhelms gute Ernte sein? Von den vorgegebenen Antworten kommt nur C in Betracht: Eine gute Ernte kann durchaus auf fruchtbares Land zurückgeführt werden, aber nicht auf möglichen Nachwuchs. Die besonders dicken Kartoffeln können ein Teil der guten Ernte sein, aber nicht deren Ursache; ebenso wenig wie der Kauf des neuen LKW, der erst durch die reiche Ernte überhaupt nötig geworden sein könnte. Und man mag zwar spekulieren, dass Wilhelm nach seiner Erbschaft besseres Saatgut kaufen und mehr Mitarbeiter einstellen konnte, doch dafür gibt es keine Anhaltspunkte – außerdem wäre selbst dadurch nur eine indirekte Verbindung von Erbschaft und Ernte hergestellt. Hier geht es jedoch um unmittelbare und plausible kausale Zusammenhänge.

Plausible Erklärung wählen

Bearbeitungszeit 5 Minuten

Beantworten Sie bitte die folgenden Aufgaben, indem Sie jeweils die richtige Antwort ankreuzen.

1106. Die Straße ist nass.

- A. Die Straße ist stark befahren.
- B. Viele Autos kommen ins Rutschen.
- C. Es handelt sich um eine Landstraße.
- D. Es bilden sich Pfützen.
- E. Es hat geregnet.

1107. Der Fernseher ist besonders günstig.

- A. Der Fernseher hat ein besonders scharfes Bild.
- B. Der Fernseher ist besonders groß.
- C. Der Fernseher ist im Sonderangebot.
- D. Der Fernseher wurde in geringer Stückzahl hergestellt.
- E. Der Fernseher ist neu.

1108. Peter hat eine Brandblase an der Hand.

- A. Peter schreit schnell bei Schmerzen.
- B. Peter besitzt einen Kamin.
- C. Peter nutzt seinen Kamin selten.
- D. Peter trägt ungern Handschuhe.
- E. Peter kam dem Kaminfeuer zu nahe.

1109. Der Bus kommt zu spät.

- A. Der Bus hat Verspätung.
- B. Der Bus steht im Stau.
- C. Der Busfahrer fährt die Strecke häufig.
- D. Der Bus hat einen neuen Rückspiegel.
- E. Die Passagiere haben es besonders eilig.

1110. Frau Meyer vermisst ihre Katze.

- A. Frau Meyer besitzt viele Katzen.
- B. Frau Meyer füttert ihre Katzen regelmäßig.
- C. Frau Meyers Nachbar mag Katzen.
- D. Frau Meyer wohnt am Stadtpark.
- E. Frau Meyers Katze streunt herum.

1111. Herr Werner hat Übergewicht.

- A. Herr Werner ernährt sich falsch.
- B. Herr Werner hat zwei Kinder.
- C. Herr Werner liest gerne Sportberichte.
- D. Herr Werner hat eine neue Waage.
- E. Herr Werner lässt sich leicht ablenken.

1112. Er kommt heute Abend nicht zur Feier.

- A. Ein guter Freund hat Geburtstag.
- B. Er muss noch Überstunden machen.
- C. Er hatte sich sehr darauf gefreut.
- D. Er hatte sich den Termin im Kalender notiert.
- E. Zur Feier in der letzten Woche kam er auch nicht.

1113. Markus ist Millionär.

- A. Markus hat viel Geld für Glücksspiele ausgegeben.
- B. Markus ist der reichste Mensch der Stadt.
- C. Markus kauft sich eine Yacht und ein Haus.
- D. Markus hat im Lotto gewonnen.
- E. Markus besitzt schon ein Auto.

1114. Das Streichholz brennt.

- A. Die Flamme flackert stark.
- B. Klaus hat viele Kerzen in seiner Wohnung.
- C. Das Streichholz ist sehr alt.
- D. Klaus hat das Streichholz entzündet.
- E. Die Streichhölzer liegen immer griffbereit.

1115. Sabine lernt Spanisch.

- A. Sabine war noch nie in Spanien.
- B. Sabine trinkt spanischen Wein.
- C. Sabine lernt schon seit zwei Jahren Französisch.
- D. Sabine will in den Ferien in Spanien arbeiten.
- E. Sabine lernt sehr schnell.

Logisches Denkvermögen

Sachverhalte erklären

Die folgenden Aufgaben testen Ihren Einfallsreichtum und Ihre Argumentationsfähigkeit.

Zu jeder Aufgabe wird Ihnen ein Sachverhalt vorgestellt. Versuchen Sie, dafür jeweils drei sinnvolle Erklärungen zu finden.

Hierzu ein Beispiel:

Aufgabe

1. Bahnreisende setzen sich nicht gern zusammen.

Musterantworten

Erklärung 1: Bahnreisende wollen ihre Mitreisenden so wenig wie möglich belästigen.

Erklärung 2: Bahnreisende haben Angst vor Krankheiten und nehmen deshalb möglichst weit entfernt voneinander Platz.

Erklärung 3: Bahnreisende sind oft schlecht gelaunt und wollen einer Unterhaltung aus dem Weg gehen.

Bitte erklären Sie nun die folgenden Gegebenheiten auf 3 unterschiedlichen Wegen. Sie müssen dabei keinen wissenschaftlich Aufsatz schreiben und dürfen stichwortartig formulieren; achten Sie aber auf Verständlichkeit, logische Schlüssigkeit und Abwechslung in der Argumentation.

Sie haben für jede Aufgabe 1 Minute Zeit, insgesamt also 5 Minuten.

Sachverhalte erklären

Bitte finden Sie nun zu den vorgestellten Aussagen 3 plausible Erklärungen.

1116. Die Zahl der Schönheitsoperationen nimmt weltweit zu.

Erklärung 1:

Erklärung 2:

Erklärung 3:

1117. Viele Wahlberechtigte gehen nicht wählen.

Erklärung 1:

Erklärung 2:

Erklärung 3:

1118. Fußball ist eine enorm populäre Sportart.

Erklärung 1:

Erklärung 2:

Erklärung 3:

1119. Für Viele ist es kein Problem, Teile ihres Privatlebens im Internet zu veröffentlichen.

Erklärung 1:

Erklärung 2:

Erklärung 3:

1120. Auf Flugreisen wird überdurchschnittlich viel Tomatensaft getrunken.

Erklärung 1:

Erklärung 2:

Erklärung 3:

Orientierungsvermögen

Wegstrecke einprägen

In diesem Abschnitt wird geprüft, wie gut Sie sich eine vorgegebene Wegstrecke merken können.

Prägen Sie sich dazu die in den folgenden Stadtplan eingezeichnete Route ein.

Route A

Die Route beginnt am Kindergarten und endet am Hospital.

Für das Einprägen der Wegstrecke haben Sie **eine Minute** Zeit.

(!) *Hinweis:*

Bei dieser Aufgabe ist keine Unterbrechung notwendig, bitte beginnen Sie direkt mit den Antworten!

Wegstrecke einprägen

In diesem Abschnitt wird nun Ihr Erinnerungsvermögen getestet.

Dazu lag Ihnen zuvor ein Stadtplan mit einer eingezeichneten Route vor, die Sie sich einprägen sollten. Beginnen Sie bitte jetzt mit der Aufgabe und zeichnen Sie die Wegstrecke A im Stadtplan nach.

1121. Route A

Zum Lösen der Aufgabe haben Sie **eine Minute** Zeit.

Wegstrecke einprägen

Route B

Die Route beginnt an der Polizeiwache und endet am Flughafen.

Für das Einprägen der Wegstrecke haben Sie **eine Minute** Zeit.

⚠ **Hinweis:**

Bei dieser Aufgabe ist keine Unterbrechung notwendig, bitte beginnen Sie direkt mit den Antworten!

Wegstrecke einprägen

Beginnen Sie bitte jetzt mit der Aufgabe und zeichnen Sie die Wegstrecke B im Stadtplan nach.

1122. Route B

Zum Lösen der Aufgabe haben Sie **eine Minute** Zeit.

Orientierungsvermögen

Stadtplan einprägen

In diesem Abschnitt soll geprüft werden, wie gut Sie sich bestimmte Informationen merken können. Prägen Sie sich hierzu die einzelnen Informationen aus dem folgenden Stadtplan ein.

Hierbei dürfen Sie sich keine Notizen vermerken. Legen Sie daher bitte alle Schreibgeräte zur Seite.

Nachdem Sie sich den Stadtplan eingeprägt haben, sollten Sie sich 5 Minuten mit etwas anderem beschäftigen. Im Anschluss daran sollten Sie die Fragen zum Stadtplan – wie z. B. nach Gebäude- und Straßennamen – aus dem Gedächtnis beantworten können.

Um sich das Einprägen zu erleichtern, sollten Sie folgende Hinweise beachten:

Die Einrichtungen aus der Stadtkarte lassen sich grob in drei Gruppen einordnen. Bei den Gruppen handelt es sich um:

¬ Einrichtungen der Sicherheit und Gesundheit, die sich überwiegend auf Hauptstraßen befinden, welche nach großen Persönlichkeiten benannt sind.

¬ Einrichtungen des täglichen Bedarfs, die sich überwiegend im Stadtkern befinden und deren Straßennamen überwiegend aus der Pflanzenwelt stammen.

¬ Sport-Einrichtungen, die sich am Stadtrand befinden und deren Straßennamen auf „weg" enden.

Stadtplan einprägen

Bitte prägen Sie sich den folgenden Stadtplan innerhalb von 5 Minuten ein.

(!) **Hinweis:**

Nachdem Sie sich den Stadtplan eingeprägt haben, sollten Sie sich 5 Minuten mit etwas anderem beschäftigen, bevor Sie die dazugehörigen Fragen aus dem Gedächtnis beantworten.

Bitte decken Sie dafür diese Seite ab.

Stadtplan einprägen

Beantworten Sie bitte die folgenden Aufgaben, indem Sie jeweils die richtige Antwort ankreuzen.

1123. Wie heißt die Straße, in der sich das Fußballstadion befindet?

A. Karlsbader Straße

B. Kastanienallee

C. Wiesenweg

D. Baumweg

E. Albert-Schweitzer-Straße

1124. Wie heißt die Straße, in der sich der Bauernhof befindet?

A. Wiesenweg

B. Hofgartenweg

C. Kopenhagener Straße

D. Baumweg

E. Rosengarten

1125. Wie heißt die Straße, in der sich der Kindergarten befindet?

A. Albert-Schweizer-Straße

B. Droste-Hülshoff-Straße

C. Kornblumenweg

D. Kohlrauschweg

E. Borsigallee

1126. Wie heißt die Straße, in der sich das Hospital befindet?

A. Thomas-Mann-Straße

B. Goldregenweg

C. Blumenstraße

D. Theodor-Heuss-Straße

E. Hofgartenweg

1127. Welche Einrichtung befindet sich in der Reichswaldallee?

A. Kindergarten

B. Hauptbahnhof

C. Kirche

D. Feuerwehr

E. Fußballstadion

1128. Welche Einrichtung befindet sich im Wiesenweg?

A. Flughafen

B. Schloss

C. Hauptbahnhof

D. Golfplatz

E. Fußballstadion

1129. Welche Einrichtung befindet sich im Buschweg?

A. Bauernhof

B. Schwimmbad

C. Reithof

D. Golfplatz

E. Flughafen

1130. Welche Einrichtung befindet sich am Rosengarten?

A. Feuerwehr

B. Friedhof

C. Busbahnhof

D. Kindergarten

E. Polizeiwache

Orientierungsvermögen

Stadtplan und Symbole einprägen

Aufgabenerklärung

Dieser Aufgabenblock prüft Ihre Merkfähigkeit im visuellen Bereich.

In den folgenden Stadtplänen markieren grafische Symbole den Standort verschiedener Einrichtungen. Bitte merken Sie sich die genaue Lage dieser Symbole, um anschließend möglichst viele davon in einen Blanko-Stadtplan einzeichnen zu können.

Hierzu ein Beispiel:

Aufgabe

Bitte prägen Sie sich diesen Stadtplan innerhalb der nächsten **2 Minuten** ein.

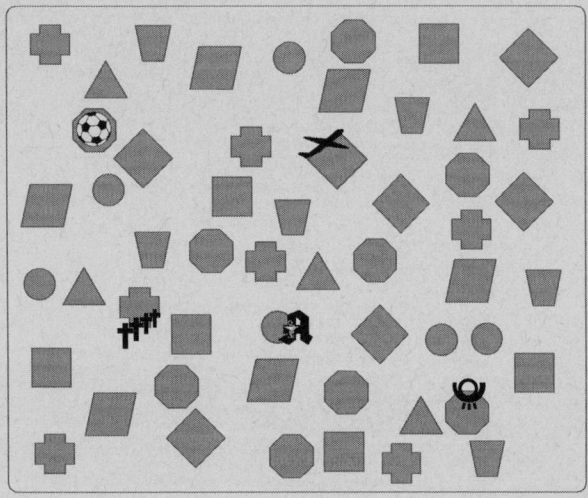

Antwort

Wo liegt welche Einrichtung? Skizzieren Sie die Symbole an der richtigen Stelle.

Zum Lösen der Aufgabe haben Sie **2 Minuten** Zeit.

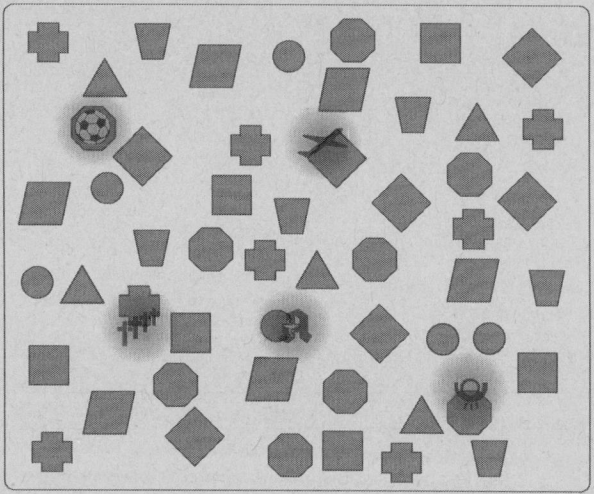

(!) *Hinweis:*

Sie müssen die Symbole nicht detailgetreu nachzeichnen und millimetergenau platzieren: Eine schnelle Skizze im Toleranzbereich von einem halben Zentimeter genügt. Auch im Einstellungstest – hier findet die Aufgabe am Computer statt – sind geringe Abweichungen erlaubt.

Stadtplan und Symbole einprägen

Einprägezeit 2 Minuten

Bitte prägen Sie sich diesen Stadtplan ein.

Plan A

Für das Einprägen des Stadtplans haben Sie **2 Minuten** Zeit.

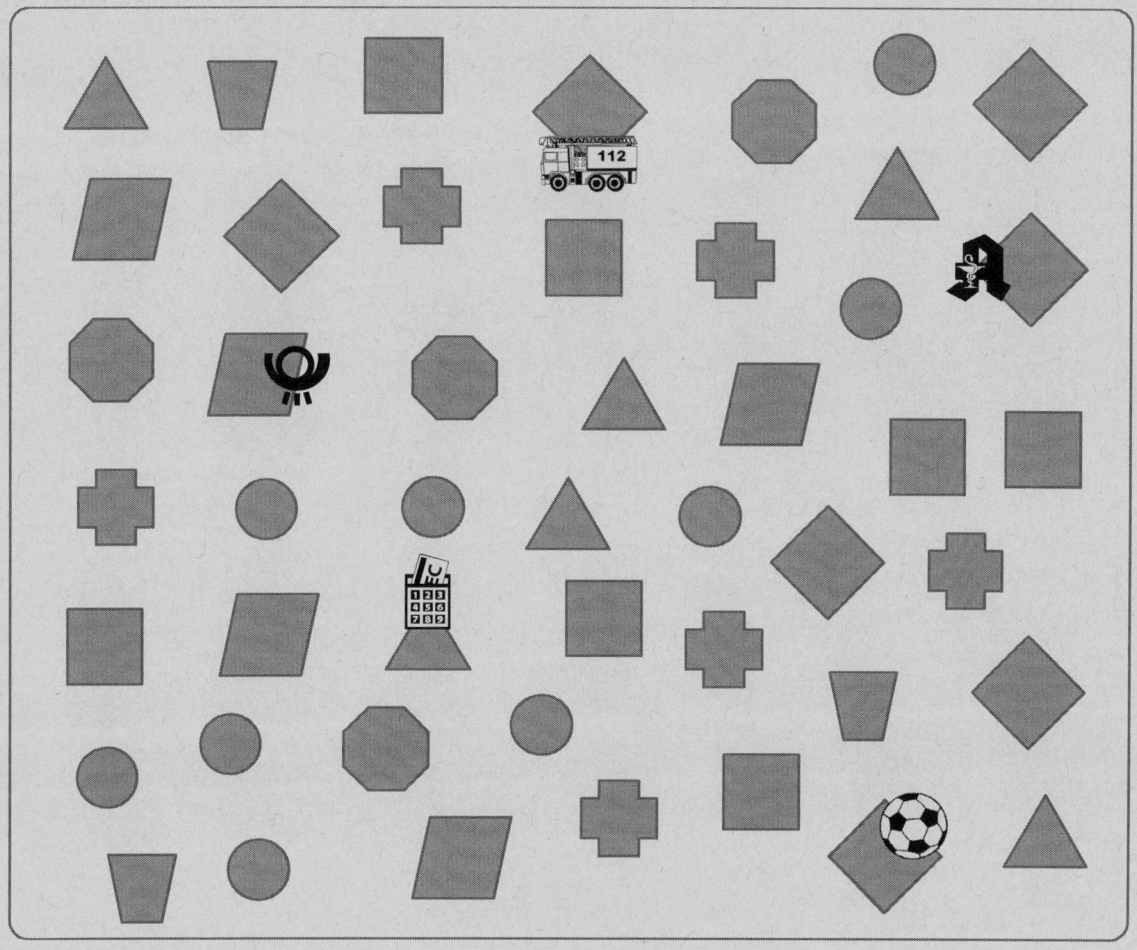

(!) *Hinweis:*

Bei dieser Aufgabe ist keine Unterbrechung notwendig, beginnen Sie direkt mit den Antworten!

Einprägezeit 2 Minuten

Stadtplan und Symbole einprägen

Wo liegt welche Einrichtung? Skizzieren Sie die Symbole an der richtigen Stelle.

1131. Plan A
Zum Lösen der Aufgabe haben Sie **2 Minuten** Zeit.

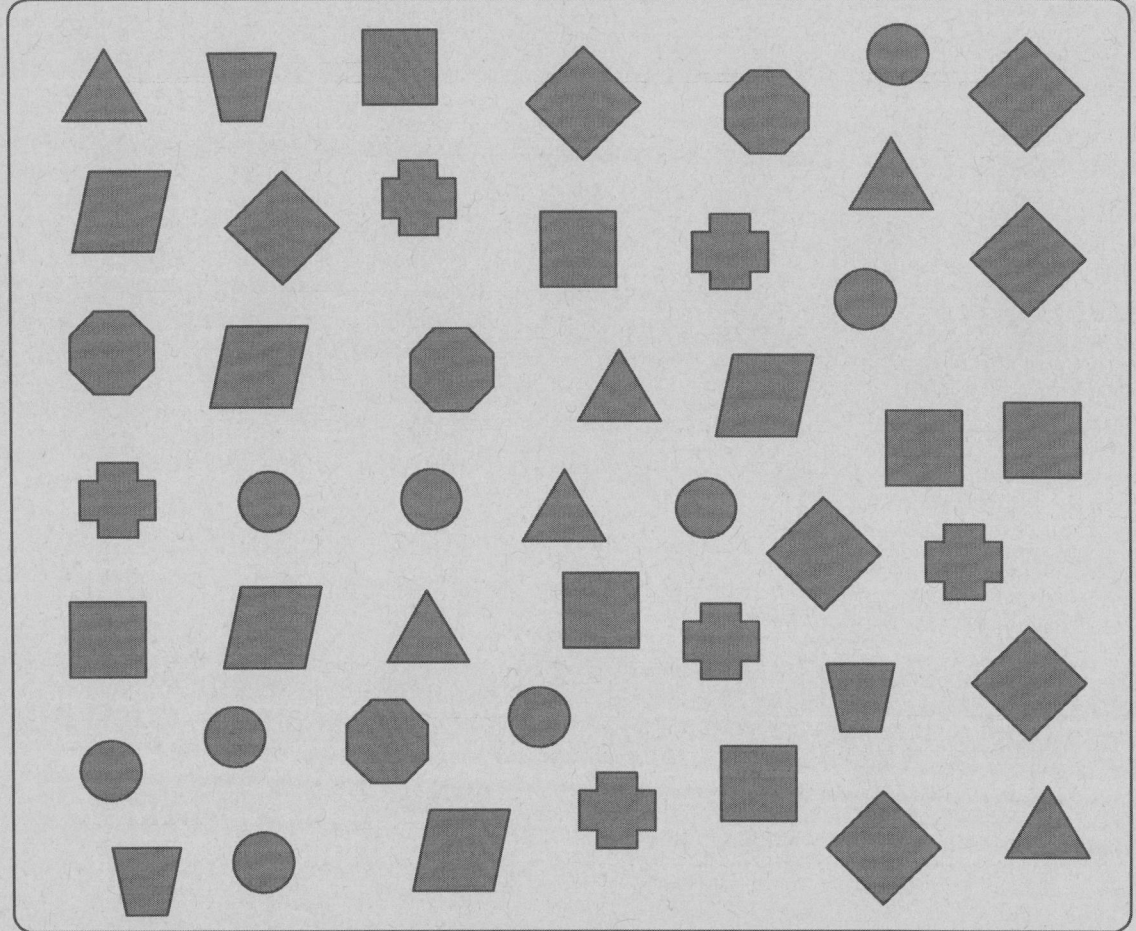

Stadtplan und Symbole einprägen

Plan B

Für das Einprägen des Stadtplans haben Sie **2 Minuten** Zeit.

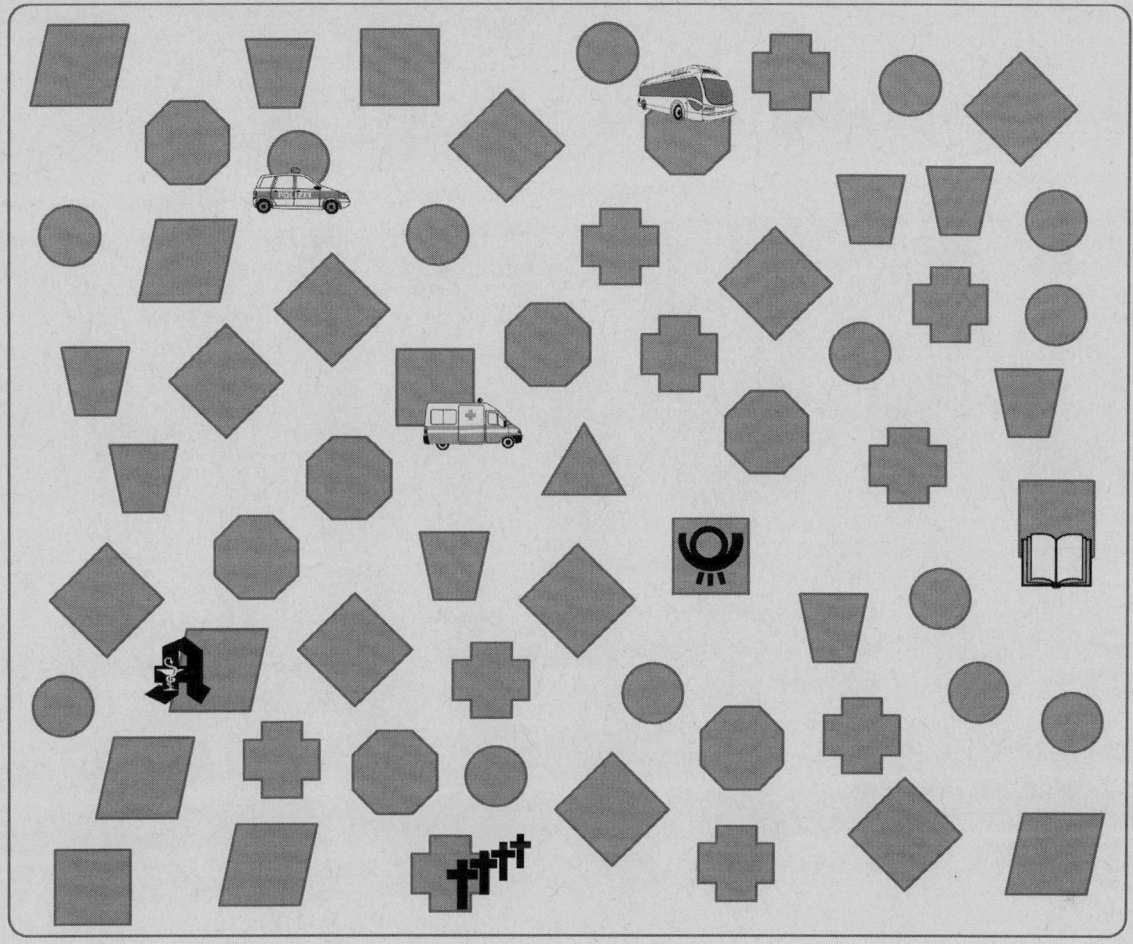

(!) *Hinweis:*

Bei dieser Aufgabe ist keine Unterbrechung notwendig, beginnen Sie direkt mit den Antworten!

Stadtplan und Symbole einprägen

1132. Plan B

Zum Lösen der Aufgabe haben Sie **2 Minuten** Zeit.

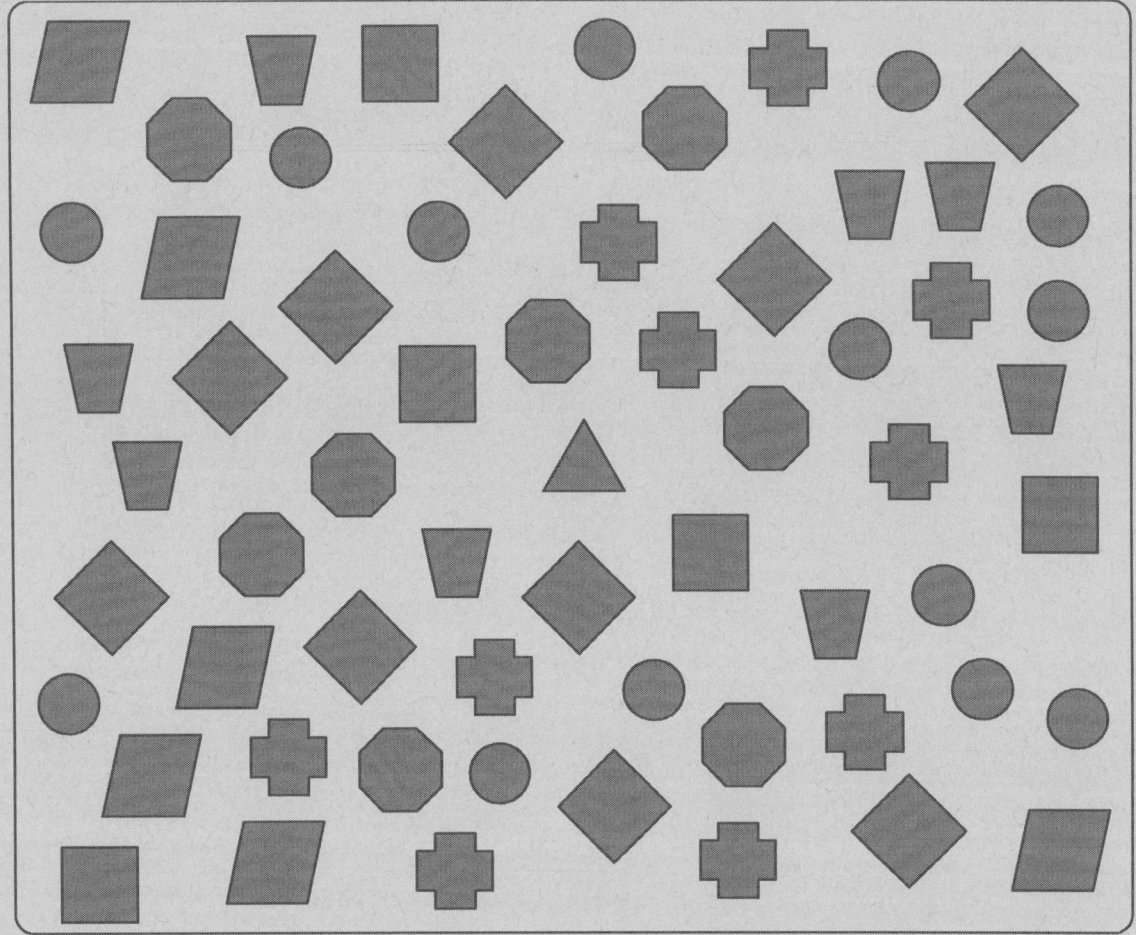

Stadtplan und Symbole einprägen

Plan C

Für das Einprägen des Stadtplans haben Sie **2 Minuten** Zeit.

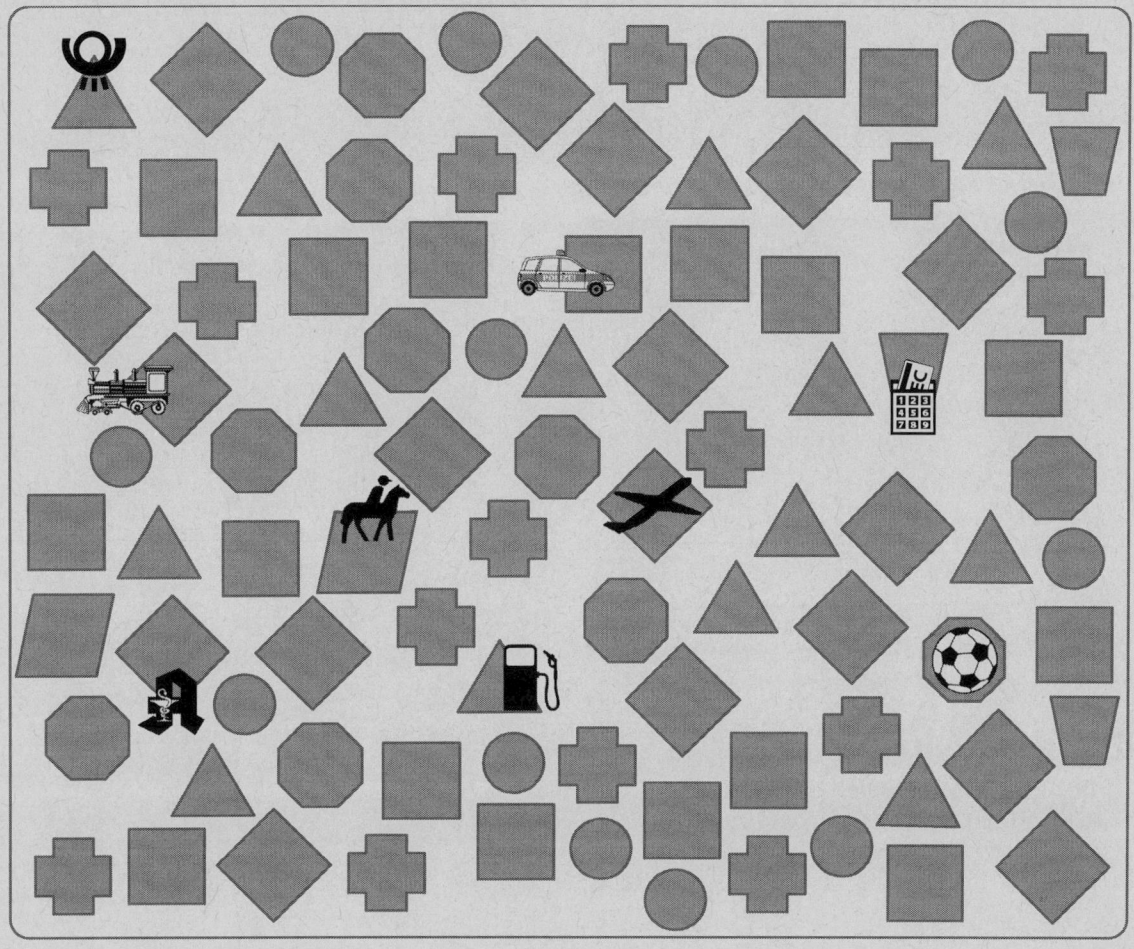

(!) *Hinweis:*

Bei dieser Aufgabe ist keine Unterbrechung notwendig, beginnen Sie direkt mit den Antworten!

Stadtplan und Symbole einprägen

1133. Plan C

Zum Lösen der Aufgabe haben Sie **2 Minuten** Zeit.

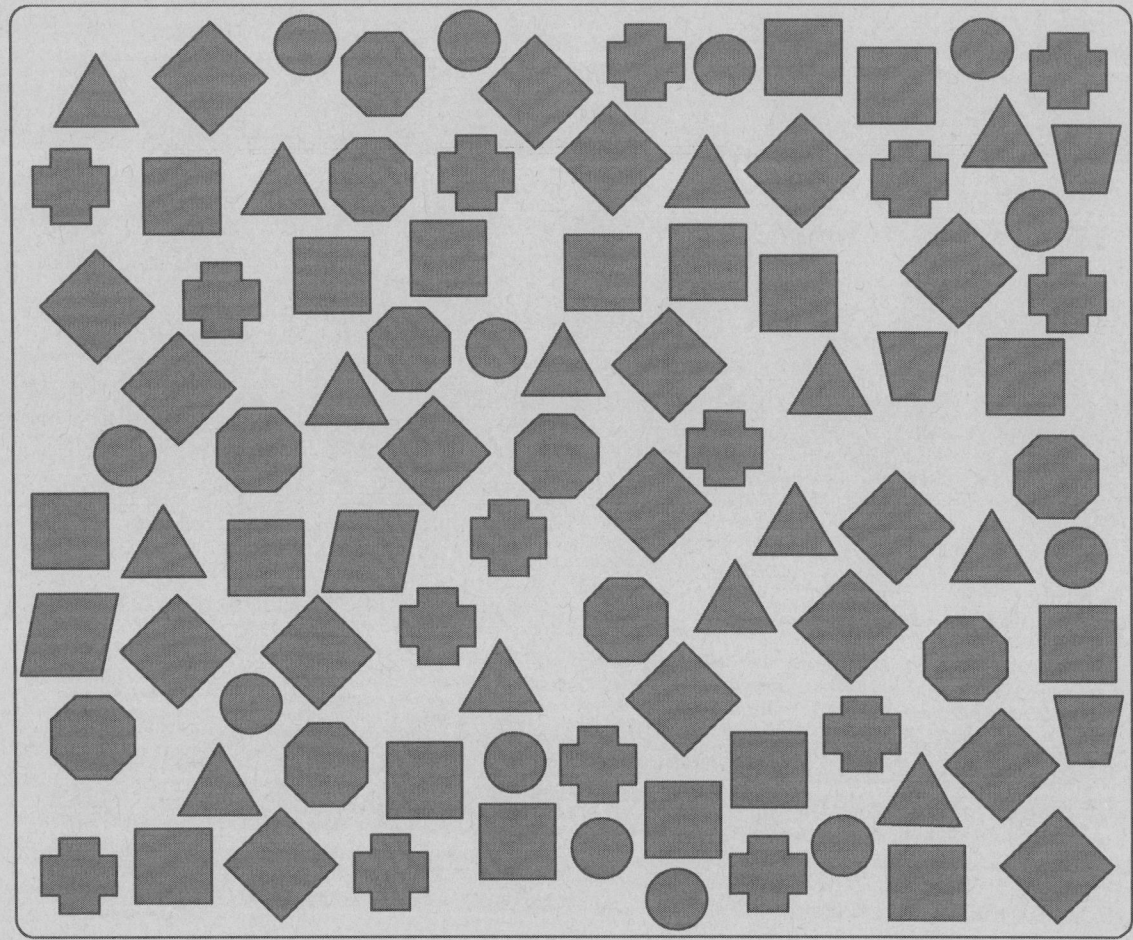

Stadtplan und Symbole einprägen

Einprägezeit 2 Minuten

Plan D

Für das Einprägen des Stadtplans haben Sie **2 Minuten** Zeit.

(!) *Hinweis:*

Bei dieser Aufgabe ist keine Unterbrechung notwendig, beginnen Sie direkt mit den Antworten!

Stadtplan und Symbole einprägen

1134. Plan D

Zum Lösen der Aufgabe haben Sie **2 Minuten** Zeit.

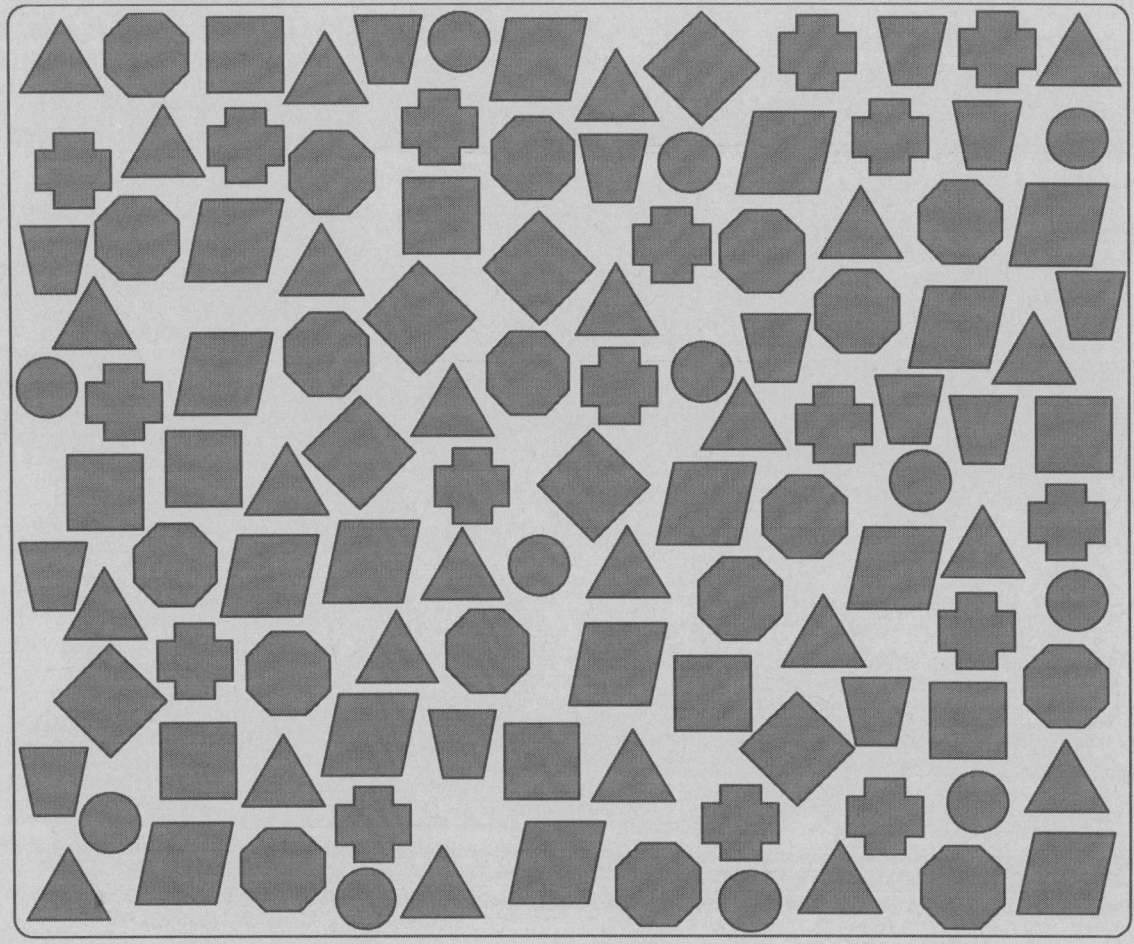

Stadtplan und Symbole einprägen

Plan E

Für das Einprägen des Stadtplans haben Sie **2 Minuten** Zeit.

(!) *Hinweis:*

Bei dieser Aufgabe ist keine Unterbrechung notwendig, beginnen Sie direkt mit den Antworten!

Bitte decken Sie dafür diese Seite ab.

Stadtplan und Symbole einprägen

1135. Plan E

Zum Lösen der Aufgabe haben Sie **2 Minuten** Zeit.

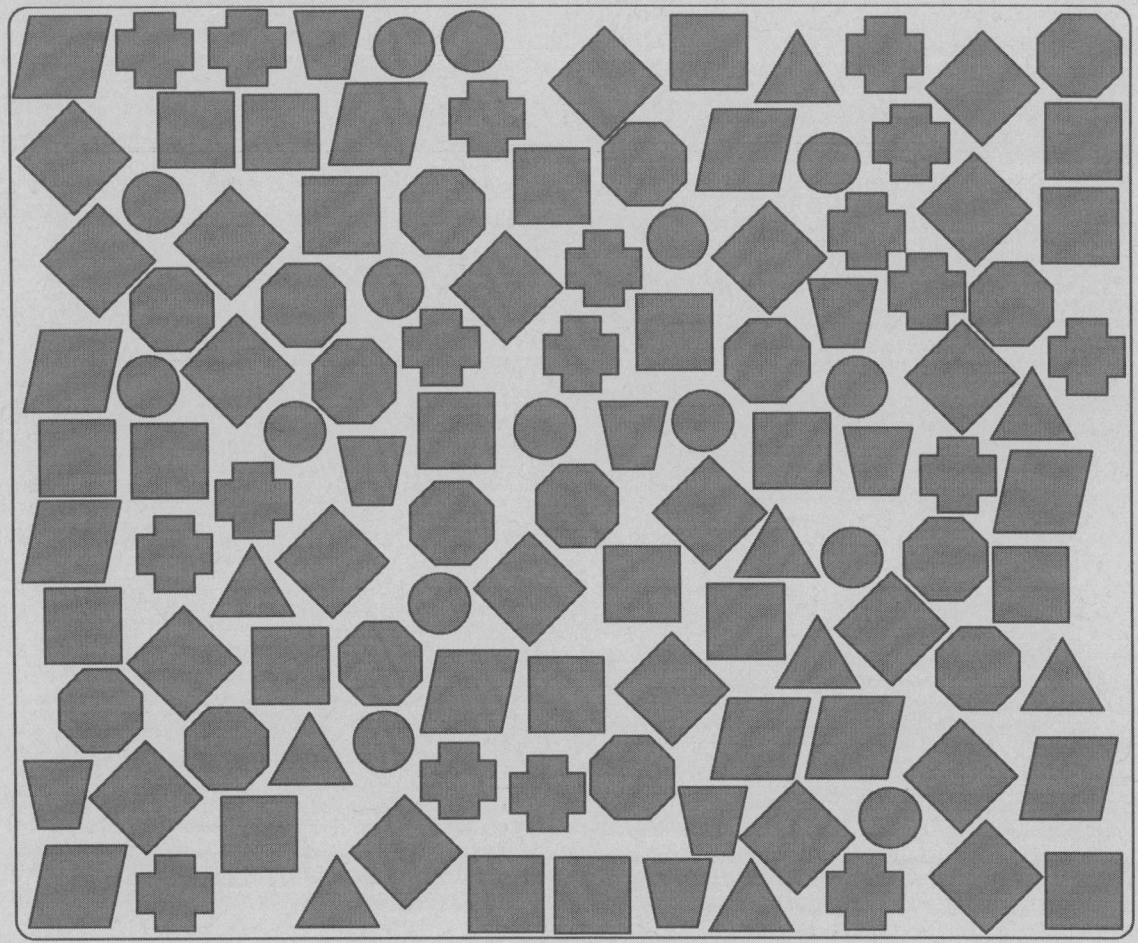

Orientierungsvermögen

Laufpfade verfolgen

Bearbeitungszeit 5 × 30 Sekunden

In dieser Aufgabe werden Ihre Schnelligkeit und Konzentration geprüft. Sie erhalten jeweils 5 Linien, die vom Start bis zum Ziel verfolgt werden müssen.

Versuchen Sie, zu jedem Startpunkt den richtigen Zielpunkt zu finden. Arbeiten Sie schnell und konzentriert. In einer realen Prüfungssituation wird dieser Test auch am Computer durchgeführt.

1136. Laufpfad 1

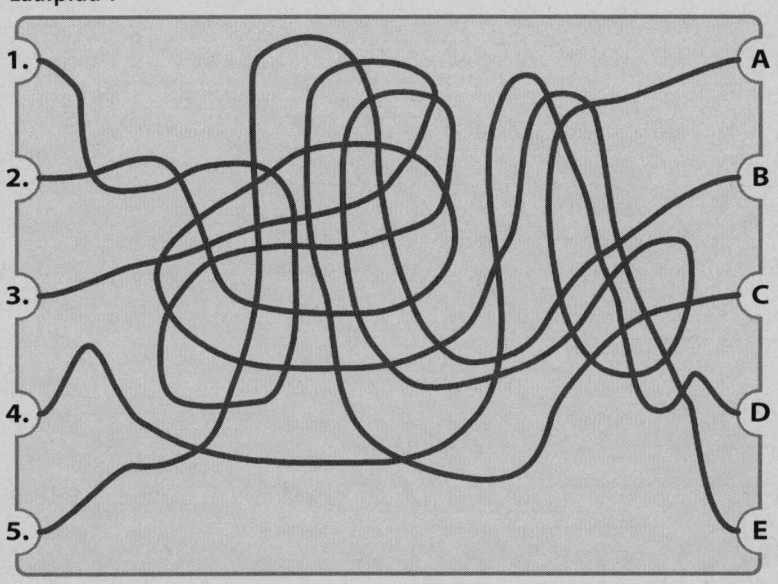

Tragen Sie bitte zu jeder Zahl den richtigen Lösungsbuchstaben in die Boxen ein.

1. [   ]   2. [   ]   3. [   ]   4. [   ]   5. [   ]

1137. Laufpfad 2

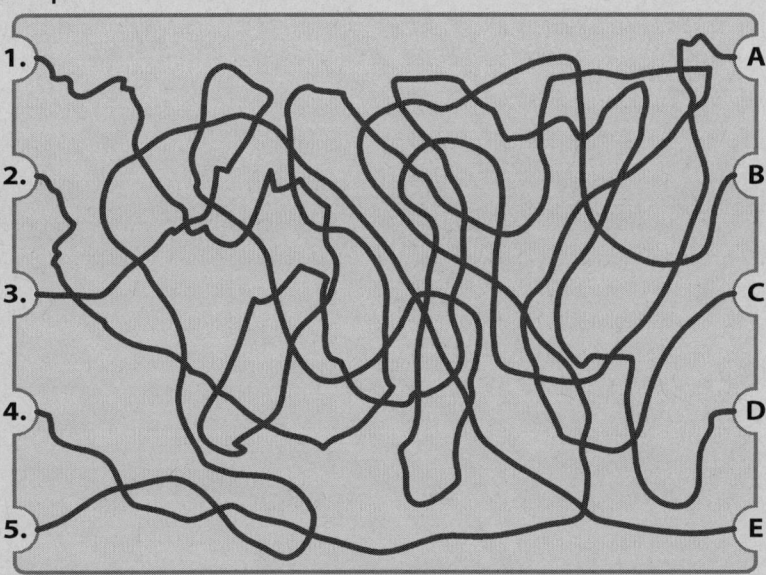

Tragen Sie bitte zu jeder Zahl den richtigen Lösungsbuchstaben in die Boxen ein.

1. [   ]   2. [   ]   3. [   ]   4. [   ]   5. [   ]

1138. Laufpfad 3

Tragen Sie bitte zu jeder Zahl den richtigen Lösungsbuchstaben in die Boxen ein.

1. _____ 2. _____ 3. _____ 4. _____ 5. _____

1139. Laufpfad 4

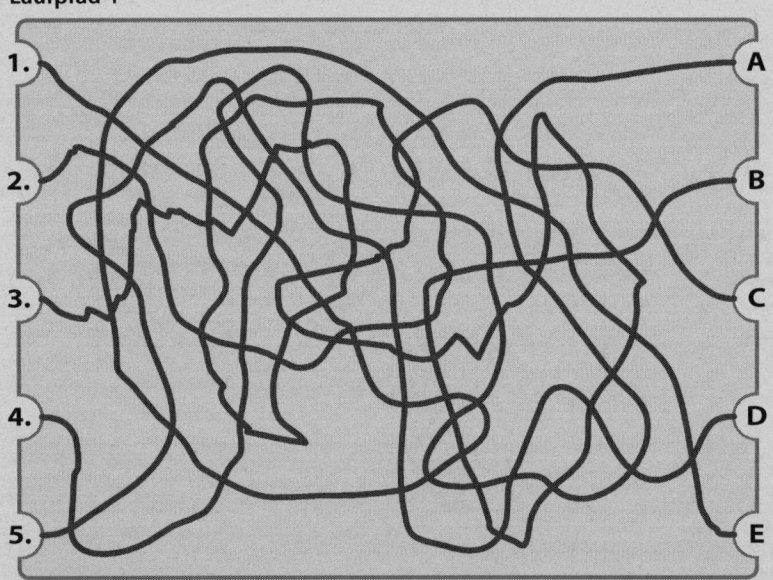

Tragen Sie bitte zu jeder Zahl den richtigen Lösungsbuchstaben in die Boxen ein.

1. _____ 2. _____ 3. _____ 4. _____ 5. _____

1140. Laufpfad 5

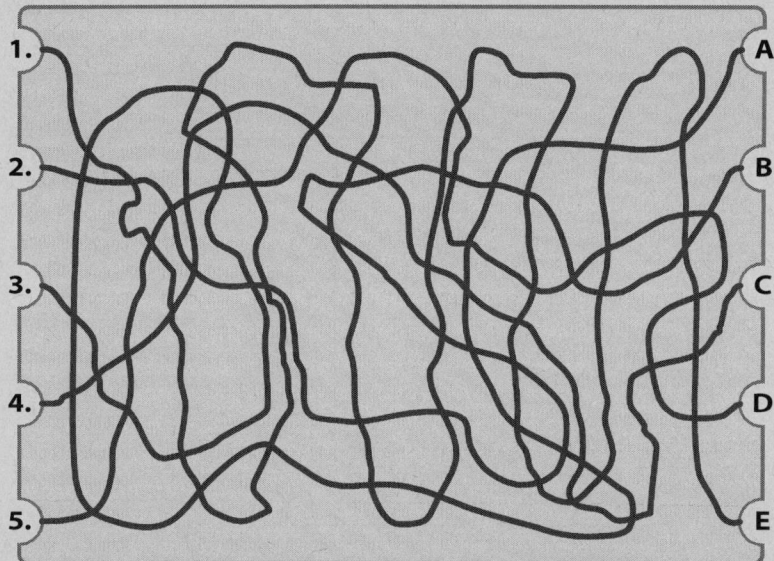

Tragen Sie bitte zu jeder Zahl den richtigen Lösungsbuchstaben in die Boxen ein.

1. ☐   2. ☐   3. ☐   4. ☐   5. ☐

Orientierungsvermögen

Labyrinth

Bearbeitungszeit 2 Minuten

Lösen Sie bitte die folgenden Aufgaben, indem Sie jeweils die richtige Ziffer markieren.

1141. Welcher Ausgang des Labyrinths gehört zum durch den Pfeil gekennzeichneten Eingang?

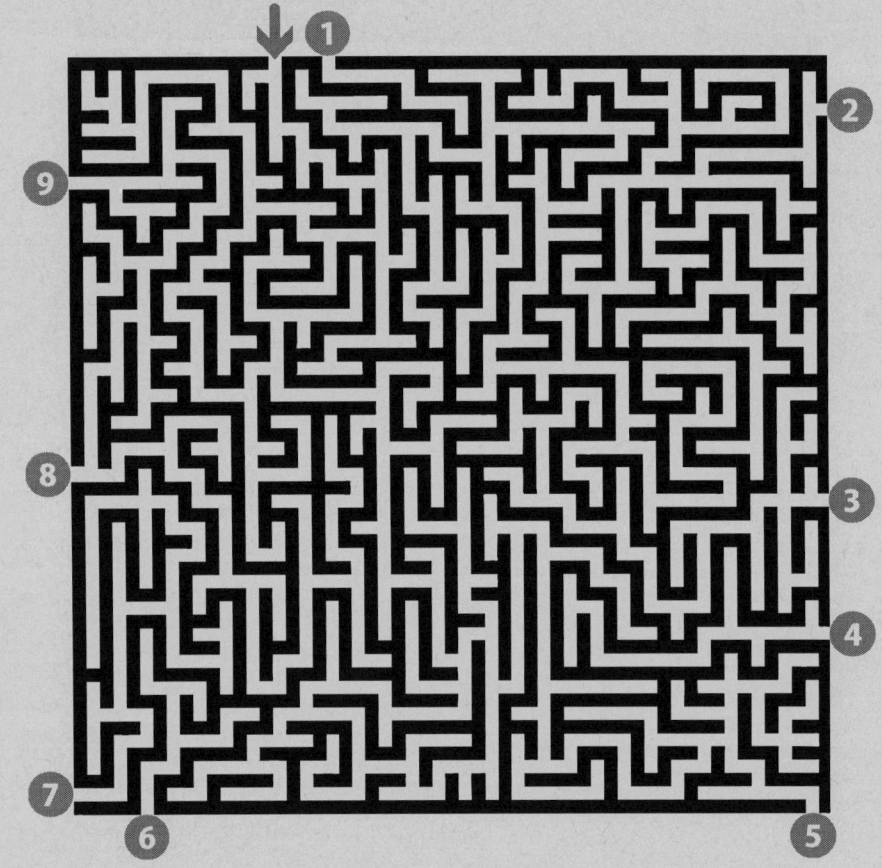

1142. Welcher Ausgang des Labyrinths gehört zum durch den Pfeil gekennzeichneten Eingang?

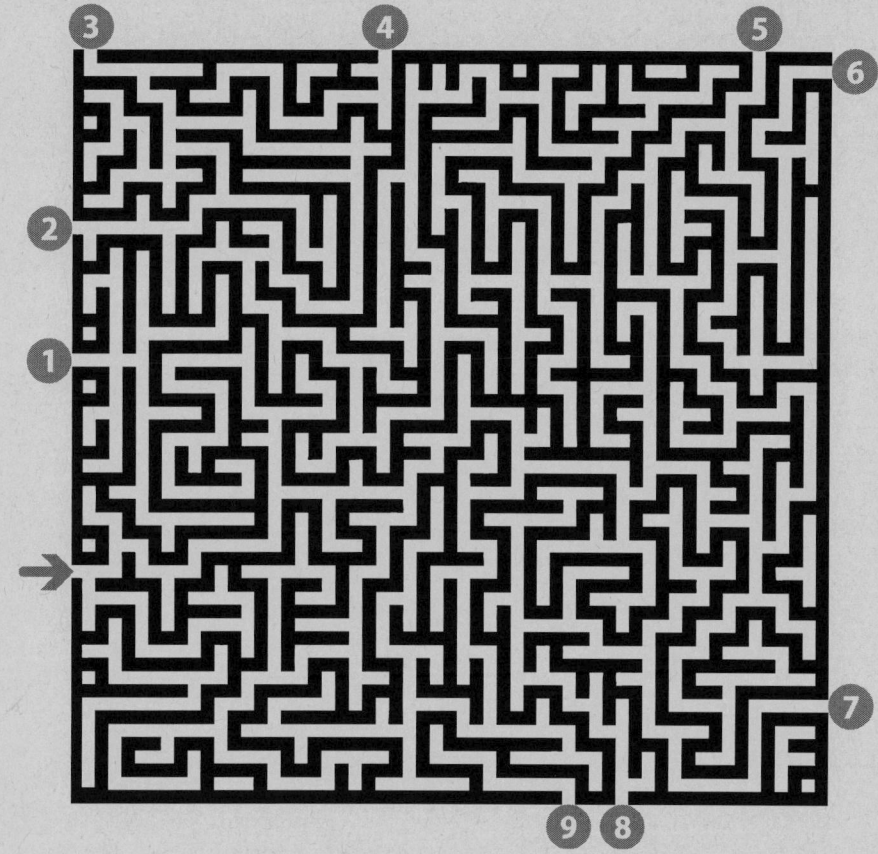

Labyrinth

In diesem Abschnitt wird geprüft, wie gut Sie sich eine vorgegebene Strecke merken können. Prägen Sie sich dazu die in das folgende Labyrinth eingezeichnete Route ein.

Hierbei dürfen Sie sich keine Notizen vermerken. Legen Sie daher bitte alle Schreibgeräte zur Seite.

Strecke im Labyrinth A einprägen
Für das Einprägen der Strecke haben Sie **1 Minute** Zeit.

(!) *Bearbeitungshinweis:*

Nachdem Sie sich die Strecke eingeprägt haben, sollten Sie sich 5 Minuten mit etwas anderem beschäftigen, bevor Sie die Strecke aus dem Gedächtnis einzeichnen.
Bitte decken Sie dafür diese Seite ab.

Labyrinth

Beginnen Sie bitte jetzt mit der Aufgabe und zeichnen Sie die soeben vorgestellte Route im Labyrinth nach.

1143. Strecke im Labyrinth A zeichnen

Zum Lösen der Aufgabe haben Sie **1 Minute** Zeit.

Labyrinth

Strecke im Labyrinth B einprägen

Für das Einprägen der Strecke haben Sie **1 Minute** Zeit.

(!) *Bearbeitungshinweis:*

Nachdem Sie sich die Strecke eingeprägt haben, sollten Sie sich 5 Minuten mit etwas anderem beschäftigen, bevor Sie die Strecke aus dem Gedächtnis einzeichnen.

Bitte decken Sie dafür diese Seite ab.

Labyrinth

Beginnen Sie bitte jetzt mit der Aufgabe und zeichnen Sie die soeben vorgestellte Route im Labyrinth nach.

1144. Strecke im Labyrinth B zeichnen

Zum Lösen der Aufgabe haben Sie **1 Minute** Zeit.

Labyrinth

Strecke im Labyrinth C einprägen

Für das Einprägen der Strecke haben Sie **1 Minute** Zeit.

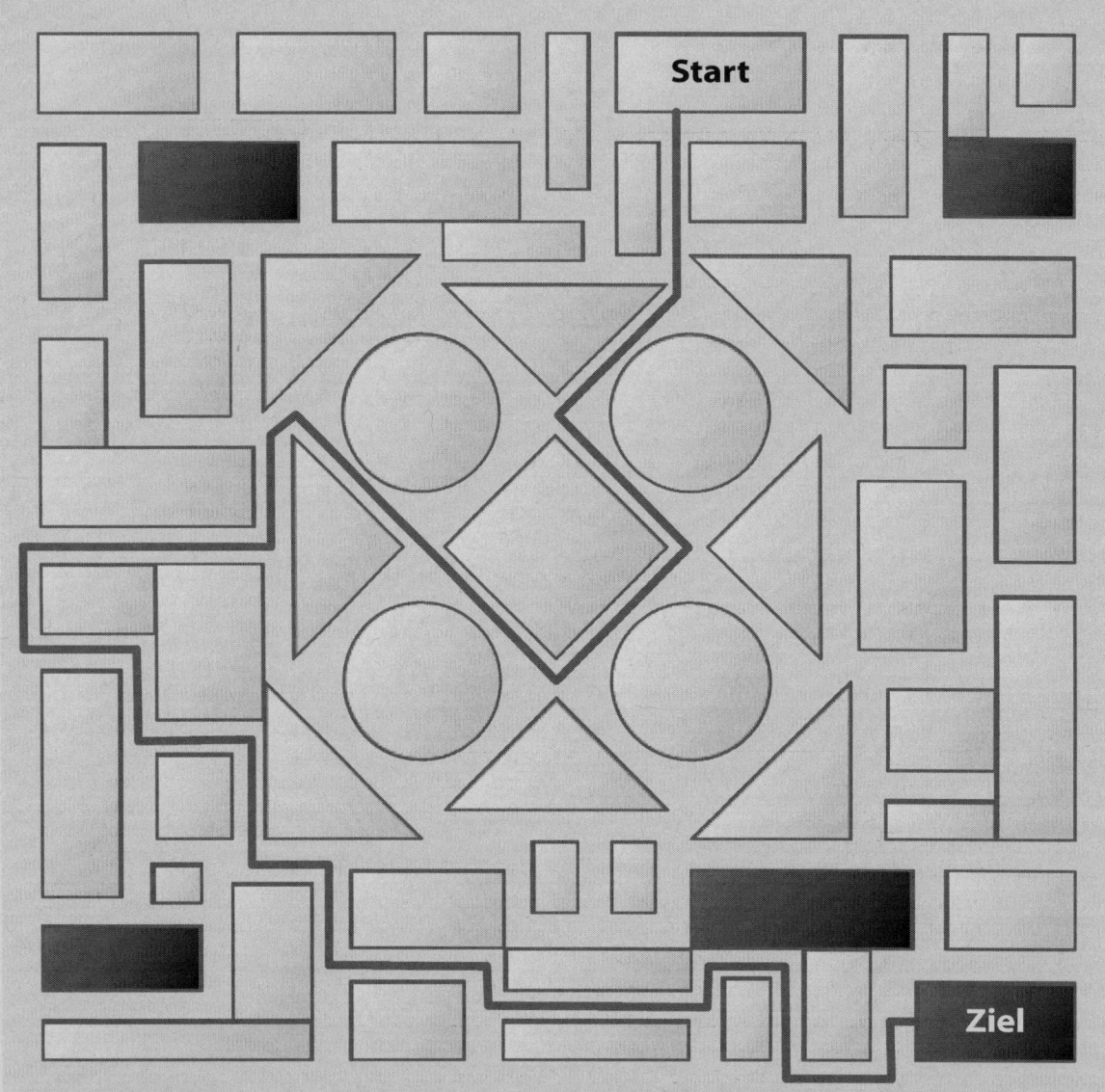

! **Bearbeitungshinweis:**

Nachdem Sie sich die Strecke eingeprägt haben, sollten Sie sich 5 Minuten mit etwas anderem beschäftigen, bevor Sie die Strecke aus dem Gedächtnis einzeichnen.
Bitte decken Sie dafür diese Seite ab.

Labyrinth

Beginnen Sie bitte jetzt mit der Aufgabe und zeichnen Sie die soeben vorgestellte Route im Labyrinth nach.

1145. Strecke im Labyrinth C zeichnen

Zum Lösen der Aufgabe haben Sie **1 Minute** Zeit.

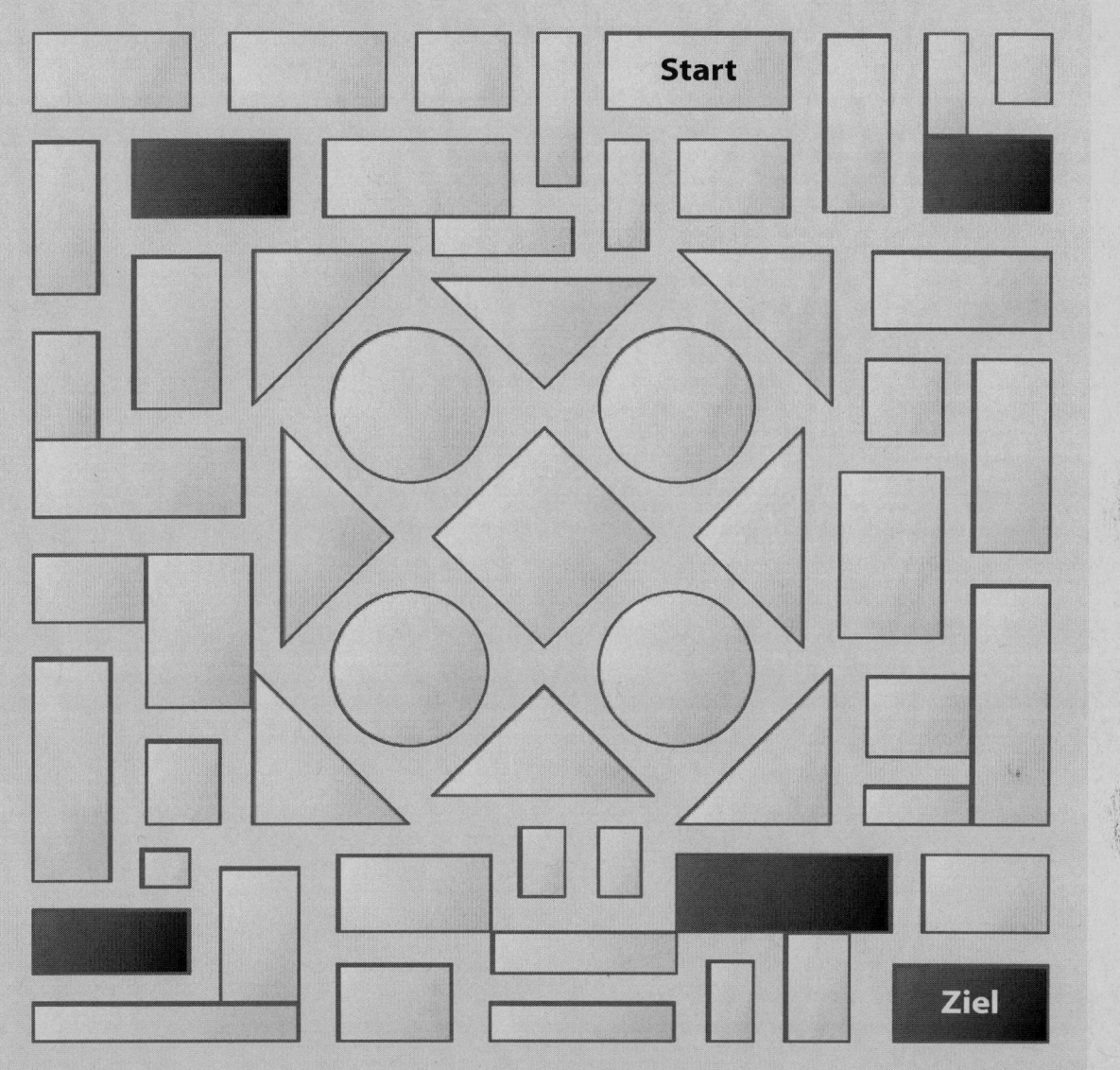

Ausbildungspark Verlag

Bettinastraße 69 • 63067 Offenbach
Tel.: (069) 40 56 49 73 • Fax: (069) 43 05 86 02
E-Mail: kontakt@ausbildungspark.com
Internet: www.ausbildungspark.com

Eignungstest
Polizei und Zoll

Prüfung 5

5

Visuelles Denkvermögen
Erinnerungsvermögen

POL 1P (A4) – P5

Kurt Guth / Marcus Mery
Der Eignungstest / Einstellungstest
zur Ausbildung bei der Polizei
Mit den Prüfungsfragen sicher
durch den Einstellungstest

Ausgabe 2016

4. Auflage

Herausgeber: Ausbildungspark Verlag,
Gültekin & Mery GbR, Offenbach, 2016

Das Autorenteam dankt Andreas Mohr
für die Unterstützung.

Umschlaggestaltung: SB Design, bitpublishing

Bildnachweis: Archiv des Verlages
Illustrationen: bitpublishing
Grafiken: bitpublishing, SB Design
Lektorat: Virginia Kretzer

Beiwerk:

Eignungstest
Polizei und Zoll
Prüfung 5

Bibliografische Information der Deutschen Nationalbibliothek –
Die Deutsche Nationalbibliothek verzeichnet diese Publikation in der Deutschen Nationalbibliografie; detaillierte bibliografische Daten sind im Internet über http://dnb.dnb.de abrufbar.

Gedruckt auf chlorfrei gebleichtem Papier

© 2016 Ausbildungspark Verlag
Bettinastraße 69, 63067 Offenbach
Printed in Germany

Satz: bitpublishing, Schwalbach
Druck: Druckerei Sulzmann, Obertshausen ⊘
         Ausbildungspark Verlag, Offenbach ○

ISBN 978-3-941356-25-2

Prüfung 5
Visuelles Denkvermögen
Erinnerungsvermögen

Prüfungsfragen zum Eignungstest zur Ausbildung
bei Polizei, Feuerwehr, Zoll und Bundeswehr

Bearbeitungszeit: 5 Stunden

Hilfsmittel: Bleistift, Radiergummi, Schmierpapier, Taschenrechner

Alle Lösungen mit Bearbeitungstipps und Kommentaren
finden Sie im mitgelieferten Begleitbuch.

Wichtige Hinweise zur richtigen Bearbeitung des Eignungstests

Dieser Test beinhaltet mehrere Aufgabengebiete. Für die Einführung durch den Prüfer, die Bearbeitung und eine kurze Pause benötigen Sie ca. 4¾ Stunden.

Die Aufgabenbereiche sind i. d. R. so aufgebaut, dass innerhalb eines Aufgabenbereiches die einfachen Fragen am Anfang stehen und die schwereren Fragen am Ende.

Sie haben für jedes Aufgabengebiet eine feste Zeitvorgabe zur Bearbeitung. Die entsprechenden Zeitvorgaben werden Ihnen in den einzelnen Abschnitten mitgeteilt. Der Prüfer wird Sie durch die Prüfung führen, Ihnen die Zeiten vorgeben und Ihnen ein Zeichen geben, wenn Sie zum nächsten Aufgabengebiet weiterblättern sollen.

Wenn Sie die Aufgaben vor Ablauf der vorgegebenen Zeit gelöst haben, dann dürfen Sie innerhalb einer Aufgabengruppe zurückblättern, um ihre Lösungen noch einmal zu überprüfen. Beachten Sie bitte, dass das Umblättern zu einer anderen Aufgabengruppe streng untersagt ist!

Markieren Sie bitte bei jeder Aufgabe einen Lösungsbuchstaben mit Bleistift. Beachten Sie, dass innerhalb einer Aufgabe nur ein Lösungsvorschlag richtig ist. Markieren Sie daher bei jeder Aufgabe nur einen Lösungsvorschlag, ansonsten wird die Antwort als falsch gewertet.

Hierzu ein Beispiel:

Aufgabe

1.   Wie viel ergibt 4×3?
     A. 12
     B. 17
     C. 19
     D. 10
     E. Keine Antwort ist richtig.

Antwort

 12

Für den Fall, dass Sie eine Antwort versehentlich falsch markiert haben, radieren Sie Ihre Antwort bitte vorsichtig aus und tragen einen neuen Kreis ein.

Sie erhalten zu jedem Aufgabengebiet einen Bearbeitungshinweis. Lesen Sie diese Hinweise bitte gründlich durch, da Sie wichtige Informationen für die Bearbeitung der Aufgaben erhalten. Nutzen Sie außer Bleistift, Radiergummi, Notizpapier und Taschenrechner keine weiteren Hilfsmittel.

Bearbeiten Sie die Fragen schnell und sorgfältig. Halten Sie sich nicht mit Aufgaben auf, die Ihnen schwer fallen. Berücksichtigen sie, dass dieser Test so zusammengestellt ist, dass kaum jemand in der angesetzten Bearbeitungszeit alle Aufgaben richtig lösen kann.

Behalten Sie daher die Ruhe, wenn Sie die eine oder andere Aufgabe aus zeitlichen Gründen nicht lösen können.

Visuelles Denkvermögen

Dominosteine

In diesem Abschnitt wird Ihr visuelles Denkvermögen getestet.

Ersetzen Sie bitte die Fragezeichen durch den jeweils passenden Dominostein.

Hierzu ein Beispiel:

Aufgabe

1. Die Dominosteine sind nach einer bestimmten
    Logik angeordnet.

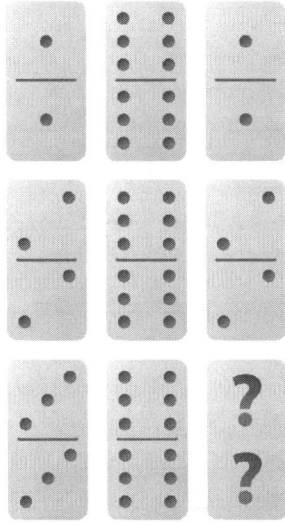

**Welcher der Dominosteine von A bis E ersetzt den
Dominostein mit den zwei Fragezeichen sinnvoll?**

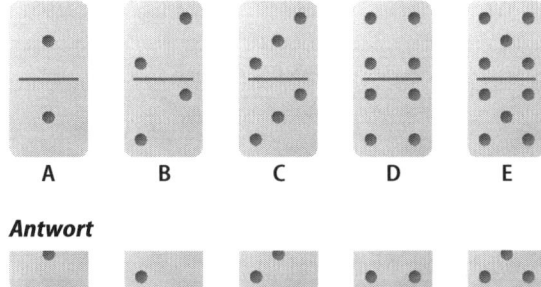

Antwort

A	B	C	D	E

Erklärung:

Die jeweils linken und rechten Steine einer Reihe sind gleich. Darüber hinaus nimmt die Augenzahl bei den Steinen der linken und der rechten Spalte von oben nach unten um eins zu.

Dominosteine

Beantworten Sie bitte die folgenden Aufgaben, indem Sie jeweils die richtige Antwort ankreuzen.

1146. Die Dominosteine sind nach einer bestimmten Logik angeordnet.

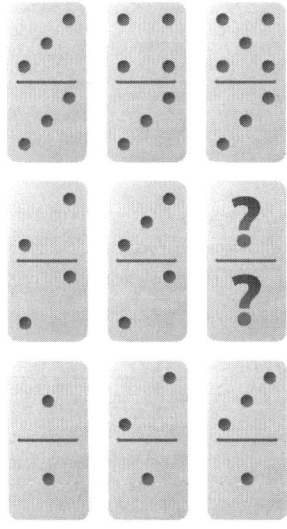

Welcher der Dominosteine von A bis E ersetzt den Stein mit den zwei Fragezeichen sinnvoll?

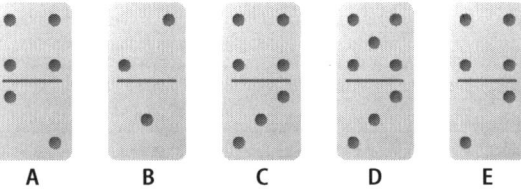

1147. Die Dominosteine sind nach einer bestimmten Logik angeordnet.

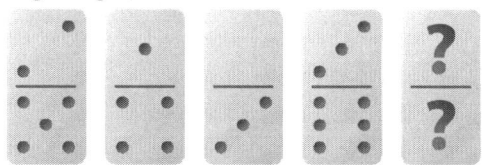

Welcher der Dominosteine von A bis E ersetzt den Stein mit den zwei Fragezeichen sinnvoll?

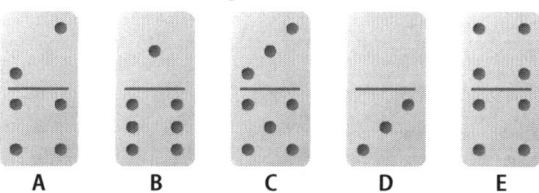

1148. Die Dominosteine sind nach einer bestimmten Logik angeordnet.

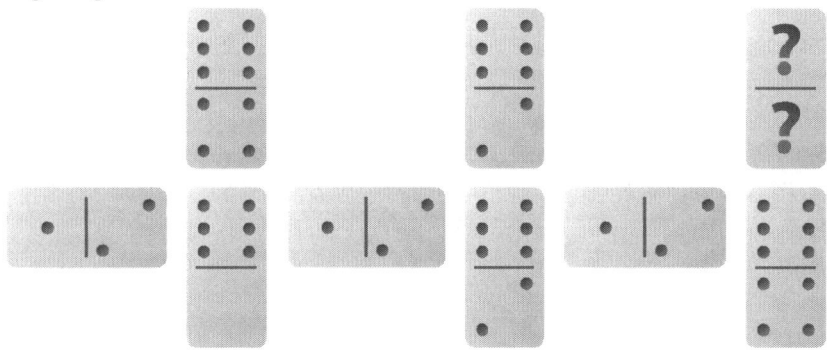

Welcher der Dominosteine von A bis E ersetzt den Stein mit den zwei Fragezeichen sinnvoll?

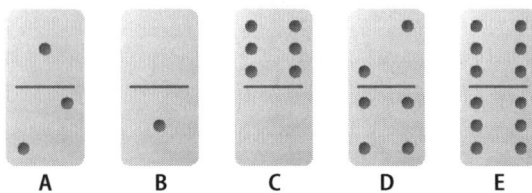

1149. Die Dominosteine sind nach einer bestimmten Logik angeordnet.

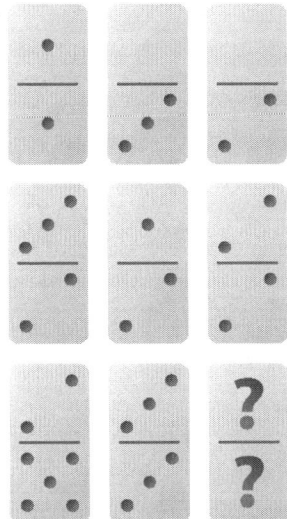

Welcher der Dominosteine von A bis E ersetzt den Stein mit den zwei Fragezeichen sinnvoll?

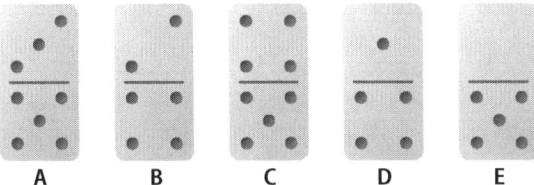

| A | B | C | D | E |

1150. Die Dominosteine sind nach einer bestimmten Logik angeordnet.

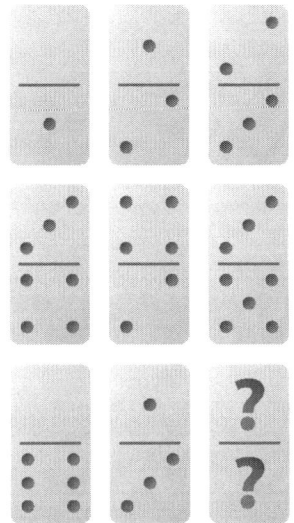

Welcher der Dominosteine von A bis E ersetzt den Stein mit den zwei Fragezeichen sinnvoll?

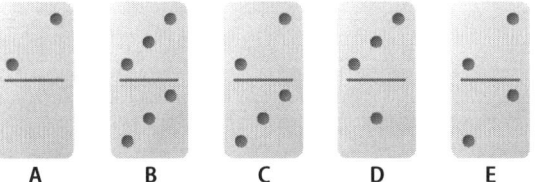

| A | B | C | D | E |

Visuelles Denkvermögen

Figurenreihe fortführen   *Aufgabenerklärung*

In diesem Abschnitt wird Ihr visuelles Denkvermögen getestet.

In jeder Aufgabe werden Ihnen drei Abbildungen vorgestellt, in denen verschiedene Elemente logisch so angeordnet sind, dass sich ein systematischer Zusammenhang zwischen den einzelnen Abbildungen ergibt. Welche der zur Auswahl gestellten Figuren ergänzt das Fragezeichen sinnvoll nach einer bestimmten Regel?

Hierzu ein Beispiel:

Aufgabe

1. Bitte setzen Sie die Figurenreihe fort.

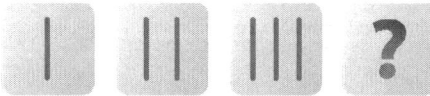

Durch welche der fünf Figuren wird das Fragezeichen logisch ersetzt?

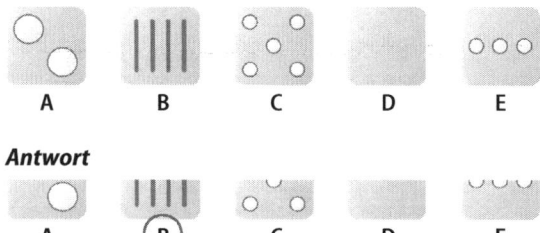

Antwort

Die Anzahl der senkrechten Striche nimmt stetig um 1 zu.

Figurenreihe fortführen

Beantworten Sie bitte die folgenden Aufgaben, indem Sie jeweils die richtige Antwort ankreuzen.

1151. Bitte setzen Sie die Figurenreihe fort.

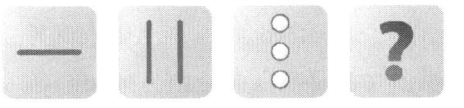

Durch welche der fünf Figuren wird das Fragezeichen logisch ersetzt?

1152. Bitte setzen Sie die Figurenreihe fort.

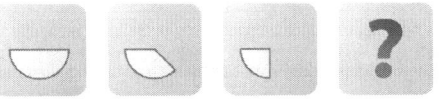

Durch welche der fünf Figuren wird das Fragezeichen logisch ersetzt?

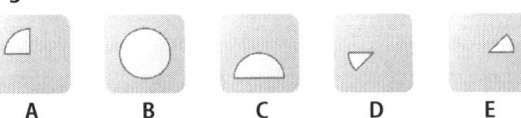

1153. Bitte setzen Sie die Figurenreihe fort.

Durch welche der fünf Figuren wird das Fragezeichen logisch ersetzt?

1154. Bitte setzen Sie die Figurenreihe fort.

Durch welche der fünf Figuren wird das Fragezeichen logisch ersetzt?

1155. Bitte setzen Sie die Figurenreihe fort.

Durch welche der fünf Figuren wird das Fragezeichen logisch ersetzt?

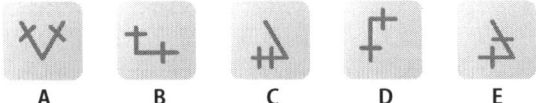

Visuelles Denkvermögen

Figuren entfernen

In diesem Abschnitt wird Ihr visuelles Denkvermögen getestet.

Sie sehen in der Reihe fünf Abbildungen mit verschiedenen Figuren, wobei sich eine von den vier anderen Figuren in irgendeiner Weise unterscheidet.
Welche Figur gehört nicht in die Reihe?

Hierzu ein Beispiel:

Aufgabe

1.   Sie sehen fünf Figuren. Welche gehört nicht in die Reihe?

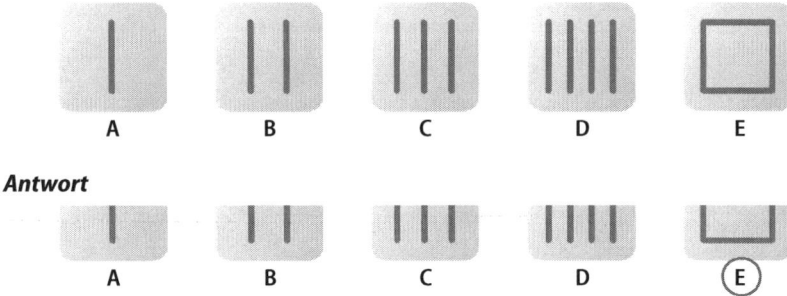

| A | B | C | D | E |

Antwort

| | | | | (E) |
| A | B | C | D | E |

Jede Figur besteht aus unverbundenen senkrechten Strichen – bis auf Figur E.

Figuren entfernen

Beantworten Sie bitte die folgenden Aufgaben, indem Sie jeweils die richtige Antwort ankreuzen.

1156. Sie sehen fünf Figuren. Welche gehört nicht in die Reihe?

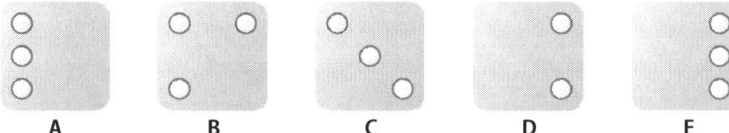

A   B   C   D   E

1157. Sie sehen fünf Figuren. Welche gehört nicht in die Reihe?

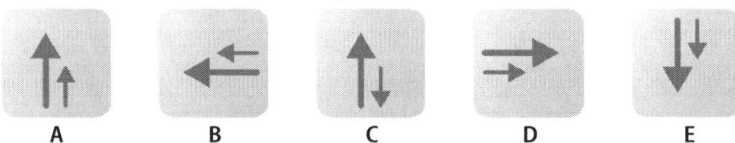

A   B   C   D   E

1158. Sie sehen fünf Figuren. Welche gehört nicht in die Reihe?

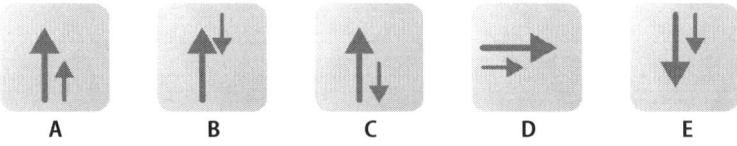

A   B   C   D   E

1159. Sie sehen fünf Figuren. Welche gehört nicht in die Reihe?

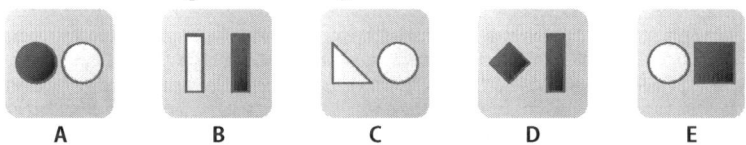

A   B   C   D   E

1160. Sie sehen fünf Figuren. Welche gehört nicht in die Reihe?

A   B   C   D   E

Visuelles Denkvermögen

Figuren ergänzen

In diesem Abschnitt wird Ihr visuelles Denkvermögen getestet.

Sie sehen ein Rechteck mit acht Figuren. Ihre Aufgabe besteht darin, das Fragezeichen durch die entsprechende Figur sinnvoll nach einer bestimmten Regel zu ersetzen.

Hierzu ein Beispiel:

Aufgabe

1.   Sie sehen ein Quadrat mit acht Figuren.

Durch welche der fünf Figuren wird das Fragezeichen logisch ersetzt?

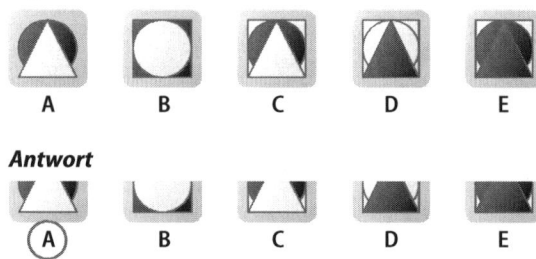

Antwort

Die beiden linken Figuren einer Reihe werden rechts überlagert, wobei sie ihre Farben tauschen.

Figuren ergänzen

Beantworten Sie bitte die folgenden Aufgaben, indem Sie jeweils die richtige Antwort ankreuzen.

1161. Sie sehen ein Quadrat mit acht Figuren.

Durch welche der fünf Figuren wird das Fragezeichen logisch ersetzt?

A   B   C   D   E

1163. Sie sehen ein Quadrat mit acht Figuren.

Durch welche der fünf Formationen wird das Fragezeichen logisch ersetzt?

A   B   C   D   E

1162. Sie sehen ein Quadrat mit acht Figuren.

Durch welche der fünf Figuren wird das Fragezeichen logisch ersetzt?

A   B   C   D   E

1164. Sie sehen ein Quadrat mit acht Figuren.

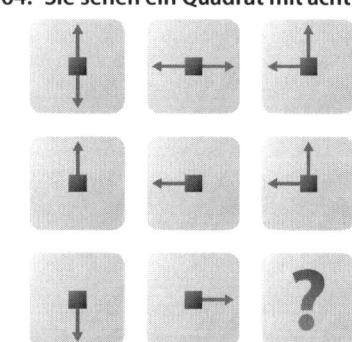

Durch welche der fünf Figuren wird das Fragezeichen logisch ersetzt?

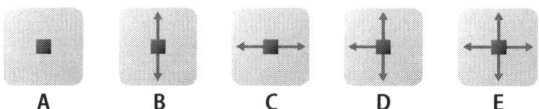

A   B   C   D   E

1165. Sie sehen ein Quadrat mit acht Figuren.

Durch welche der fünf Figuren wird das Fragezeichen logisch ersetzt?

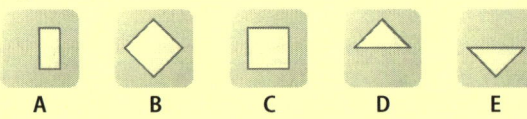

1166. Sie sehen ein Quadrat mit acht Figuren.

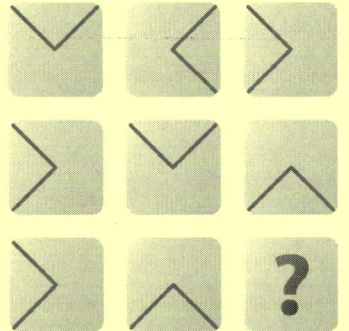

Durch welche der fünf Figuren wird das Fragezeichen logisch ersetzt?

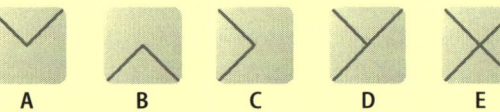

1167. Sie sehen ein Quadrat mit acht Figuren.

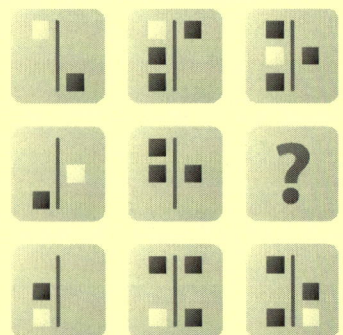

Durch welche der fünf Figuren wird das Fragezeichen logisch ersetzt?

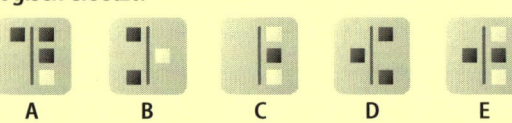

1168. Sie sehen ein Quadrat mit acht Figuren.

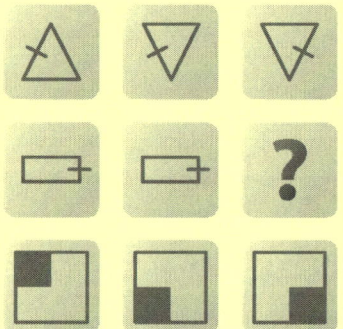

Durch welche der fünf Figuren wird das Fragezeichen logisch ersetzt?

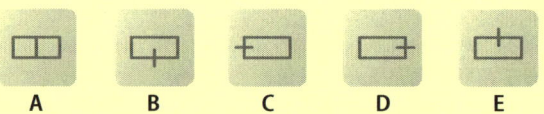

1169. Sie sehen ein Quadrat mit acht Figuren.

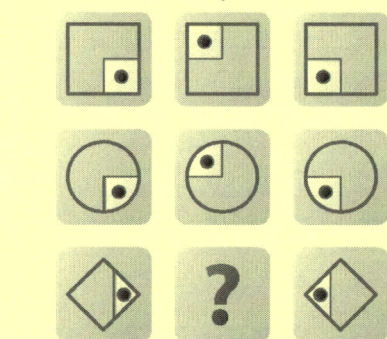

Durch welche der fünf Figuren wird das Fragezeichen logisch ersetzt?

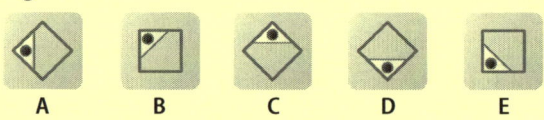

1170. Sie sehen ein Quadrat mit acht Figuren.

Durch welche der fünf Figuren wird das Fragezeichen logisch ersetzt?

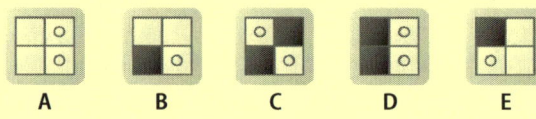

Visuelles Denkvermögen

Figuren zuordnen   *Aufgabenerklärung*

In diesem Abschnitt wird Ihre Fähigkeit zu logischem Denken im visuellen Bereich geprüft.

Bei jeder Aufgabe werden Ihnen zwei Figurengruppen vorgestellt, in denen verschiedene Elemente abgebildet sind. Die einzelnen Elemente sind innerhalb einer Gruppe nach einem gemeinsamen Schema logisch zusammengestellt. Ordnen Sie bitte die jeweils fünf vorgegebenen Aufgabenmuster ihren zugehörigen Figurengruppen zu.

Hierzu ein Beispiel:

Aufgabe

1.   Welche der fünf Aufgabenmuster A bis E gehören in die Gruppe 1 und welche in die Gruppe 2?

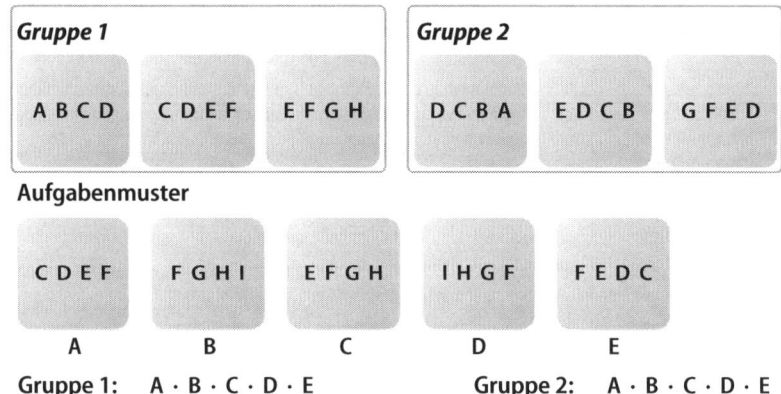

Gruppe 1:   A · B · C · D · E   Gruppe 2:   A · B · C · D · E

Antwort

Gruppe 1:   (A)(B)(C) D · E   Gruppe 2:   A · B · C ·(D)(E)

Erklärung:

In Gruppe 1 bilden die Buchstaben eine alphabetisch vorwärts laufende, in Gruppe 2 eine alphabetisch rückwärts laufende Reihe.

Figuren zuordnen

Beantworten Sie bitte die folgenden Aufgaben, indem Sie jeweils den richtigen Buchstaben markieren.

1171. Welche der fünf Aufgabenmuster A bis E gehören in die Gruppe 1 und welche in die Gruppe 2?

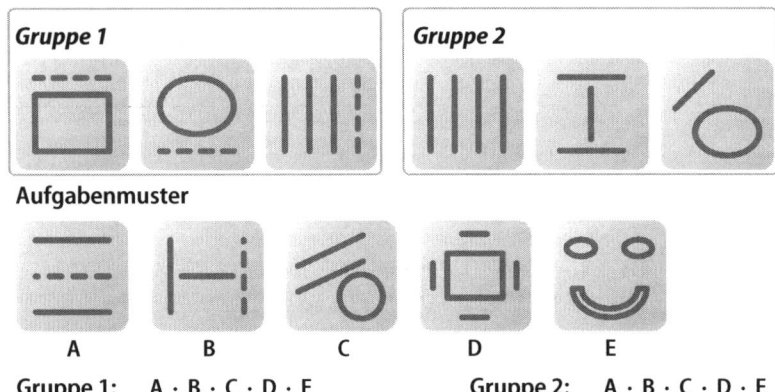

Gruppe 1: A · B · C · D · E   Gruppe 2: A · B · C · D · E

1172. Welche der fünf Aufgabenmuster A bis E gehören in die Gruppe 1 und welche in die Gruppe 2?

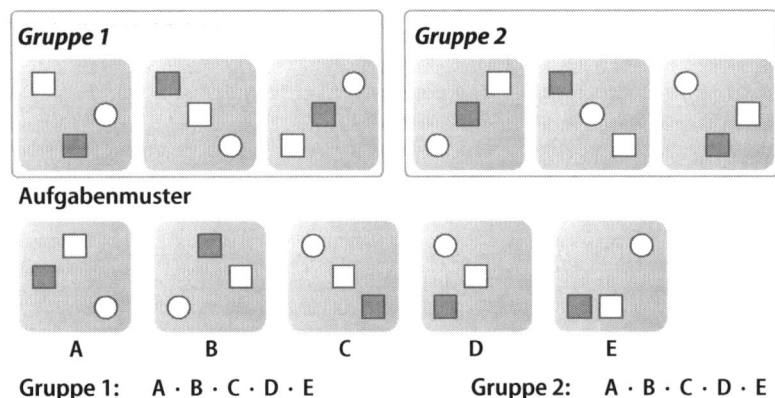

Gruppe 1: A · B · C · D · E   Gruppe 2: A · B · C · D · E

1173. Welche der fünf Aufgabenmuster A bis E gehören in die Gruppe 1 und welche in die Gruppe 2?

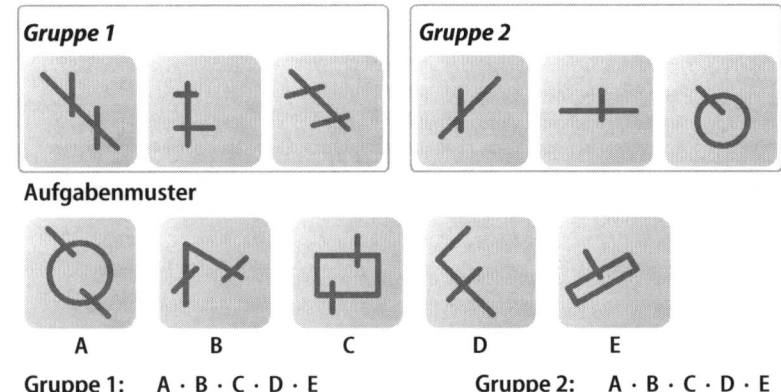

Gruppe 1: A · B · C · D · E   Gruppe 2: A · B · C · D · E

1174. Welche der fünf Aufgabenmuster A bis E gehören in die Gruppe 1 und welche in die Gruppe 2?

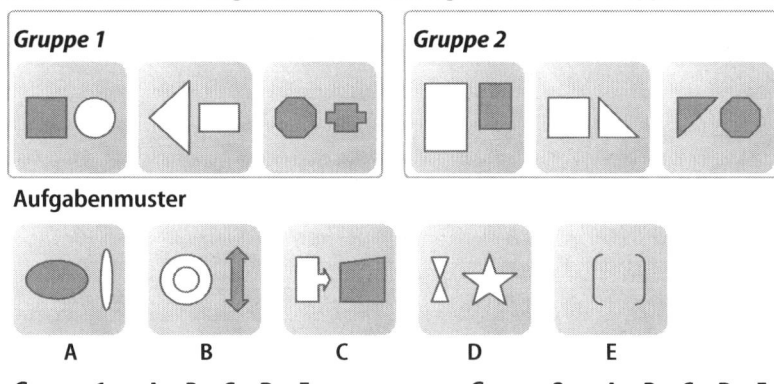

Gruppe 1:   A · B · C · D · E   Gruppe 2:   A · B · C · D · E

1175. Welche der fünf Aufgabenmuster A bis E gehören in die Gruppe 1 und welche in die Gruppe 2?

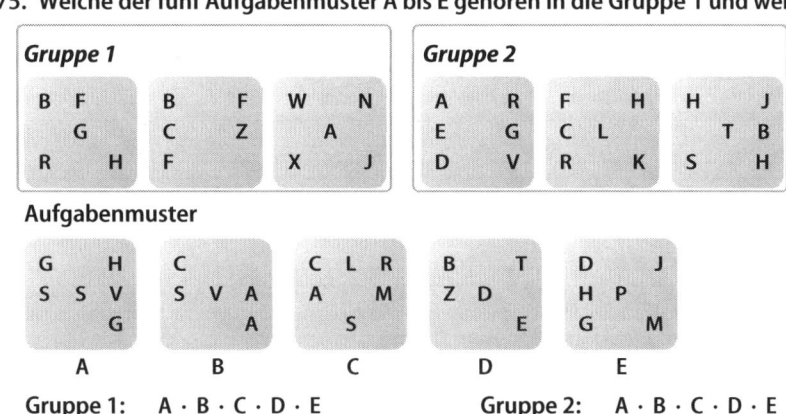

Gruppe 1:   A · B · C · D · E   Gruppe 2:   A · B · C · D · E

Visuelles Denkvermögen

Eine Figur ist gespiegelt

Diese Aufgaben prüfen Ihre visuelle Auffassungsgabe.

In jeder Reihe erhalten Sie eine Figur in fünf Variationen – viermal unterschiedlich weit gedreht, einmal jedoch gespiegelt.

Beantworten Sie bitte die folgenden Aufgaben, indem Sie jeweils die gespiegelte Figur markieren.

Block A

Für einen Aufgabenblock haben Sie **1 Minute** Zeit.

Welche der fünf Figuren ist gespiegelt?

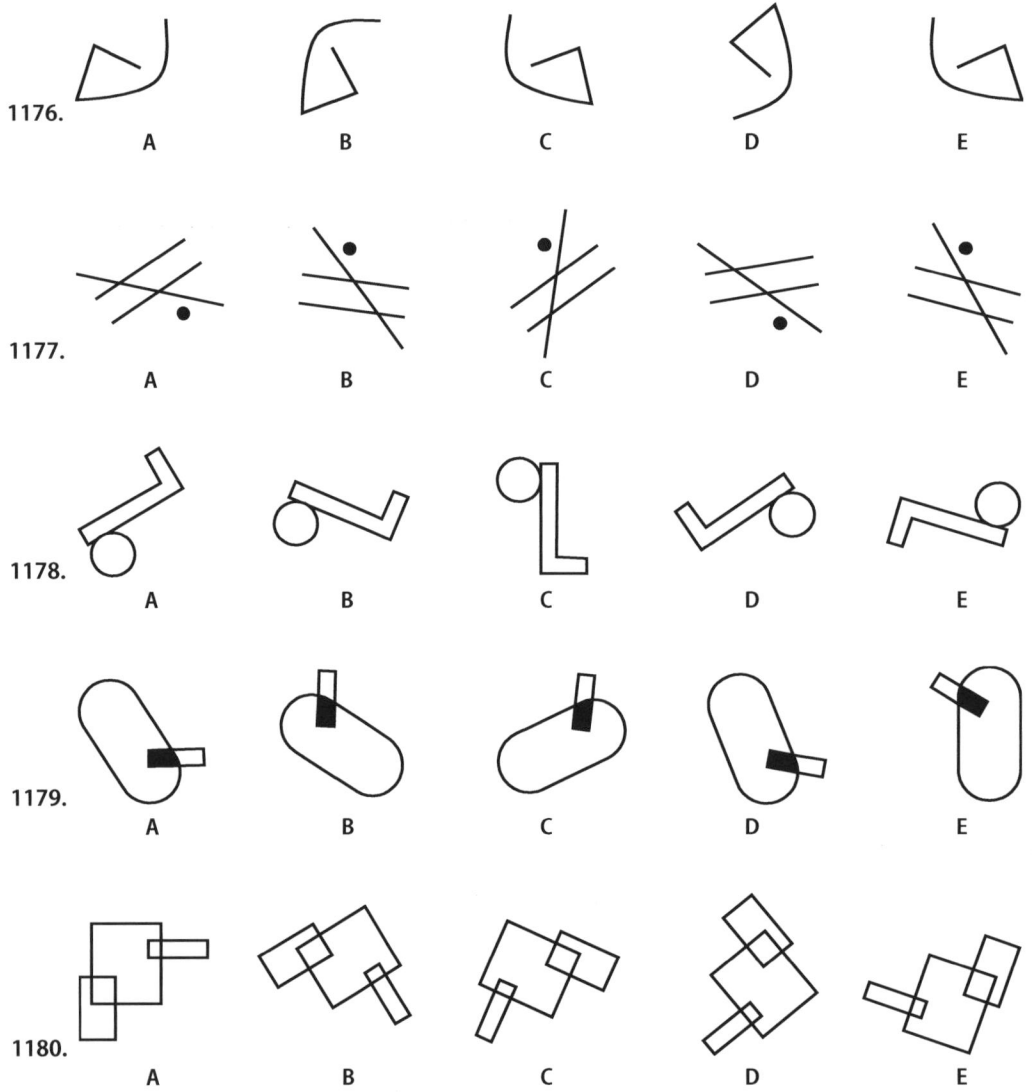

1176. A B C D E

1177. A B C D E

1178. A B C D E

1179. A B C D E

1180. A B C D E

Block B

Für einen Aufgabenblock haben Sie **1 Minute** Zeit.

Welche der fünf Figuren ist gespiegelt?

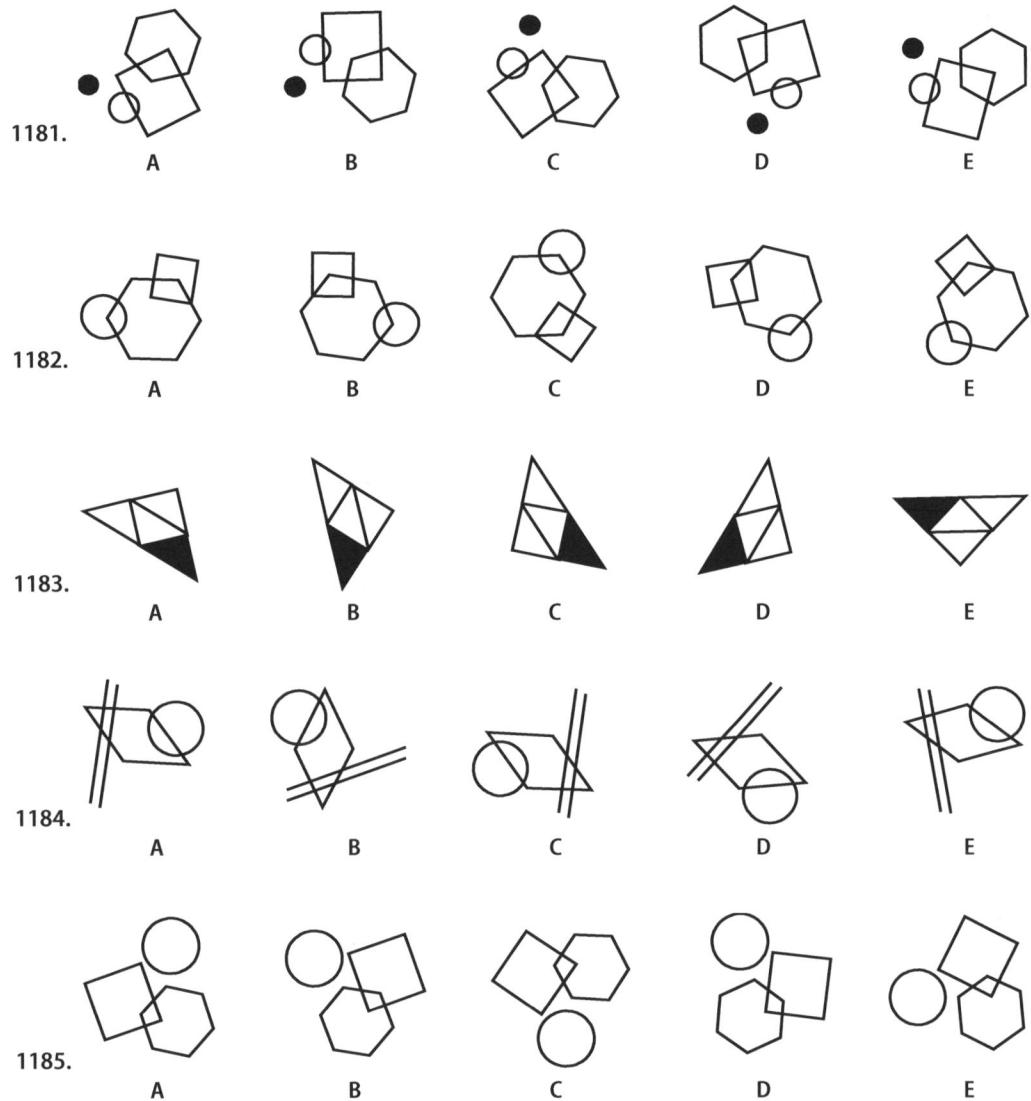

1181.

A B C D E

1182.

A B C D E

1183.

A B C D E

1184.

A B C D E

1185.

A B C D E

Visuelles Denkvermögen

Visuelle Analogien

In diesem Abschnitt wird Ihre Fähigkeit zu logischem Denken im visuellen Bereich geprüft.

Sie werden in jeder der folgenden Aufgaben zunächst mit zwei Figuren konfrontiert, die in einer bestimmten Beziehung zueinander stehen. Durch eine ähnliche Beziehung ist auch eine dritte mit einer vierten Figur verknüpft – diese müssen Sie jedoch aus einer Menge mehrerer Antwortmöglichkeiten selbst ermitteln.
Welche der Figuren ergänzt das Fragezeichen sinnvoll nach einer bestimmten Regel?

Hierzu ein Beispiel:

Aufgabe

1. In der Figurenrelation soll das Fragezeichen sinnvoll ersetzt werden.

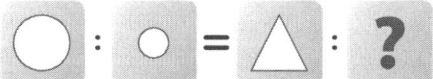

Welche Figur ersetzt das Fragezeichen logisch?

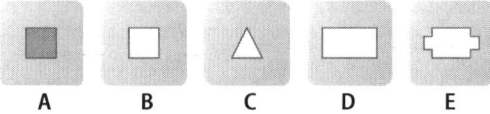

Antwort

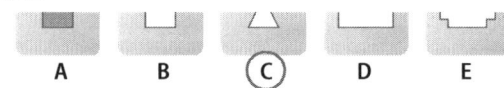

Erklärung:
Das Objekt wird in verkleinerter Form wiederholt.

Visuelle Analogien

Bearbeitungszeit 10 Minuten

Beantworten Sie bitte die folgenden Aufgaben, indem Sie jeweils den richtigen Buchstaben markieren.

1186. In der Figurenrelation soll das Fragezeichen sinnvoll ersetzt werden.

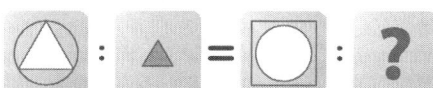

Welche Figur ersetzt das Fragezeichen logisch?

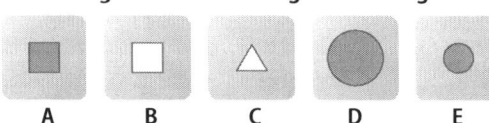

1187. In der Figurenrelation soll das Fragezeichen sinnvoll ersetzt werden.

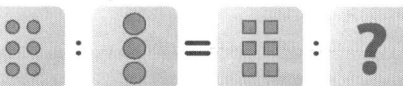

Welche Figur ersetzt das Fragezeichen logisch?

1188. In der Figurenrelation soll das Fragezeichen sinnvoll ersetzt werden.

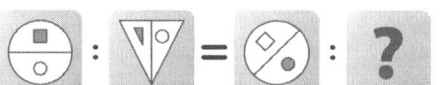

Welche Figur ersetzt das Fragezeichen logisch?

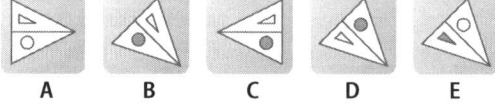

1189. In der Figurenrelation soll das Fragezeichen sinnvoll ersetzt werden.

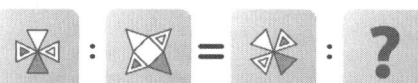

Welche Figur ersetzt das Fragezeichen logisch?

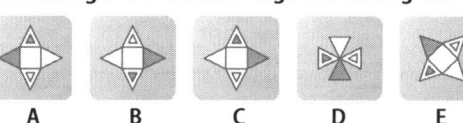

1190. In der Figurenrelation soll das Fragezeichen sinnvoll ersetzt werden.

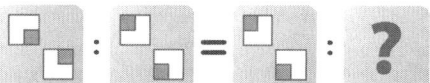

Welche Figur ersetzt das Fragezeichen logisch?

1191. In der Figurenrelation soll das Fragezeichen sinnvoll ersetzt werden.

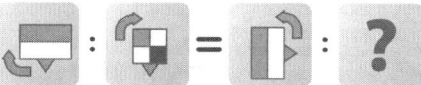

Welche Figur ersetzt das Fragezeichen logisch?

1192. In der Figurenrelation soll das Fragezeichen sinnvoll ersetzt werden.

Welche Figur ersetzt das Fragezeichen logisch?

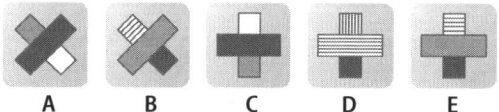

1193. In der Figurenrelation soll das Fragezeichen sinnvoll ersetzt werden.

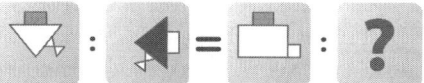

Welche Figur ersetzt das Fragezeichen logisch?

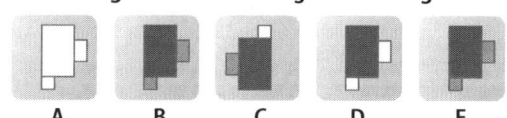

1194. In der Figurenrelation soll das Fragezeichen sinnvoll ersetzt werden.

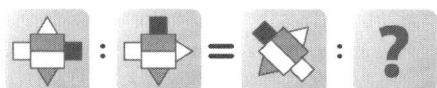

Welche Figur ersetzt das Fragezeichen logisch?

A B C D E

1195. In der Figurenrelation soll das Fragezeichen sinnvoll ersetzt werden.

Welche Figur ersetzt das Fragezeichen logisch?

A B C D E

Visuelles Denkvermögen

Würfel drehen   *Bearbeitungszeit 10 Minuten*

Zu jeder Aufgabe erhalten Sie einen Würfel, dessen Seiten unterschiedlich gemustert sind. Entscheiden Sie, welcher der abgebildeten Musterwürfel dem Aufgabenwürfel entspricht – dieser kann beliebig nach links oder rechts, nach vorne oder hinten, im oder gegen den Uhrzeigersinn gedreht bzw. gekippt werden.
Beantworten Sie bitte die folgenden Aufgaben, indem Sie jeweils den richtigen Buchstaben markieren.

1196. Ihnen wird ein Aufgabenwürfel vorgegeben.

Welcher der Musterwürfel A bis E ist identisch mit dem Aufgabenwürfel?

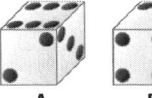    

A   B   C   D   E

1199. Ihnen wird ein Aufgabenwürfel vorgegeben.

Welcher der Musterwürfel A bis E ist identisch mit dem Aufgabenwürfel?

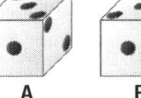  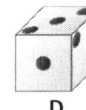 

A   B   C   D   E

1197. Ihnen wird ein Aufgabenwürfel vorgegeben.

Welcher der Musterwürfel A bis E ist identisch mit dem Aufgabenwürfel?

A   B   C   D   E

1200. Ihnen wird ein Aufgabenwürfel vorgegeben.

Welcher der Musterwürfel A bis E ist identisch mit dem Aufgabenwürfel?

A   B   C   D   E

1198. Ihnen wird ein Aufgabenwürfel vorgegeben.

Welcher der Musterwürfel A bis E ist identisch mit dem Aufgabenwürfel?

A   B   C   D   E

1201. Ihnen wird ein Aufgabenwürfel vorgegeben.

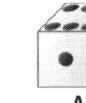

Welcher der Musterwürfel A bis E ist identisch mit dem Aufgabenwürfel?

 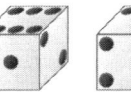    

A   B   C   D   E

1202. Ihnen wird ein Aufgabenwürfel vorgegeben.

Welcher der Musterwürfel A bis E ist identisch mit dem Aufgabenwürfel?

A   B   C   D   E

1203. Ihnen wird ein Aufgabenwürfel vorgegeben.

Welcher der Musterwürfel A bis E ist identisch mit dem Aufgabenwürfel?

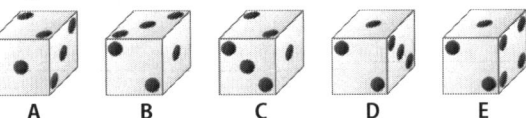

A   B   C   D   E

1204. Ihnen wird ein Aufgabenwürfel vorgegeben.

Welcher der Musterwürfel A bis E ist identisch mit dem Aufgabenwürfel?

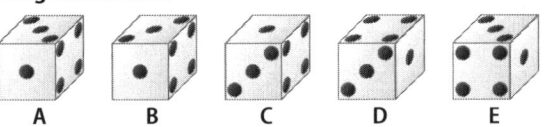

A   B   C   D   E

1205. Ihnen wird ein Aufgabenwürfel vorgegeben.

Welcher der Musterwürfel A bis E ist identisch mit dem Aufgabenwürfel?

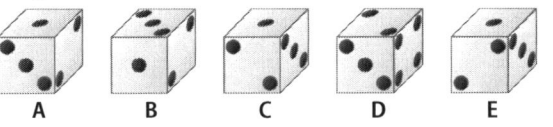

A   B   C   D   E

Visuelles Denkvermögen

Faltvorlagen Typ 1

In diesem Abschnitt wird Ihr visuelles Denkvermögen getestet.

Sie sehen eine Faltvorlage. Finden Sie heraus, welche der fünf Figuren A bis E daraus hergestellt werden kann.

Hierzu ein Beispiel:

Aufgabe

1. Diese Faltvorlage ist die Außenseite eines Körpers.

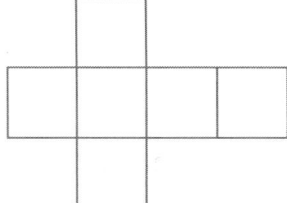

   Welcher der Körper A bis E kann aus der Faltvorlage gebildet werden?

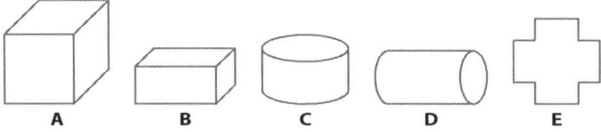

Antwort

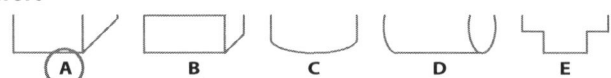

Faltvorlagen Typ 1

Beantworten Sie bitte die folgenden Aufgaben, indem Sie jeweils den richtigen Buchstaben markieren.

1206. Diese Faltvorlage ist die Außenseite eines Körpers.

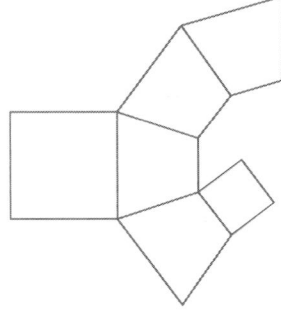

Welcher der Körper A bis E kann aus der Faltvorlage gebildet werden?

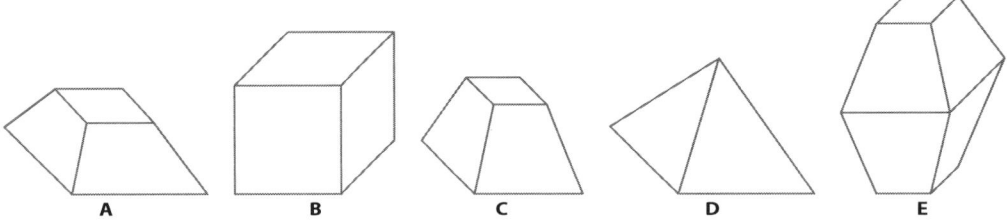

1207. Diese Faltvorlage ist die Außenseite eines Körpers.

Welcher der Körper A bis E kann aus der Faltvorlage gebildet werden?

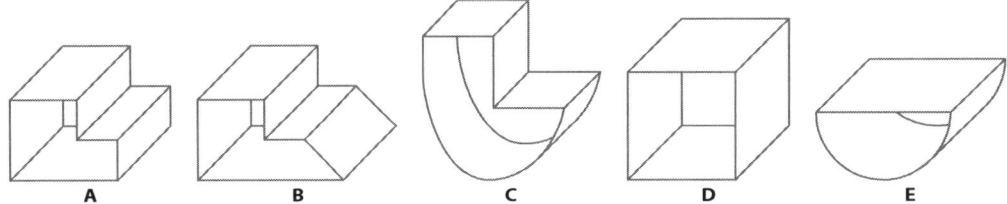

1208. Diese Faltvorlage ist die Außenseite eines Körpers.

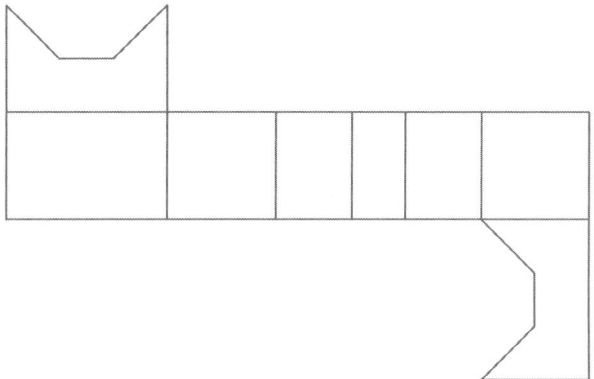

Welcher der Körper A bis E kann aus der Faltvorlage gebildet werden?

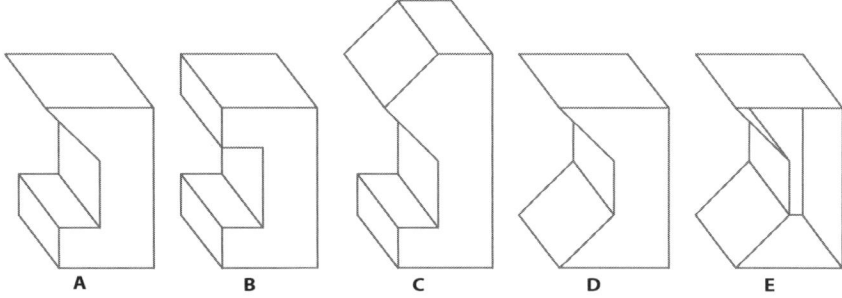

| A | B | C | D | E |

1209. Diese Faltvorlage ist die Außenseite eines Körpers.

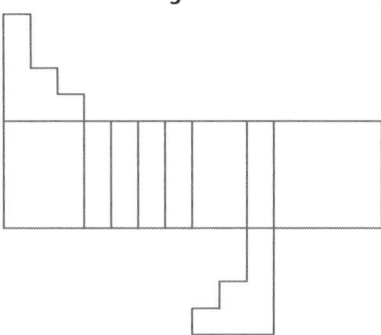

Welcher der Körper A bis E kann aus der Faltvorlage gebildet werden?

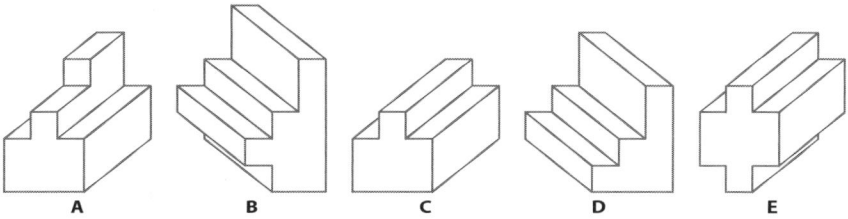

| A | B | C | D | E |

1210. Diese Faltvorlage ist die Außenseite eines Körpers.

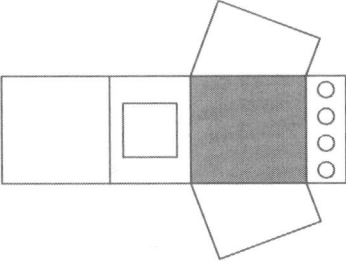

Welcher der Körper A bis E kann aus der Faltvorlage gebildet werden?

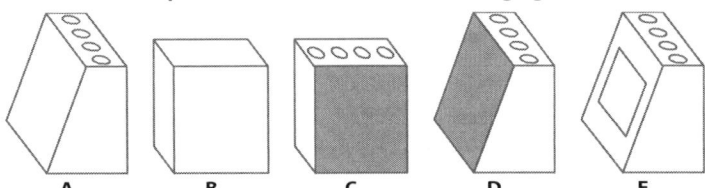

Visuelles Denkvermögen

Faltvorlagen Typ 2   *Aufgabenerklärung*

In diesem Abschnitt wird Ihr visuelles Denkvermögen getestet.

Abgebildet ist die perspektivische Darstellung eines Körpers, an dem einige Flächen und Kanten mit Buchstaben gekennzeichnet sind. Dazu erhalten Sie eine Faltvorlage (sichtbar sind die Außenflächen), aus der man die abgebildete Figur herstellen kann – hier sind einige Flächen und Linien mit Zahlen versehen. Ermitteln Sie bitte zu jeder mit einem Buchstaben markierten Fläche oder Kante des Körpers die dazugehörige Stelle auf der Faltvorlage und kreisen Sie die entsprechende Zahl bei den Lösungsmöglichkeiten ein.

Hierzu ein Beispiel:

Aufgabe

1.   Am Körper sind 5 Stellen mit den Buchstaben a bis e markiert.

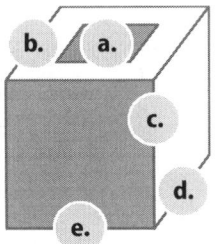

a.   1 · 2 · 3 · 4 · 5 · 6 · 7 · 8 · 9 · 10
b.   1 · 2 · 3 · 4 · 5 · 6 · 7 · 8 · 9 · 10
c.   1 · 2 · 3 · 4 · 5 · 6 · 7 · 8 · 9 · 10
d.   1 · 2 · 3 · 4 · 5 · 6 · 7 · 8 · 9 · 10
e.   1 · 2 · 3 · 4 · 5 · 6 · 7 · 8 · 9 · 10

Kreisen Sie in der Lösungsmatrix jeweils die Zahl ein, die sich an der entsprechenden Stelle der Faltvorlage befindet.

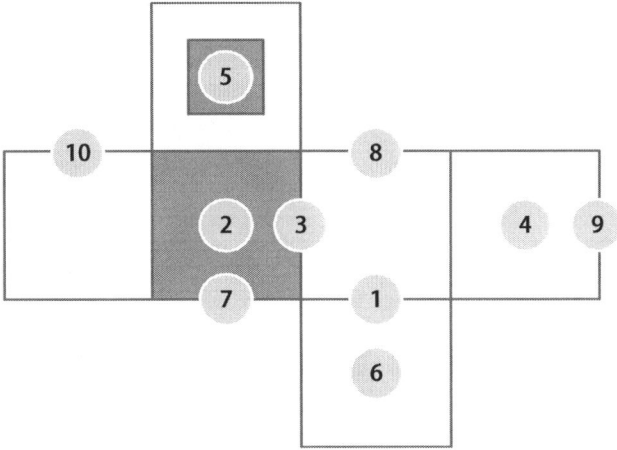

Antwort:

a.   1 · 2 · 3 · 4 · (5) · 6 · 7 · 8 · 9 · 10
b.   1 · 2 · 3 · 4 · 5 · 6 · 7 · 8 · 9 · (10)
c.   1 · 2 · (3) · 4 · 5 · 6 · 7 · 8 · 9 · 10
d.   (1) · 2 · 3 · 4 · 5 · 6 · 7 · 8 · 9 · 10
e.   1 · 2 · 3 · 4 · 5 · 6 · (7) · 8 · 9 · 10

Faltvorlagen Typ 2

Beantworten Sie bitte die folgenden Aufgaben, indem Sie jeweils die richtigen Zahlen markieren.

1211. **Am Körper sind 5 Stellen mit den Buchstaben a bis e markiert.**

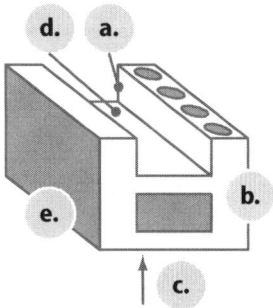

a.	1 · 2 · 3 · 4 · 5 · 6 · 7 · 8 · 9 · 10
b.	1 · 2 · 3 · 4 · 5 · 6 · 7 · 8 · 9 · 10
c.	1 · 2 · 3 · 4 · 5 · 6 · 7 · 8 · 9 · 10
d.	1 · 2 · 3 · 4 · 5 · 6 · 7 · 8 · 9 · 10
e.	1 · 2 · 3 · 4 · 5 · 6 · 7 · 8 · 9 · 10

Kreisen Sie in der Lösungsmatrix jeweils die Zahl ein, die sich an der entsprechenden Stelle der Faltvorlage befindet.

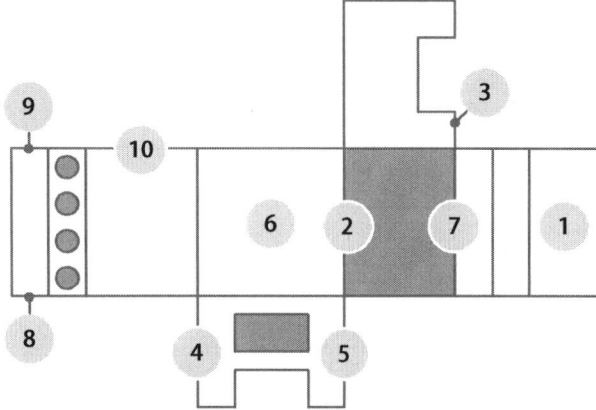

1212. **Am Körper sind 5 Stellen mit den Buchstaben a bis e markiert.**

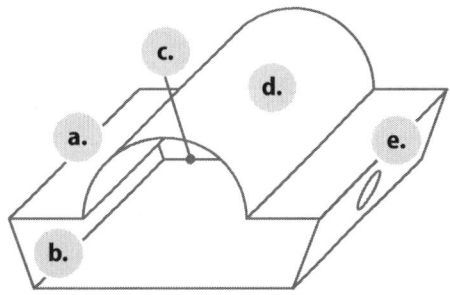

a.	1 · 2 · 3 · 4 · 5 · 6 · 7 · 8 · 9 · 10
b.	1 · 2 · 3 · 4 · 5 · 6 · 7 · 8 · 9 · 10
c.	1 · 2 · 3 · 4 · 5 · 6 · 7 · 8 · 9 · 10
d.	1 · 2 · 3 · 4 · 5 · 6 · 7 · 8 · 9 · 10
e.	1 · 2 · 3 · 4 · 5 · 6 · 7 · 8 · 9 · 10

Kreisen Sie in der Lösungsmatrix jeweils die Zahl ein, die sich an der entsprechenden Stelle der Faltvorlage befindet.

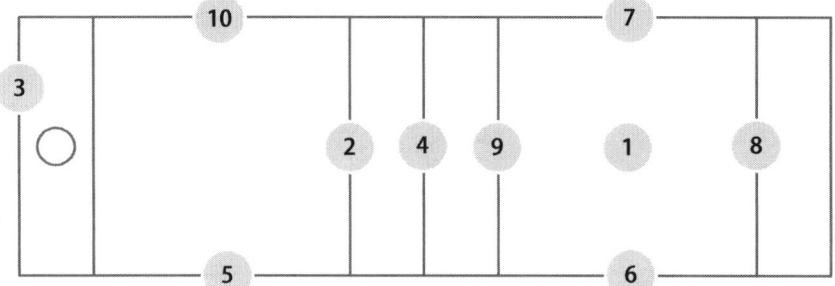

1213. Am Körper sind 5 Stellen mit den Buchstaben a bis e markiert.

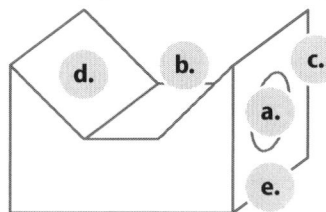

a.	1 · 2 · 3 · 4 · 5 · 6 · 7 · 8 · 9 · 10
b.	1 · 2 · 3 · 4 · 5 · 6 · 7 · 8 · 9 · 10
c.	1 · 2 · 3 · 4 · 5 · 6 · 7 · 8 · 9 · 10
d.	1 · 2 · 3 · 4 · 5 · 6 · 7 · 8 · 9 · 10
e.	1 · 2 · 3 · 4 · 5 · 6 · 7 · 8 · 9 · 10

Kreisen Sie in der Lösungsmatrix jeweils die Zahl ein,
die sich an der entsprechenden Stelle der Faltvorlage befindet.

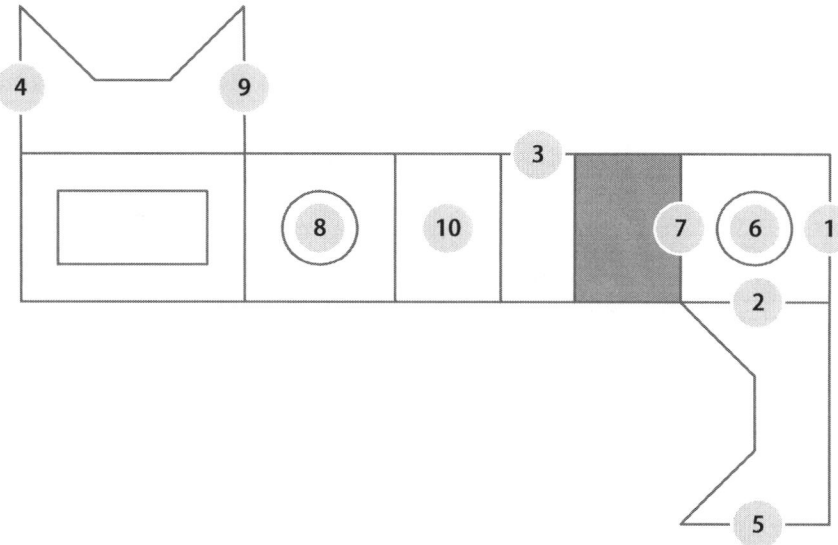

1214. Am Körper sind 5 Stellen mit den Buchstaben a bis e markiert.

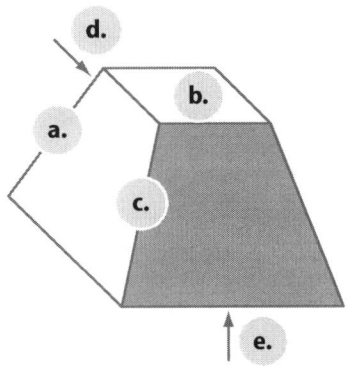

a.	1 · 2 · 3 · 4 · 5 · 6 · 7 · 8 · 9 · 10
b.	1 · 2 · 3 · 4 · 5 · 6 · 7 · 8 · 9 · 10
c.	1 · 2 · 3 · 4 · 5 · 6 · 7 · 8 · 9 · 10
d.	1 · 2 · 3 · 4 · 5 · 6 · 7 · 8 · 9 · 10
e.	1 · 2 · 3 · 4 · 5 · 6 · 7 · 8 · 9 · 10

Kreisen Sie in der Lösungsmatrix jeweils die Zahl ein,
die sich an der entsprechenden Stelle der Faltvorlage befindet.

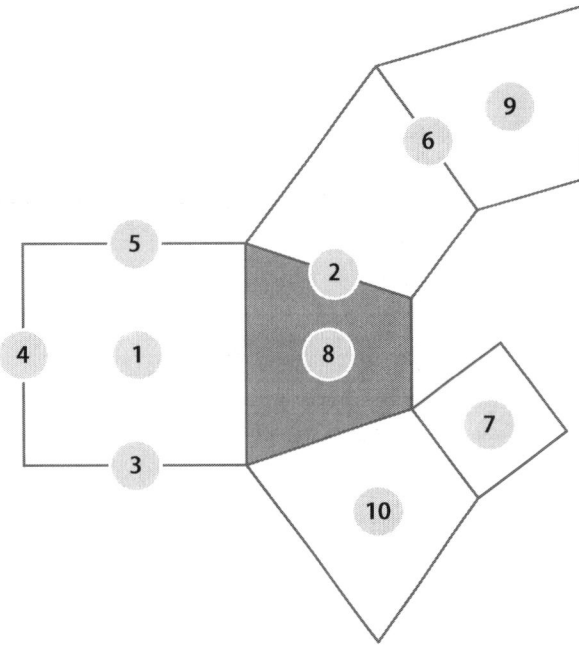

1215. Am Körper sind 5 Stellen mit den Buchstaben a bis e markiert.

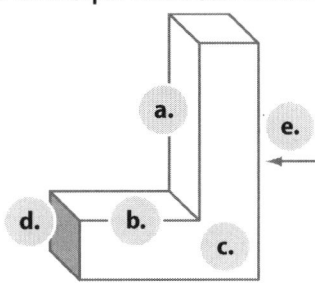

a.	1 · 2 · 3 · 4 · 5 · 6 · 7 · 8 · 9 · 10
b.	1 · 2 · 3 · 4 · 5 · 6 · 7 · 8 · 9 · 10
c.	1 · 2 · 3 · 4 · 5 · 6 · 7 · 8 · 9 · 10
d.	1 · 2 · 3 · 4 · 5 · 6 · 7 · 8 · 9 · 10
e.	1 · 2 · 3 · 4 · 5 · 6 · 7 · 8 · 9 · 10

Kreisen Sie in der Lösungsmatrix jeweils die Zahl ein,
die sich an der entsprechenden Stelle der Faltvorlage befindet.

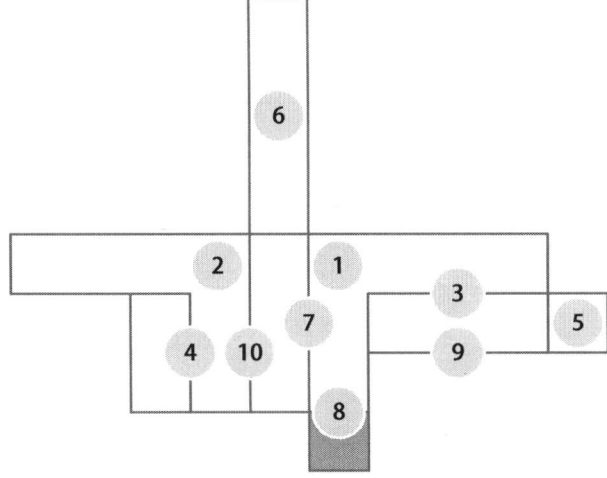

Erinnerungsvermögen

Steckbrief einprägen

Einprägezeit 1 Minute

In diesem Abschnitt soll geprüft werden, wie gut Sie sich bestimmte Informationen merken können.

Hierbei dürfen Sie sich keine Notizen vermerken. Legen Sie daher bitte alle Schreibgeräte zur Seite.

Steckbrief A

Bitte prägen Sie sich den folgenden Steckbrief innerhalb von **einer Minute** ein.

Familienname:	Hartmann
Vorname:	Philipp
Alter:	44
Geburtsdatum:	22.09.1966
Geburtsort:	Frankfurt
Wohnort:	Ludwigsburg
Größe:	187 cm
Haarfarbe:	schwarzgrau
Augenfarbe:	grün
Gewicht:	88 kg
Beruf:	Maschinenbauer
Herkunftsland:	Deutschland
Religion:	evangelisch
Familienstand:	ledig
Vergehen:	Geldfälschung

(!) *Hinweis:*

Nachdem Sie sich den Steckbrief eingeprägt haben, sollten Sie sich 5 Minuten mit etwas anderem beschäftigen, bevor Sie die dazugehörigen Fragen aus dem Gedächtnis beantworten.

Bitte decken Sie dafür diese Seite ab.

Steckbrief einprägen

Beantworten Sie bitte die folgenden Aufgaben, indem Sie jeweils den richtigen Buchstaben markieren.

1216. Wo wurde die gesuchte Person geboren?

A. Neustadt

B. Berlin

C. Stuttgart

D. Frankfurt

E. Washington

1217. Welche Haarfarbe hat die gesuchte Person?

A. Dunkelbraun

B. Schwarzgrau

C. Brünett

D. Blond

E. Rot

1218. Welche Straftat wurde von der gesuchten Person begangen?

A. Geldfälschung

B. Diebstahl

C. Mord

D. Drogenhandel

E. Totschlag

1219. Welches ist das Herkunftsland der gesuchten Person?

A. Deutschland

B. USA

C. Österreich

D. Schweiz

E. Niederlande

1220. Wie lautet das Geburtsdatum der gesuchten Person?

A. 06.12.1981

B. 31.05.1971

C. 28.02.1959

D. 22.09.1966

E. 21.03.1972

Steckbrief einprägen

Steckbrief B

Bitte prägen Sie sich den folgenden Steckbrief innerhalb von **einer Minute** ein.

Familienname:	Gaillard	
Vorname:	Jeanette	
Alter:	30	
Geburtsdatum:	14.06.1979	
Geburtsort:	Lyon	
Wohnort:	Paris	
Größe:	172 cm	
Haarfarbe:	blond	
Augenfarbe:	blau	
Gewicht:	68 kg	
Beruf:	Sekretärin	
Herkunftsland:	Frankreich	
Religion:	katholisch	
Familienstand:	ledig	
Vergehen:	Tierquälerei	

(!) *Hinweis:*

Nachdem Sie sich den Steckbrief eingeprägt haben, sollten Sie sich 5 Minuten mit etwas anderem beschäftigen, bevor Sie die dazugehörigen Fragen aus dem Gedächtnis beantworten.

Bitte decken Sie dafür diese Seite ab.

Steckbrief einprägen

Bearbeitungszeit 3 Minuten

Beantworten Sie bitte die folgenden Aufgaben, indem Sie jeweils den richtigen Buchstaben markieren.

1221. Welchen Beruf hat die gesuchte Person?

- A. Friseurin
- B. Sekretärin
- C. Kauffrau
- D. Freiberufliche Autorin
- E. Köchin

1222. Wie heißt die gesuchte Person mit Nachnamen?

- A. Gaillard
- B. Gouillot
- C. Giscard
- D. Genette
- E. Piaget

1223. Welche Konfession hat die gesuchte Person?

- A. buddhistisch
- B. islamisch
- C. evangelisch
- D. katholisch
- E. protestantisch

1224. Wie viel wiegt die gesuchte Person?

- A. 84 kg
- B. 74 kg
- C. 68 kg
- D. 64 kg
- E. 53 kg

1225. Wo wurde die gesuchte Person geboren?

- A. Nantes
- B. Paris
- C. Straßburg
- D. Marseille
- E. Lyon

Erinnerungsvermögen

Zahlen einprägen

Einprägezeit 2 Minuten

In diesem Abschnitt wird Ihr Kurzzeitgedächtnis geprüft.

Prägen Sie sich dazu die folgenden Zahlen so ein, dass Sie sie anschließend in leere Felder eintragen können.

Legen Sie bitte Ihre Schreibgeräte zur Seite, denn Sie dürfen sich in dieser Aufgabe keine Notizen machen.

Hier nun die Zahlenliste:

Zum Einprägen der Zahlen haben Sie **2 Minuten** Zeit.

7	32	34	94	72
4	38	42	97	75
11	49	58	56	79
18	51	66	61	83
27	9	76	64	87
29	22	89	68	92

(!) *Hinweis:*

Bei dieser Aufgabe ist keine Unterbrechung notwendig, bitte beginnen Sie direkt mit den Antworten!

Bitte decken Sie dafür die Zahlenliste ab.

Bearbeitungszeit 4 Minuten

Tragen Sie bitte alle Zahlen der soeben vorgelegten Liste in die untenstehenden Felder ein.
Die Reihenfolge der Zahlen spielt dabei keine Rolle.

1226. Zahlenliste

Erinnerungsvermögen

Wörter einprägen　　　　　　　　　　　　　　　*Einprägezeit 10 Minuten*

In diesem Abschnitt wird Ihr Kurzzeitgedächtnis geprüft.

Prägen Sie sich dazu die folgenden Wörter so ein, dass Sie sie anschließend wiedergeben können.

Legen Sie bitte Ihre Schreibgeräte zur Seite, denn Sie dürfen sich in dieser Aufgabe keine Notizen machen.

Hier nun die Wörterliste:

Zum Einprägen der Wörter haben Sie **10 Minuten** Zeit.

Faktor	Shampoo	Text	Garage
Taschentuch	Pinzette	Pullover	Annonce
Team	Motivation	Pubertät	Regel
Peripherie	Hut	Anarchie	Gabel
Komposition	Portmonee	Prozess	Mikrofon
Ball	Blamage	Trompete	Boutique
Service	Wortschatz	Popstar	Information
Friseur	Lexikon	Horoskop	Schlüssel
System	Zylinder	Kandidat	Shop
Schaufel	Rheuma	Vase	Kulisse

(!) *Hinweis:*

Bei dieser Aufgabe ist keine Unterbrechung notwendig, bitte beginnen Sie direkt mit den Antworten!

Bitte decken Sie dafür diese Seite ab.

Wörter einprägen

Tragen Sie bitte alle Wörter der soeben vorgelegten Liste in die untenstehenden Felder ein.
Die Reihenfolge der Wörter spielt dabei keine Rolle.

1227. Wörterliste

Erinnerungsvermögen

Zahlen einprägen und auswählen

Einprägezeit 2 Minuten

In dieser Aufgabe wird Ihr Kurzzeitgedächtnis geprüft.

Prägen Sie sich die Zahlen in der folgenden Tabelle so ein, dass Sie sie anschließend in einer umfangreichen Zahlentabelle erkennen können.

Legen Sie bitte Ihre Schreibgeräte zur Seite, denn Notizen dürfen Sie sich in dieser Aufgabe nicht machen.

Zahlentabelle:

Zum Einprägen der Zahlen haben Sie **2 Minuten** Zeit.

2254	3636	7474	8596	4578	3658	2518	9517	7856	1188
5899	8451	6971	6181	2211	6403	4560	5589	8080	9393

(!) **Hinweis:**

Bei dieser Aufgabe ist keine Unterbrechung notwendig, bitte beginnen Sie direkt mit den Antworten!

Bitte decken Sie dafür die Zahlentabelle ab.

Bearbeitungszeit 4 Minuten

Haben Sie sich die soeben vorgelegten Zahlen gut eingeprägt, sollten Sie sie nun leicht finden können.

Unterstreichen Sie bitte alle Zahlen, die Sie aus der vorherigen Tabelle kennen.

1228. Umfangreiche Zahlentabelle

Zum Lösen der Aufgabe haben Sie **4 Minuten** Zeit.

2584	1847	8794	8596	5874	5731	8742	6403	8998	1148
3358	8447	3636	2358	2254	4056	9494	3658	2136	7850
8887	7474	9991	9517	8387	7856	9192	6485	5589	6698
4567	8945	4578	7894	5623	1235	2518	4589	3698	1188
6181	5823	7890	2345	2211	3456	4560	4567	8080	1597
7779	6971	8451	7123	5899	4445	4004	9393	9001	9111

Erinnerungsvermögen

Vorgelesene Zahlen einprägen   *Bearbeitungszeit 5 Minuten*

In diesem Abschnitt wird Ihr Zahlengedächtnis geprüft.

Dazu benötigen Sie **einen Helfer**, der Ihnen die folgenden Zahlenreihen laut und deutlich in einer angemessenen Geschwindigkeit vorträgt. Lassen Sie sich alle Ziffern der jeweiligen Zahlenreihe nacheinander vorlesen und versuchen Sie nach einmaligem Hören, die komplette Zahlenreihe aus dem Gedächtnis niederzuschreiben. Benutzen Sie als Hilfsmittel einen Stift und ein Blatt Papier.

Tests dieser Art werden in der Regel mit einem Sprachcomputer durchgeführt, der Ihnen die Zahlenreihen anstelle Ihres „Mitspielers" vorliest.

Zahlenreihe

1229. 4 8 5 9 8

1230. 3 6 8 3 2 9

1231. 8 4 5 1 5 8 6

1232. 4 9 1 6 4 7 2

1233. 4 0 5 4 8 9 7 3

1234. 0 7 5 4 8 3 1 9 6

1235. 4 0 5 6 1 8 6 4 1 9

1236. 7 9 5 8 4 3 1 8 5 6 7

1237. 5 1 5 8 1 6 9 8 7 2 3 5

1238. 4 7 4 5 6 8 1 3 5 4 8 9 6

1239. 6 5 7 2 3 5 8 1 2 3 5 1 5 8

1240. 2 5 4 8 9 5 3 1 5 7 8 9 5 2 6

Erinnerungsvermögen

Wortgruppen einprägen

Einprägezeit 3 Minuten

In dieser Aufgabe wird Ihr Kurzzeitgedächtnis geprüft.

Prägen Sie sich die Inhalte der folgenden Tabelle so ein, dass Sie anschließend die einzelnen Wörter ihren entsprechenden Wortgruppen – Namen, Berufe, Städte, Länder und Pflanzen – zuordnen können.

Hierbei dürfen Sie sich keine Notizen machen. Legen Sie daher bitte alle Schreibgeräte zur Seite.

Wortgruppentabelle

Für das Durchlesen und Einprägen der Tabelle haben Sie **3 Minuten** Zeit.

	1.	2.	3.	4.	5.
Namen:	Weber	Müller	Finke	Berger	Hartmann
Berufe:	Autor	Notar	Schreiner	Elektroniker	Chemiker
Städte:	Yokohama	Leipzig	Venedig	Turin	Köln
Länder:	Griechenland	Ungarn	Israel	Japan	Dänemark
Pflanzen:	Orchidee	Zypresse	Quitte	Rose	Pappel

(!) *Hinweis:*

Nachdem Sie sich die Tabelle eingeprägt haben, sollten Sie sich 5 Minuten mit etwas anderem beschäftigen, bevor Sie die dazugehörigen Fragen aus dem Gedächtnis beantworten.

Wortgruppen einprägen

Haben Sie sich die soeben vorgelegten Wörter und Wortgruppen gut eingeprägt, sollten Sie sie nun leicht zuordnen können.

Beginnen Sie bitte jetzt mit den Aufgaben und kreuzen Sie den richtigen Buchstaben an.

Zum Lösen der Aufgaben haben Sie **10 Minuten** Zeit.

1241. In welche Begriffsgruppe gehört das Wort mit dem Anfangsbuchstaben „Q"?

A. Namen
B. Berufe
C. Städte
D. Länder
E. Pflanzen

1242. In welche Begriffsgruppe gehört das Wort mit dem Anfangsbuchstaben „H"?

A. Namen
B. Berufe
C. Städte
D. Länder
E. Pflanzen

1243. In welche Begriffsgruppe gehört das Wort mit dem Anfangsbuchstaben „I"?

A. Namen
B. Berufe
C. Städte
D. Länder
E. Pflanzen

1244. In welche Begriffsgruppe gehört das Wort mit dem Anfangsbuchstaben „J"?

A. Namen
B. Berufe
C. Städte
D. Länder
E. Pflanzen

1245. In welche Begriffsgruppe gehört das Wort mit dem Anfangsbuchstaben „M"?

A. Namen
B. Berufe
C. Städte
D. Länder
E. Pflanzen

1246. In welche Begriffsgruppe gehört das Wort mit dem Anfangsbuchstaben „L"?

A. Namen
B. Berufe
C. Städte
D. Länder
E. Pflanzen

1247. In welche Begriffsgruppe gehört das Wort mit dem Anfangsbuchstaben „E"?

A. Namen
B. Berufe
C. Städte
D. Länder
E. Pflanzen

1248. In welche Begriffsgruppe gehört das Wort mit dem Anfangsbuchstaben „P"?

A. Namen
B. Berufe
C. Städte
D. Länder
E. Pflanzen

1249. In welche Begriffsgruppe gehört das Wort mit dem Anfangsbuchstaben „G"?

A. Namen
B. Berufe
C. Städte
D. Länder
E. Pflanzen

1250. In welche Begriffsgruppe gehört das Wort mit dem Anfangsbuchstaben „T"?

A. Namen
B. Berufe
C. Städte
D. Länder
E. Pflanzen

1251. Der Name, der im Alphabet am weitesten hinten steht, beginnt mit …?

A. T
B. W
C. X
D. Y
E. Z

1252. Der Beruf, der im Alphabet am weitesten vorne steht, beginnt mit …?

A. A
B. B
C. C
D. D
E. F

1253. Die Stadt, die im Alphabet am weitesten hinten steht, beginnt mit …?

A. T
B. V
C. V
D. X
E. Y

1254. Das Land, das im Alphabet am weitesten vorne steht, beginnt mit …?

A. B
B. D
C. J
D. I
E. L

1255. Das Land, das im Alphabet am weitesten hinten steht, beginnt mit …?

A. Y
B. Z
C. V
D. U
E. T

1256. Die Pflanze, die im Alphabet am weitesten hinten steht, beginnt mit …?

A. Z
B. Y
C. V
D. Q
E. R

1257. Der Name, der im Alphabet am weitesten vorne steht, beginnt mit …?

A. A
B. B
C. C
D. E
E. F

1258. Die Pflanze, die im Alphabet am weitesten vorne steht, beginnt mit …?

A. A
B. F
C. M
D. O
E. Q

1259. Der Beruf, der im Alphabet am weitesten hinten steht, beginnt mit …?

A. R
B. S
C. V
D. W
E. N

1260. Die Stadt, die im Alphabet am weitesten vorne steht, beginnt mit …?

A. B
B. D
C. F
D. J
E. K

Erinnerungsvermögen

Wortgruppen einprägen und erkennen

In dieser Aufgabe wird Ihr Kurzzeitgedächtnis geprüft.

Prägen Sie sich die Wörter aus der folgenden Tabelle ein, so dass Sie sie anschließend in einer nach Kategorien geordneten Liste unter verschiedenen Wörtern wiederfinden können.

Hierbei dürfen Sie sich keine Notizen vermerken. Legen Sie daher bitte alle Schreibgeräte zur Seite.

Hier nun die Tabelle:

Für das Durchlesen und Einprägen der Tabelle haben Sie **10 Minuten** Zeit.

1. Nelke	6. Schröder	11. Polen	16. Brot
2. Bayern	7. Helium	12. Dreizehn	17. Ingenieur
3. Türkis	8. Peter	13. Löwe	18. Eiche
4. Motorrad	9. Donau	14. Forelle	19. Tennis
5. Stuttgart	10. Birkenfurnier	15. Musik	20. Saft

(!) *Hinweis:*

Bei dieser Aufgabe ist keine Unterbrechung notwendig, beginnen Sie direkt mit den Antworten!

Bitte decken Sie dafür diese Seite ab.

Wortgruppen einprägen und erkennen

Bearbeitungszeit 5 Minuten

Haben Sie sich die soeben vorgelegten Wörter gut eingeprägt, sollten Sie sie nun leicht finden können.

Beginnen Sie bitte jetzt mit den Aufgaben und kreuzen Sie den richtigen Buchstaben an.

Zum Lösen der Aufgaben haben Sie **5 Minuten** Zeit.

	A	B	C	D
1261. Namen:	Werner	Burkhart	Bernhard	Schröder
1262. Vornamen:	Dieter	Peter	Müller	Dennis
1263. Berufe:	Ingenieur	Arzt	Polizist	Lehrer
1264. Städte:	Jena	Bregenz	Frankfurt	Stuttgart
1265. Bundesländer:	Berlin	Bremen	Bayern	Thüringen
1266. Länder:	Polen	Türkei	Schweden	Russland
1267. Flüsse:	Elbe	Donau	Weser	Ruhr
1268. Blumen:	Geranie	Rose	Nelke	Tulpe
1269. Bäume:	Eiche	Esche	Erle	Buche
1270. Holzsorten:	Tannen-Spanplatte	Birkenfurnier	Fichte poliert	Eibe natur
1271. Farben:	Türkis	Blau	Braun	Rot
1272. Material:	Neon	Aluminium	Kupfer	Helium
1273. Getränke:	Milch	Bier	Saft	Wein
1274. Lebensmittel:	Butter	Brot	Käse	Schinken
1275. Sportarten:	Golf	Tennis	Fußball	Schwimmen
1276. Fahrzeuge:	Schiff	Auto	Mofa	Motorrad
1277. Hobbys:	Angeln	Musik	Radfahren	Lesen
1278. Fische:	Forelle	Lachs	Scholle	Flunder
1279. Tiere:	Tiger	Mücke	Löwe	Nashorn
1280. Zahl:	Sieben	Elf	Dreizehn	Zwanzig

Erinnerungsvermögen

Figurenpaare einprägen

In dieser Aufgabe wird Ihr Kurzzeitgedächtnis geprüft.

Prägen Sie sich die einzelnen Figurenpaare ein, und wählen Sie anschließend aus einer Figurenreihe das zugehörige Gegenstück zur jeweils vorgegebenen Figur aus.

Hierbei dürfen Sie sich keine Notizen machen. Legen Sie daher bitte alle Schreibgeräte zur Seite.

Für das Einprägen der Figurenpaare haben Sie **10 Minuten** Zeit.

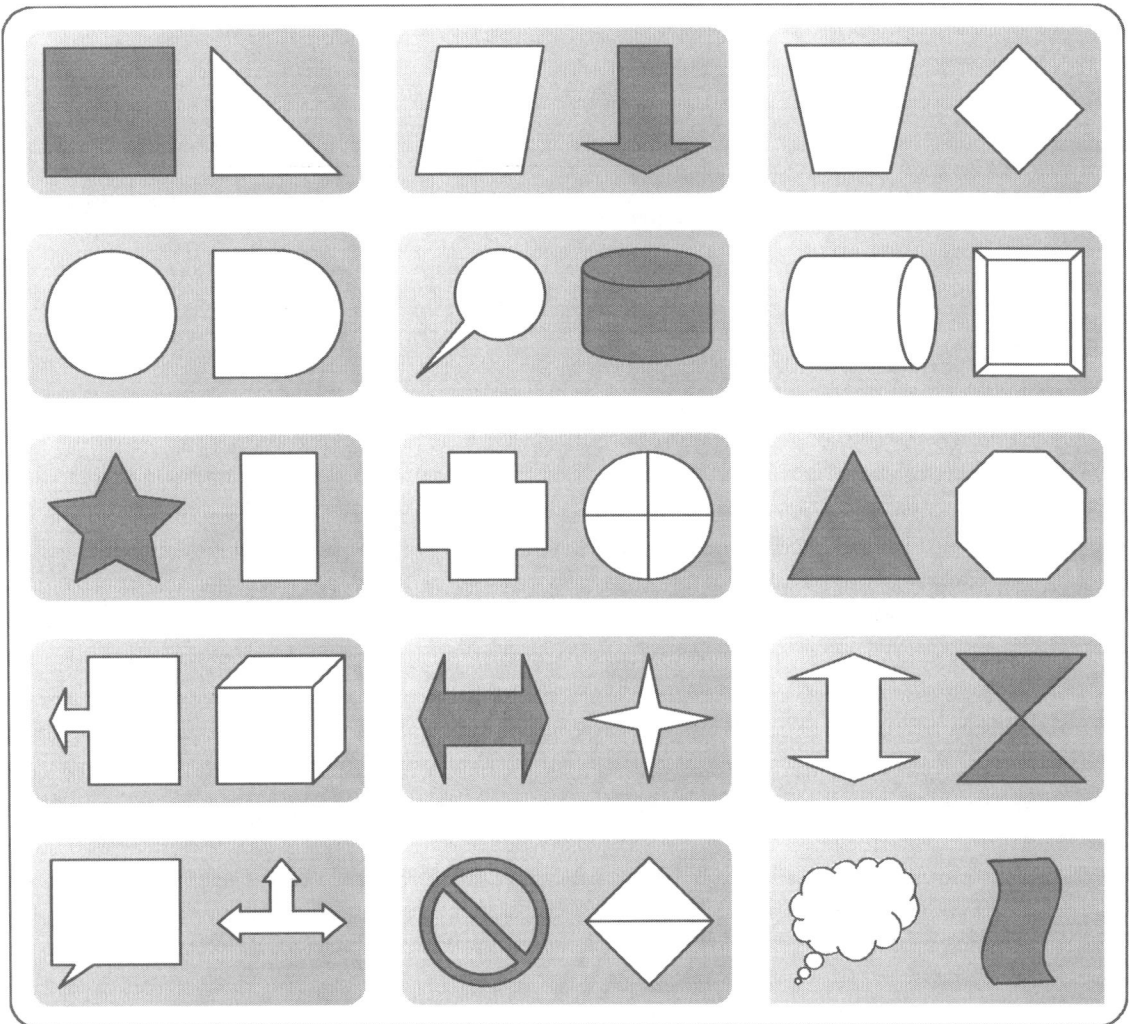

(!) *Hinweis:*

    Bei dieser Aufgabe ist keine Unterbrechung notwendig, bitte beginnen Sie direkt mit den Antworten!

    Bitte decken Sie dafür diese Seite ab.

Figurenpaare einprägen

Nun wird getestet, wie gut Sie sich die Figurenpaare eingeprägt haben.

Stellen Sie das ursprüngliche Figurenpaar wieder her, indem Sie die passende Figur ergänzen.

Beantworten Sie bitte die folgenden Aufgaben, indem Sie jeweils den richtigen Buchstaben markieren.

Zum Lösen der Aufgaben haben Sie **7 Minuten** Zeit.

1281. Durch welche der fünf Figuren A bis E wird das Fragezeichen richtig ersetzt?

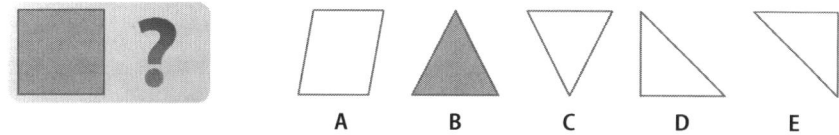

1282. Durch welche der fünf Figuren A bis E wird das Fragezeichen richtig ersetzt?

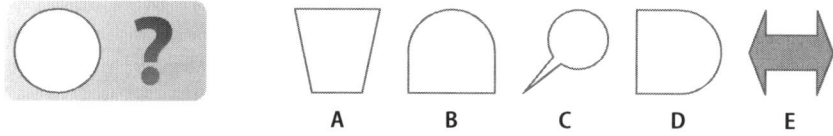

1283. Durch welche der fünf Figuren A bis E wird das Fragezeichen richtig ersetzt?

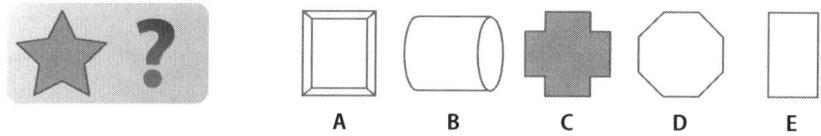

1284. Durch welche der fünf Figuren A bis E wird das Fragezeichen richtig ersetzt?

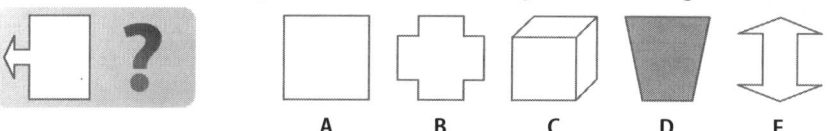

1285. Durch welche der fünf Figuren A bis E wird das Fragezeichen richtig ersetzt?

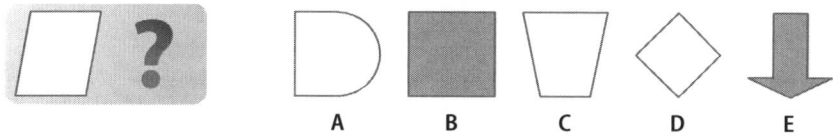

1286. Durch welche der fünf Figuren A bis E wird das Fragezeichen richtig ersetzt?

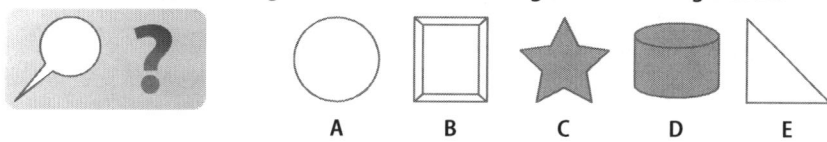

1287. Durch welche der fünf Figuren A bis E wird das Fragezeichen richtig ersetzt?

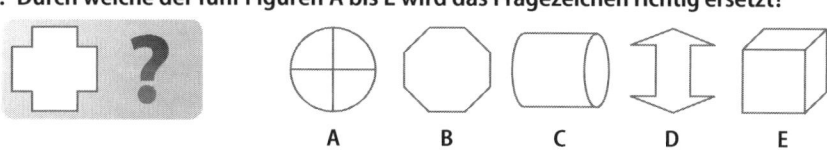

1288. Durch welche der fünf Figuren A bis E wird das Fragezeichen richtig ersetzt?

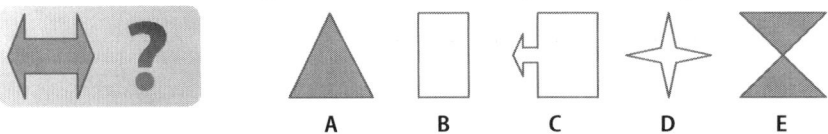

A B C D E

1289. Durch welche der fünf Figuren A bis E wird das Fragezeichen richtig ersetzt?

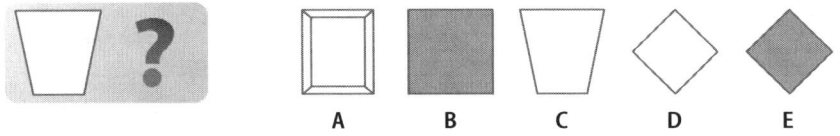

A B C D E

1290. Durch welche der fünf Figuren A bis E wird das Fragezeichen richtig ersetzt?

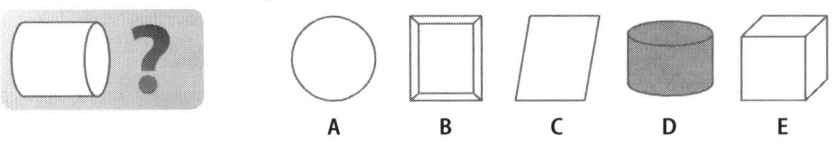

A B C D E

1291. Durch welche der fünf Figuren A bis E wird das Fragezeichen richtig ersetzt?

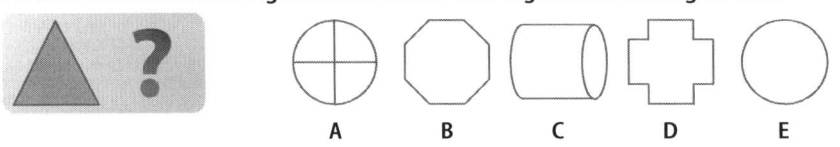

A B C D E

1292. Durch welche der fünf Figuren A bis E wird das Fragezeichen richtig ersetzt?

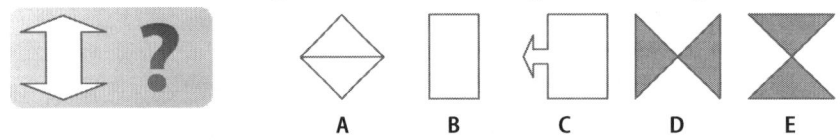

A B C D E

1293. Durch welche der fünf Figuren A bis E wird das Fragezeichen richtig ersetzt?

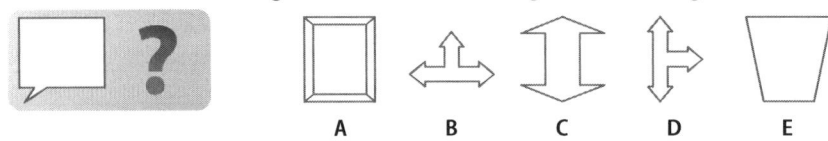

A B C D E

1294. Durch welche der fünf Figuren A bis E wird das Fragezeichen richtig ersetzt?

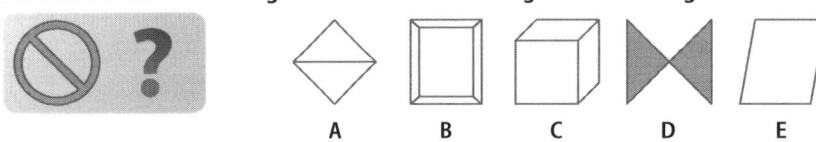

A B C D E

1295. Durch welche der fünf Figuren A bis E wird das Fragezeichen richtig ersetzt?

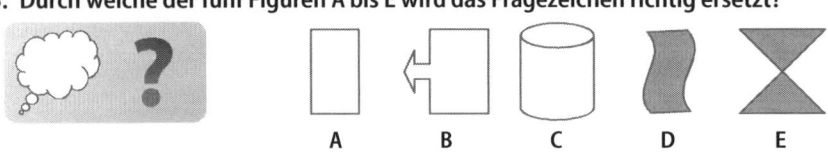

A B C D E

Erinnerungsvermögen

Figuren und Zahlen einprägen

Einprägezeit 10 Minuten

In dieser Aufgabe wird Ihr Kurzzeitgedächtnis geprüft.

Prägen Sie sich bitte ein, welche Figur mit welcher Zahl versehen ist, und ordnen Sie anschließend den einzelnen Figuren wiederum die richtigen Zahlen zu.

Legen Sie bitte Ihre Schreibgeräte zur Seite, denn Notizen dürfen Sie sich in dieser Aufgabe nicht machen.

Zum Einprägen der Zahlen und Figuren haben Sie **10 Minuten** Zeit.

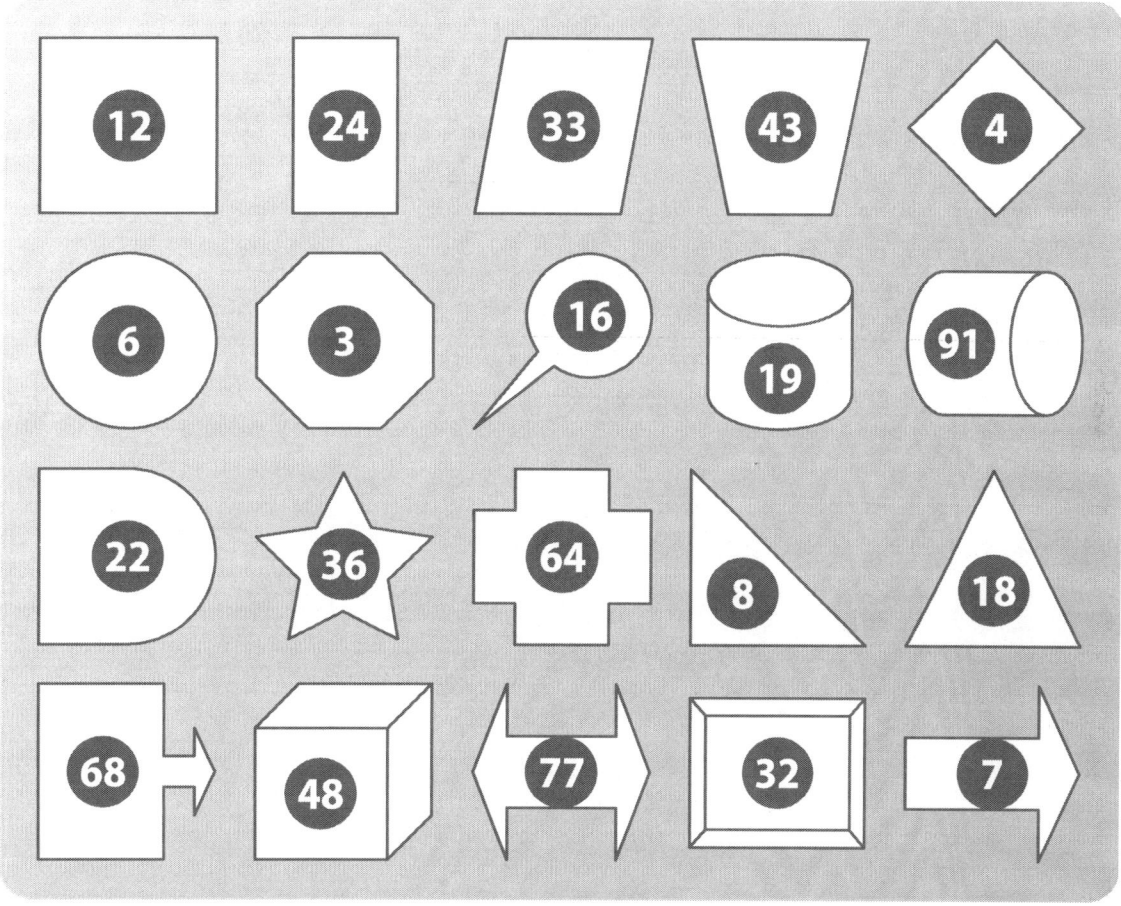

(!) *Hinweis:*

Bei dieser Aufgabe ist keine Unterbrechung notwendig, bitte beginnen Sie direkt mit den Antworten!

Figuren und Zahlen einprägen

Nun wird getestet, wie gut Sie sich die Kombinationen aus Zahlen und Buchstaben eingeprägt haben.

1296. Tragen Sie bitte in jede Figur die entsprechende Zahl ein.

Zum Lösen der Aufgabe haben Sie **10 Minuten** Zeit.

Figuren und Zahlen einprägen

Erinnerungsvermögen

Lebenslauf einprägen

Einprägezeit 5 Minuten

In diesem Abschnitt wird Ihre allgemeine Merkfähigkeit geprüft. Prägen Sie sich dazu die in den folgenden beiden Biografien angegebenen Informationen gut ein.

Hierbei dürfen Sie sich keine Notizen vermerken. Legen Sie daher bitte alle Schreibgeräte zur Seite.

Für das Einprägen der Biografien haben Sie **5 Minuten** Zeit.

Biografie 1

Familienname:	Wiesenthaler
Vorname:	Jens
Geburtsdatum:	13.06.1973
Geburtsort:	Dortmund
Beruf:	Zugbegleiter

Jens Wiesenthaler wurde am 13. Juni 1973 in Dortmund als zweiter Sohn eines Schlossermeisters und einer Bibliothekarin geboren. Nachdem er von 1979 bis 1983 die Grundschule in Dortmund-Scharnhorst besucht hatte, zog er mit seiner Familie ins benachbarte Essen, wo er an der Friedrich Hölderlin-Realschule lernte und dort 1993 schließlich auch den Realschulabschluss ablegte. Seine Leidenschaft – das Schlagzeugspielen – ließ Jens Wiesenthal seit seiner Schulzeit nicht mehr los und begleitete als ausgleichendes Hobby auch seine Ausbildung zum Zugbegleiter, die er von 1993 bis 1995 am Ausbildungszentrum der RegioBahn in Essen absolvierte. 2003 wechselte er dann aus Verdienstgründen zum Konkurrenten MetroBahn, bei dem er durch ein nahezu akzentfreies Englisch, ein alltagstaugliches Französisch und eine 1997 belegte Fortbildung zum Thema Konfliktkommunikation überzeugen konnte. Mittlerweile lebt er mit seiner Frau Corinna und den gemeinsamen Kindern, den vierjährigen Zwillingen Jana und Dennis, in Corinnas Geburtsort Hannover.

Biografie 2

Familienname:	Junghans
Vorname:	Stefanie Vera
Geburtsdatum:	02.10.1979
Geburtsort:	Kassel
Beruf:	Bürokauffrau

Stefanie Junghans, geboren am 2. Oktober 1979, wuchs als Einzelkind in einem nördlichen Stadtteil Kassels auf. Ihre Eltern, beide Landschaftsgärtner, machten sie früh mit der Gartenarbeit vertraut, die neben Angeln, Aquarellmalerei und ihren beiden Katzen auch heute noch ihr größtes Hobby ist. Nach dem Abitur an einem Kasseler Gymnasium zog es sie zunächst für ein halbes Jahr nach Australien, wo sie Land und Leute kennen lernte und als Kellnerin arbeitete. Dabei konnte sie, wie schon ihr Spanisch während eines Schulaustauschs nach Barcelona, ihr Englisch enorm verbessern und spricht nun beide Fremdsprachen fließend. Nach ihrer Rückkehr entschied sich Stefanie gegen ein Hochschulstudium und absolvierte von 1998 bis 2001 eine Ausbildung zur Bürokauffrau. Sie lebt inzwischen in Berlin und arbeitet dort für ein Touristikunternehmen. Nach einer geschiedenen Ehe kümmert sich Stefanie Junghans als alleinerziehende Mutter um ihren Sohn Ingo, der die erste Klasse der Anna-Schmidt-Grundschule besucht.

(!) *Hinweis:*

Nachdem Sie sich die Lebensläufe eingeprägt haben, sollten Sie sich 5 Minuten mit etwas anderem beschäftigen, bevor Sie die dazugehörigen Fragen aus dem Gedächtnis beantworten.

Lebenslauf einprägen

In diesem Abschnitt wird nun Ihr Erinnerungsvermögen geprüft. Dazu lagen Ihnen zwei Biografien vor, deren Inhalte Sie sich einprägen sollten.

Beantworten Sie bitte die Aufgaben, indem Sie jeweils den richtigen Buchstaben markieren.

Zum Lösen der Aufgaben haben Sie **5 Minuten** Zeit.

1297. Wo wurde Jens Wiesenthaler geboren?

A. Herne
B. Bochum
C. Düsseldorf
D. Frankfurt
E. Dortmund

1298. Welchen Beruf übte Jens Wiesenthalers Mutter aus?

A. Kauffrau
B. Sekretärin
C. Ärztin
D. Bibliothekarin
E. Bibliografin

1299. Welche weiterführende Schule besuchte Jens Wiesenthaler?

A. Friedrich Wilhelm-Gesamtschule
B. Johann Gräfe-Gymnasium
C. Eduard Mörike-Hauptschule
D. Friedrich Hölderlin-Realschule
E. Robert Schumann-Fachoberschule

1300. Wohin zog Jens Wiesenthalers Familie 1983?

A. Essen
B. Darmstadt
C. München
D. Gelsenkirchen
E. Dortmund-Scharnhorst

1301. Welche Fremdsprache(n) spricht Jens Wiesenthaler?

A. Englisch und Französisch
B. Nur Englisch
C. Englisch und Spanisch
D. Englisch, Französisch und Spanisch
E. Spanisch und Französisch

1302. Wann wurde Stefanie Junghans geboren?

A. 2. Oktober 1979
B. 4. Dezember 1987
C. 14. Juni 1975
D. 23. November 1981
E. 27. Januar 1978

1303. Wie lautet der zweite Vorname von Stefanie Junghans?

A. Anna
B. Vera
C. Sarah
D. Lena
E. Maria

1304. Wie viele Geschwister hat Stefanie Junghans?

A. 0
B. 1
C. 2
D. 3
E. 4

1305. Wohin reiste Stefanie Junghans im Rahmen eines Schulaustauschs?

A. Sydney
B. Cottbus
C. Paris
D. Barcelona
E. London

Erinnerungsvermögen

Straßenfoto einprägen   *Einprägezeit 2 Minuten*

In diesem Abschnitt soll geprüft werden, wie gut Sie sich bestimmte Informationen merken können.
Hierbei dürfen Sie sich keine Notizen machen. Legen Sie daher bitte alle Schreibgeräte zur Seite.

Straßenfoto A
Bitte prägen Sie sich das folgende Straßenfoto innerhalb von **2 Minuten** ein.

(!) *Hinweis:*

Nachdem Sie sich das Bild eingeprägt haben, sollten Sie sich 5 Minuten mit etwas anderem beschäftigen, bevor Sie die dazugehörigen Fragen aus dem Gedächtnis beantworten.

Straßenfoto einprägen

In diesem Abschnitt wird nun Ihr Erinnerungsvermögen geprüft. Hierzu lag Ihnen ein Straßenfoto vor, das Sie sich einprägen sollten.

Beginnen Sie bitte jetzt mit den Aufgaben zum Straßenfoto und markieren Sie den richtigen Buchstaben.

Straßenfoto A

Zum Lösen der Aufgaben haben Sie **3 Minuten** Zeit.

1306. Wie viele Personen sitzen in der Bushaltestelle?

- A. 0
- B. 1
- C. 3
- D. 2
- E. 5

1307. Wie sieht das Oberteil der Fahrradfahrerin aus?

- A. Hell
- B. Dunkel
- C. Es ist keine Fahrradfahrerin abgebildet.
- D. Gestrichelt
- E. Gemustert

1308. Wie viele Haltestellenschilder befinden sich auf dem Bild?

- A. 0
- B. 1
- C. 2
- D. 3
- E. 4

1309. Sind auf dem Foto Schornsteine erkennbar?

- A. Auf einem Hausdach gegenüber der Bushaltestelle sind auffällig zwei Schornsteine zu erkennen.
- B. Nein, es sind keine Schornsteine zu sehen.
- C. Auffällig erkennbar ist nur ein Schornstein.
- D. Alle Schornsteine sind durch Bäume verdeckt.
- E. Alle Häuser haben erkennbar Schornsteine auf dem Dach.

1310. Wie viele Wartehäuschen sind abgebildet?

- A. Die Haltestelle im Vordergrund verfügt über ein Wartehäuschen, die hintere nicht.
- B. Die Haltestelle im Hintergrund verfügt über ein Wartehäuschen, die vordere nicht.
- C. Es ist nur eine Haltestelle abgebildet und diese verfügt über ein Wartehäuschen.
- D. Auf der Abbildung befinden sich keine Haltestellen.
- E. Auf der Abbildung befinden sich zwei Haltestellen mit jeweils einem Wartehäuschen.

Straßenfoto einprägen

Straßenfoto B

Bitte prägen Sie sich das folgende Straßenfoto innerhalb von **2 Minuten** ein.

(!) *Hinweis:*

Nachdem Sie sich das Bild eingeprägt haben, sollten Sie sich 5 Minuten mit etwas anderem beschäftigen, bevor Sie die dazugehörigen Fragen aus dem Gedächtnis beantworten.

Straßenfoto einprägen

Straßenfoto B

Zum Lösen der Aufgaben haben Sie **3 Minuten** Zeit.

1311. Wie viele Autos warten sichtbar hinter dem Feuerwehrwagen?

A. 0
B. 1
C. 2
D. 3
E. 4

1312. Welche Art von Feuerwehrwagen ist abgebildet?

A. Ein Löschfahrzeug
B. Ein Leiterwagen
C. Ein kleines Leitfahrzeug
D. Keiner, es handelt sich um ein Einsatzwagen der Polizei.
E. Keiner, es handelt sich um einen Krankenwagen.

1313. Wo auf dem Bild sind Kanaldeckel deutlich sichtbar?

A. Auf dem linken Gehweg
B. Auf dem rechten Gehweg
C. Auf der Hauptstraße
D. In der Nebenstraße
E. Es sind keine Kanaldeckel zu erkennen.

1314. Welche Art von Häusern befindet sich auf der rechten Straßenseite?

A. Einstöckige helle Häuser mit dunklem Dach
B. Fachwerkhäuser
C. Wolkenkratzer
D. Dunkle Mehrfamilienhäuser
E. Helle Einfamilienhäuser mit Vorgärten

1315. Wer hat gerade die Seitenstraße überquert?

A. Eine Radfahrerin
B. Eine Mutter mit Kinderwagen
C. Zwei Fußgänger im hellen und dunklen Anzug
D. Eine Fußgängerin in dunkler Kleidung mit kurzem Rock
E. Niemand

Erinnerungsvermögen

Inhalte einprägen (Zeitungsausschnitt) *Einprägezeit 5 Minuten*

In diesem Abschnitt soll geprüft werden, wie gut Sie sich bestimmte Informationen merken können.

Prägen Sie sich hierzu die einzelnen Informationen aus dem folgenden Pressebericht der Polizei ein.

Hierbei dürfen Sie sich keine Notizen vermerken. Legen Sie daher bitte alle Schreibgeräte zur Seite.

Frankfurt – 30.06.2009

Verkehrsunfall mit Sachschaden, Personenschaden und Unfallflucht, Frankfurt am Main, Ferdinand-Happ-Str. 12, Parkplatz Dr. Müller.

Dienstag, den 30.06.2009, 13:45 Uhr

Ein 78-jähriger Fahrer eines silbernen VW Passat befuhr den Parkplatz des Dr. Müller Erotikshops in Frankfurt am Main. Er geriet dabei gegen die vordere Stoßstange und den linken Kotflügel eines blauen Audi A4, welcher dort parkte, und verursachte einen Sachschaden. Anschließend entfernte sich der Fahrer, ohne sich um den Verkehrsunfall zu kümmern. Bei seiner Weiterfahrt fuhr er einen Fahrradfahrer an und begann wiederum Unfallflucht. Hierbei verletzte sich der 34-jährige Fahrradfahrer schwer. Er wurde mit dem Rettungsdienst in das Klinikum der Johannes Gutenberg-Universität in Mainz gefahren. Der Radfahrer erlitt bei dem Unfall eine schwere Gehirnerschütterung, zwei Rippenbrüche und eine große Platzwunde am Hinterkopf. Der Aufmerksamkeit von drei Zeugen war es zu verdanken, dass der flüchtige Pkw-Fahrer ermittelt werden konnte. Bei den drei Zeugen handelt es sich um zwei Schüler und einen Notar. Laut Aussage der Zeugen hat der Pkw-Fahrer nach dem Zusammenprall mit dem Audi sein Tempo erhöht und anschließend den Radfahrer gerammt, so dass dieser zu Boden fiel und mit dem Kopf auf den Asphalt stieß. Die polizeilichen Untersuchungen haben ergeben, dass es sich bei dem Täter um den 78-jährigen Rentner Klaus G. aus Wiesbaden handelt. Bei dem Unfall entstand ein Sachschaden in Höhe von 4.600 Euro.

Der Pressebericht ist frei erfunden.

(!) *Hinweis:*

Nachdem Sie sich den Zeitungsausschnitt eingeprägt haben, sollten Sie sich 5 Minuten mit etwas anderem beschäftigen, bevor Sie die dazugehörigen Fragen aus dem Gedächtnis beantworten.

Inhalte einprägen (Zeitungsausschnitt)

Bearbeitungszeit 10 Minuten

In diesem Abschnitt wird nun Ihr Erinnerungsvermögen getestet. Hierzu hatten Sie zuvor einen polizeilichen Pressebericht, welchen Sie sich einprägen sollten.

Beantworten Sie bitte die folgenden Aufgaben, indem Sie jeweils die richtige Antwort ankreuzen.

1316. Am Dienstag, den 30.06.2009, verursachte der Fahrer eines silbernen VW Passat einen Unfall.

   A. stimmt

   B. stimmt nicht

1317. Der Unfall ereignete sich auf dem Parkplatz des Beate Uhse Erotikshops in Frankfurt am Main.

   A. stimmt

   B. stimmt nicht

1318. Bei dem beschädigten Pkw handelt es sich um einen schwarzen Audi A4.

   A. stimmt

   B. stimmt nicht

1319. Bei dem Unfall wurden der linke Kotflügel und der Spiegel des Audi A4 beschädigt.

   A. stimmt

   B. stimmt nicht

1320. Diesen Unfall haben zwei Zeugen beobachtet, nämlich ein Schüler und ein Richter.

   A. stimmt

   B. stimmt nicht

1321. Laut Zeugenaussage hat der Fahrer des VW Passat nach dem Zusammenstoß mit dem Pkw kurz angehalten und ist dann langsam weggefahren.

   A. stimmt

   B. stimmt nicht

1322. Bei dem Täter handelt es sich um einen 78-jährigen Rentner aus Frankfurt.

   A. stimmt

   B. stimmt nicht

1323. Auf der Flucht verletzte der Rentner einen 34-jährigen Radfahrer schwer.

   A. stimmt

   B. stimmt nicht

1324. Der Radfahrer wurde schwer verletzt in das Klinikum der Johann Wolfgang Goethe-Universität in Mainz gebracht.

   A. stimmt

   B. stimmt nicht

1325. Der Radfahrer erlitt eine schwere Gehirnerschütterung, zwei Rippenbrüche und eine große Platzwunde am Vorderkopf.

   A. stimmt

   B. stimmt nicht

Erinnerungsvermögen

Tatortbericht: Inhalte einprägen

Einprägezeit 3 Minuten

Diese Aufgabe stellt Ihr Erinnerungsvermögen auf die Probe.

Sie erhalten dazu einen Tatortbericht zu einem Einbruchsdiebstahl. Prägen Sie sich die verschiedenen Angaben dieses Berichts innerhalb der nächsten **3 Minuten** gut ein, um anschließend mehrere Fragen zu dem geschilderten Sachverhalt beantworten zu können.

Einbruchsdiebstahl in Oberfelde

Am vergangenen Sonntag, dem 22.05.2011, ging um 14:08 der Notruf von Herrn Schröder in der Einsatzzentrale Langenthal ein, der einen Einbruch in sein Wohnhaus am Kurzweg in Oberfelde meldete. Unmittelbar darauf wurde das nächstgelegene Einsatzfahrzeug der Polizeikommissare Brandt und Schüttler zum Tatort beordert. Die Beamten trafen dort um 14:17 ein und fanden vor:

a)   im Hausflur die Hauseigentümer Herrn und Frau Schröder

b)   im Kinderzimmer den 11-jährigen Sohn Simon

c)   im Wohnzimmer die 9-jährige Tochter Stefanie.

Laut Aussage von Herrn Schröder war die Familie gegen 14:00 Uhr von einem gemeinsamen Zoobesuch zurückgekehrt. Als Herr Schröder die Tür des Reihenhauses öffnete, entfernten sich zwei Unbekannte rasch über die Terrasse, stiegen in einen an der rückwärtigen Anliegerstraße abgestellten weißen Kleintransporter und fuhren davon. Die Eheleute vermissen Schmuck, Bargeld und einen Laptop, der Sohn eine Spielkonsole und die Tochter eine goldene Brosche. Bei der ersten Besichtigung des Tatorts bemerkten die Beamten im Wohn- und Schlafzimmer aufgerissene und durchwühlte Schubladen sowie im Kinderzimmer ein umgekipptes Regal. Außerdem waren auf dem Wohnzimmerteppich deutliche Schuhabdrücke und an der Terrassentür massive Hebelspuren zu erkennen. Anhand der gegenwärtigen Befunde stellt sich der Tathergang vorläufig so dar:

Die Täter verschafften sich über die rückwärtige Terrassentür gewaltsam Zugang ins Hausinnere und durchwühlten die Räumlichkeiten. Noch während sie zugange waren, kehrte die Familie von ihrem Ausflug zurück. Dadurch aufgeschreckt, verließen die Einbrecher das Haus über die Terrasse und flüchteten mit dem Kleintransporter.

Nähere Angaben zu den Tätern konnte die Familie nicht machen. Die Fahndung nach dem Fluchtfahrzeug wurde eingeleitet, blieb aber bisher erfolglos. Nach weiteren Zeugen wird gesucht.

Der Tatortbericht ist frei erfunden.

(!) *Hinweis:*

3 Minuten sind kurz, konzentrieren Sie sich auf die wichtigsten Informationen. Dazu zählen ermittlungsrelevante Angaben wie: Wer hat den Notruf abgesetzt? Wo liegt der Tatort? Wer befand sich wo bei der Ankunft der Beamten? Was wurde gestohlen? Welche Spuren gibt es? Wie sind die Täter vermutlich vorgegangen? Welche Maßnahmen haben die Beamten veranlasst?

Nachdem Sie sich den Tatortbericht eingeprägt haben, sollten Sie sich 5 Minuten mit etwas anderem beschäftigen, bevor Sie die dazugehörigen Fragen aus dem Gedächtnis beantworten.

Tatortbericht: Inhalte einprägen

Bitte beantworten Sie nun die Fragen zum Tatortbericht, der Ihnen soeben vorlag.

1326. Wer hat den Einbruch gemeldet?

1327. Wie heißt der Sohn der Familie, wie alt ist er?

1328. Wer befindet sich in welchem Raum, als die Beamten eintreffen?

1329. Was weiß man über das Fluchtfahrzeug der Einbrecher?

1330. Was wurde gestohlen?

1331. Wann fand der Einbruch statt?

1332. Wie sind die Einbrecher vermutlich ins Haus gelangt?

1333. Welche Sofortmaßnahmen haben die Beamten eingeleitet?

1334. Welche Spuren haben die Beamten bei der ersten Besichtigung des Tatorts festgestellt?

_____

_____

_____

_____

_____

_____

1335. Wie heißt die Tochter der Familie, wie alt ist sie?

_____

_____

_____

_____

_____

_____

Erinnerungsvermögen

Personendatei einprägen

In diesem Abschnitt wird geprüft, wie gut Sie sich Gesichter und bestimmte Informationen merken können.

Prägen Sie sich dazu die folgenden Porträts mitsamt den dazugehörigen Angaben aus einer Personendatei ein. Legen Sie dabei bitte Ihre Schreibgeräte zur Seite, denn Notizen dürfen Sie sich in dieser Aufgabe nicht machen. Auf der nächsten Seite finden Sie eine Personendatei mit 10 Fotos und Informationen zu den einzelnen Personen: nämlich jeweils den Vornamen, Nachnamen und Beruf.

Hierzu ein Beispiel:

Personendatei

IP: 84.173.232.212	IP: 84.215.136.121	IP: 96.172.137.182	IP: 96.190.166.158	IP: 84.110.151.238
Dekorateurin	Köchin	Handelsvertreter	Schauspieler	Kosmetikerin
Ute Ackermann	Eveline Fritsch	Peter Reinken	Tim Lorenz	Silke Männing

Alle Personendaten sind frei erfunden.

Aufgabe

1. **Wie lautet der vollständige Name dieser Person?**

(A.) Ute Ackermann
B. Eveline Fritsch
C. Silke Männing
D. Simone Klein
E. Doris Mader

Um sich das Einprägen zu erleichtern, beachten Sie folgende Hinweise:

¬ Merken Sie sich zu jeder Person sowohl den vollständigen Namen als auch die Berufsbezeichnung.

¬ Die IP-Adresse ist eine zusätzliche Angabe, die unberücksichtigt bleiben kann.

¬ Als Merkhilfe können Sie die Personen typisieren. Beispielsweise ist ein älterer Herr im Anzug mit Krawatte wahrscheinlich eher Anwalt oder Bankangestellter als Automechaniker.

¬ Versuchen Sie, sich auffällige Merkmale der Personen einzuprägen, wie Haarschnitt, Glatze, Hakennase, Segelohren, Hornbrille, dichte Augenbrauen usw.

¬ Versuchen Sie, Assoziationsketten zu bilden und so etwa den Vornamen, Namen und/oder Beruf mit dem Aussehen zu verknüpfen.

Personendatei einprägen

Hier nun die Personendatei

Für das Einprägen der Bilder und Daten haben Sie **10 Minuten** Zeit.

IP: 96.232.235.112	IP: 84.166.176.251	IP: 96.222.237.242	IP: 84.171.196.185	IP: 96.210.251.108
Bauingenieur	Verlagskauffrau	Rechtsanwalt	Tierpflegerin	Musiker
Pierre Frey	Henrike Otter	Raimund Breit	Margot Ebert	Enrico Felici

IP: 84.208.108.128	IP: 96.234.173.231	IP: 84.172.237.182	IP: 96.143.225.239	IP: 84.110.151.238
Medienkauffrau	Fachinformatiker	Journalistin	Personalberater	Arzthelferin
Bella Fontanella	Ernst Kirsch	Helena König	Martin Ecker	Olivia Adam

Alle Personendaten sind frei erfunden.

(!) **Hinweis:**

Nachdem Sie sich die Personendatei eingeprägt haben, sollten Sie sich 5 Minuten mit etwas anderem beschäftigen, bevor Sie die dazugehörigen Fragen aus dem Gedächtnis beantworten.

Bitte decken Sie dafür diese Seite ab.

Personendatei einprägen

In diesem Abschnitt wird nun Ihr Erinnerungsvermögen geprüft. Hierzu hatten Sie anfangs eine Personendatei mit Gesichtern, Vornamen, Zunamen und Beruf, die Sie sich einprägen sollten.

Beginnen Sie bitte jetzt mit den Aufgaben zur Personendatei und markieren Sie den richtigen Buchstaben.

Zum Lösen der Aufgaben haben Sie **5 Minuten** Zeit.

1336. Wie lautet der vollständige Name dieser Person?

A. Pierre Frey
B. Raimund Breit
C. Enrico Felici
D. Martin Ecker
E. Ernst Kirsch

1339. Wie lautet der vollständige Name dieser Person?

A. Pierre Frey
B. Raimund Breit
C. Enrico Felici
D. Ernst Kirsch
E. Martin Ecker

1337. Wie lautet der vollständige Name dieser Person?

A. Henrike Otter
B. Margot Ebert
C. Bella Fontanella
D. Helena König
E. Olivia Adam

1340. Welchen Beruf übt diese Person aus?

A. Verlagskauffrau
B. Tierpflegerin
C. Medienkauffrau
D. Journalistin
E. Arzthelferin

1338. Wie lautet der vollständige Name dieser Person?

A. Pierre Frey
B. Raimund Breit
C. Enrico Felici
D. Ernst Kirsch
E. Martin Ecker

1341. Welchen Beruf übt diese Person aus?

A. Bauingenieur
B. Rechtsanwalt
C. Musiker
D. Fachinformatiker
E. Personalberater

1342. Welchen Beruf übt diese Person aus?

A. Verlagskauffrau
B. Tierpflegerin
C. Medienkauffrau
D. Journalistin
E. Arzthelferin

1343. Welchen Beruf übt diese Person aus?

A. Bauingenieur
B. Rechtsanwalt
C. Musiker
D. Fachinformatiker
E. Personalberater

1344. Welchen Beruf übt diese Person aus?

A. Verlagskauffrau
B. Tierpflegerin
C. Medienkauffrau
D. Journalistin
E. Arzthelferin

1345. Welchen Beruf übt diese Person aus?

A. Bauingenieur
B. Rechtsanwalt
C. Musiker
D. Fachinformatiker
E. Personalberater

Erinnerungsvermögen

Figuren zuweisen

Diese Aufgabe prüft Ihr visuelles Kurzzeitgedächtnis.

Jede Zahl ist mit einer Figur verknüpft. Prägen Sie sich die Zahl/Figur-Paare bitte gut ein, um anschließend unter **großem Zeitdruck** in einer Zahlenreihe die passenden Figuren skizzieren zu können.

Hierzu ein Beispiel:

Aufgabe

Zuordnungstabelle:

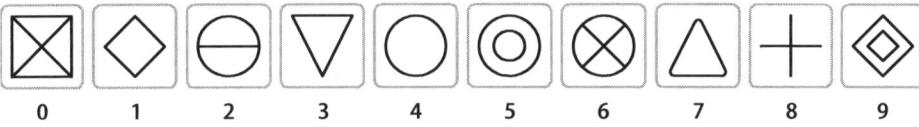

Antwort

1.

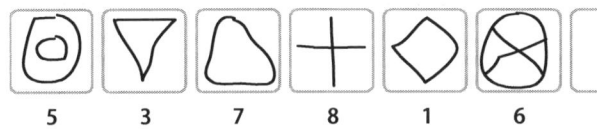

(!) *Hinweis:*

Zeichnen Sie die Figuren bitte nacheinander von links nach rechts ein. Ein Springen zwischen den Reihen – beispielsweise, um zuerst alle 2er-Figuren einzuzeichnen – ist nicht erlaubt.

Figuren zuweisen

Bitte prägen Sie sich nun die Zahl/Figur-Paare gut ein.

Zuordnungstabelle:

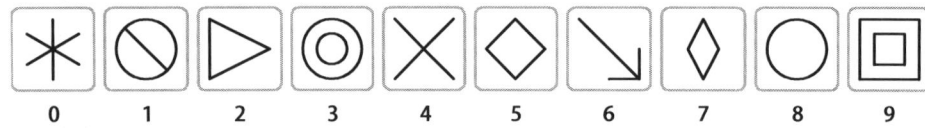

0	1	2	3	4	5	6	7	8	9

(!) *Hinweis:*

Nachdem Sie sich die Zahlen-/Figuren-Paare eingeprägt haben, sollten Sie sich 5 Minuten mit etwas anderem beschäftigen, bevor Sie die dazugehörigen Fragen aus dem Gedächtnis beantworten.

Bitte decken Sie dafür diese Seite ab.

Figuren zuweisen

Bitte zeichnen Sie die Figuren in die Zahlenreihen ein.

1346.

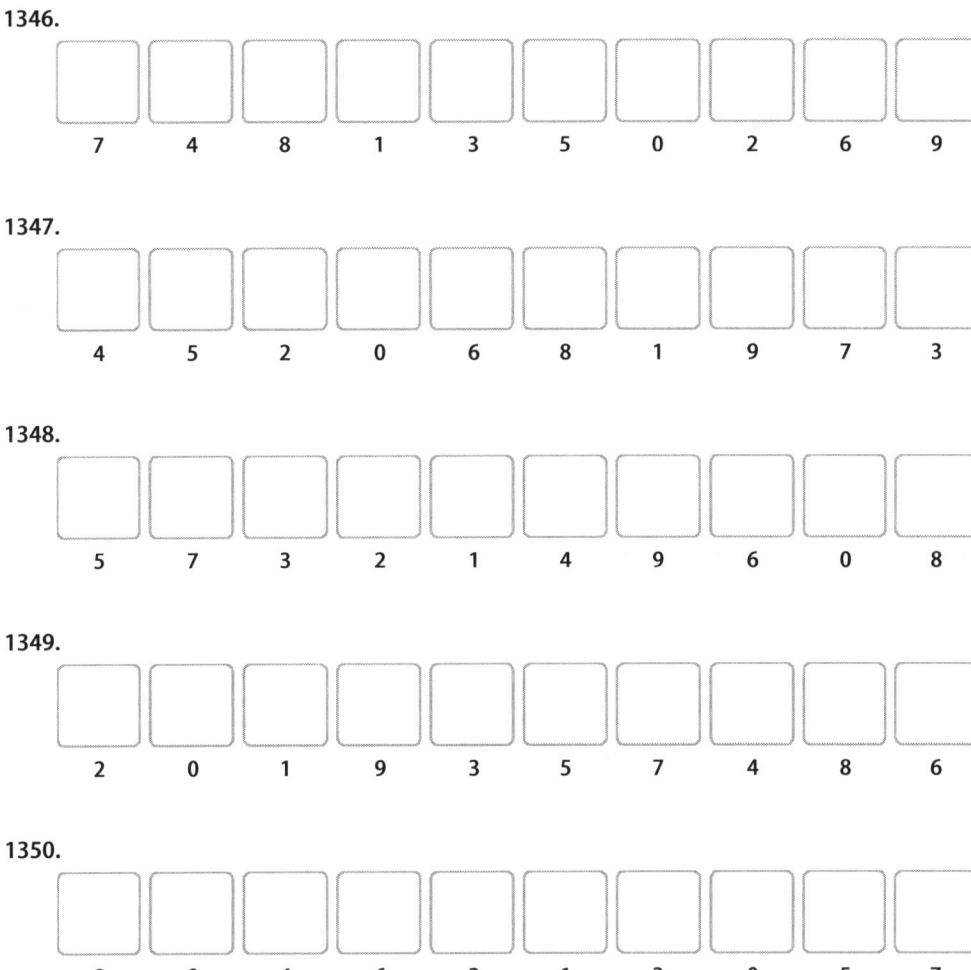

7	4	8	1	3	5	0	2	6	9

1347.

4	5	2	0	6	8	1	9	7	3

1348.

5	7	3	2	1	4	9	6	0	8

1349.

2	0	1	9	3	5	7	4	8	6

1350.

8	9	4	6	2	1	3	0	5	7

Ausbildungspark Verlag

Bettinastraße 69 • 63067 Offenbach
Tel.: (069) 40 56 49 73 • Fax: (069) 43 05 86 02
E-Mail: kontakt@ausbildungspark.com
Internet: www.ausbildungspark.com